本书受到中国人民大学2019年度“中央高校建设世界一流大学（学科）和特色发展引导专项资金”支持

# 人民币国际化报告2019

2019 Annual Report of Renminbi Internationalization

# 高质量发展与高水平金融开放

中国人民大学国际货币研究所

中国人民大学出版社
· 北京 ·

# 编 委 名 单

**主　　编**　涂永红　王　芳

**编　　委**　（按姓氏笔画）

刚健华　庄毓敏　何　青　宋　科　张　杰

张文春　陈周阳　罗　煜　赵雪情　赵　然

赵锡军　胡天龙　姜　楠　贺晓博　钱宗鑫

鄂志寰　戴稳胜

# 导 论

人民币国际化，指人民币在对外经济往来中发挥国际货币职能，若干年后发展成为国际贸易和国际投融资的主要计价结算货币以及重要的国际储备货币。静态看，它是人民币作为国际货币使用的一种状态和结果；动态看，它涉及的是人民币发展成为主要国际货币的整个过程。在当前“一超多元”的国际货币格局下，人民币想要打破国际市场对美元、欧元的使用惯性、路径依赖，获得广泛使用的网络效应，最终实现与中国经济和贸易地位相匹配的货币地位，必然要经历一个漫长而曲折的历史进程。

中国人民大学国际货币研究所自 2012 年起每年定期发布《人民币国际化报告》，忠实记录人民币国际化历程，深度研究各个阶段的重大理论问题和政策热点。本研究团队率先编制了人民币国际化指数（RII），用以客观描述人民币在国际经济活动中的实际使用程度。通过这个综合量化指标，可以了解人民币在贸易结算、金融交易和官方储备等方面执行国际货币功能的发展动态，也可以与其他主要国际货币进行横向比较，为国内外研究和分析人民币国际化问题奠定了技术基础。

2009 年年底，RII 只有 0.02，人民币在国际市场上的使用几乎完全空白。截至 2018 年年底，RII 达到 2.95，短短数年已经崭露头角。目前，在全球范围内，国际贸易的人民币结算份额为 2.05%；在包括直接投资、国际信贷、国际债券与票据等在内的国际金融交易中，人民币计价的综合占比为 4.90%；在全球官方外汇储备资产中，人民币占比为 1.89%。如果从 2009 年跨境贸易人民币计价结算试点开始算起，人民币国际化刚刚走过第一个十年。但就在这短短的几年时间里，RII 经历了从快速攀高到遇阻急落、再到企稳回升的曲折过程，人民币正式加入了特别提款权货币篮子，并逐渐成为国际金融市场以及全球官方外汇储备值得信赖的可选择币种之一。

党的十九大报告指出，我国经济已由高速增长阶段转向高质量发展阶段。正处于转变发展方式、优化经济结构、转换增长动力的攻关期，建设现代化经济体系是跨越关口的迫切要求和我国发展的战略目标。高质量发展已经成为中国经济发展的明确方向和必然要求。

《人民币国际化报告 2019》的主题为“高质量发展与高水平金融开放”，高质量经济发展决定着人民币国际化的未来，而高水平金融开放有利于实现高质量经济发展。课题组主要完成了以下几项工作：首先，明确了当代中国高质量经济发展的内涵，主要体现在富有效率、稳健有序和包容共享三个方面。其次，系统阐述了高质量发展、高水平金融开放与人民币国际化三者间的逻辑关系，并从理论文献评述、历史经验借鉴和实证研究等多个角度予以论证。最后，特别强调必须通过进一步改革为高水平金融开放创造必要的前提条件，当前工作重点应当放在夯实以企业和金融机构为核心的微观基础、深化发展金融市场、完善金融基础设施以及提高开放条件下的金融管理能力等具体问题上。

不同历史阶段和时代背景赋予高质量经济发展不同的内涵。对于当代中国来说，高质量经济发展的内涵可以从三个方面进行概括。第一，高质量发展以富有效率为突出特征。因为从目标上看，提高效率本就是经济发展的永恒追求。要通过技术进步、市场竞争、金融支持等多方力量共同推动，不断降低单位经济效益所消耗的成本。第二，高质量发展应当稳健有序、风险可控。在经济发展过程中，要平衡好效率与稳健的关系，特别要坚守住不发生系统性金融风险的底线，即经济波动在可接受范围内、金融风险在可控制水平下，因为一旦风险失控不仅会酿成危机结果，还可能中断经济增长、丧失发展良机。第三，高质量发展具有包容共享的内在属性，更加强调发展机会的平等、平衡以及对经济发展成果的合理共享。可见高质量经济发展不是自私狭隘、以邻为壑的自我封闭式发展，而必然是开放的包容性发展。因为从最终结果看，只有着眼于全社会、全人类的获得感和幸福感，实现经济发展成果共享，促进社会公平、经济协调和可持续发展，才能有效保障进一步的高质量经济发展。

高质量经济发展决定着人民币国际化的未来。这其中有着两层含义。

首先，中国经济成功转向高质量发展阶段，将为人民币国际化提供坚实的基础和持久的动力。高质量发展有利于增强国家整体经济实力，可为人民币国际化的行稳致远保驾护航。具体而言，富有效率的经济发展可推进经济结构转型和产业结构升级，提高企业和产品在国际市场上的地位和竞争力；有助于非居民提高对中国经济实力和人民币购买力的信心，强化配置并持有人民币资产的意愿。稳健有序的经济发展能够有效地吸收外部冲击，保证经济整体平稳运行，避免出现巨大经济震荡；不发生破坏性极强的系统性金融危机，保持市场流动性，有助于人民币资产持有者和潜在投资者形成稳定预期，有利于人民币在全球范围内完整地行使贸易计价、金融交易和价值贮藏等国际货币职能。包容共享的经济发展有利于创造公平、和谐的社会经济环境，有利于激发市场活力，实现高质量发展的可持续性；通过寻求国际合作的最大公约数，将中国与世界融合在一起，提供庞大的中国市场和宝贵的发展机会，这种欢迎全世界搭乘中国经济发展“便车”的开放态度，就是对人民币国际化的最好背书。

其次，高质量经济发展赋予了人民币国际化鲜明的时代特征和中国属性，并推动这些新元素更好地呈现在全世界面前：人民币国际化是富有效率的、是稳健有序的、是包容共享的。人民币国际化是以实体经济国际化为基础的“本币优先”原则自然演变的过程。由那些在国际市场上具有一定竞争力和影响力的本土跨国企业来主导我国对外贸易和对外投融资活动，在同等便利条件下优先选择本币计价结算，那么，以高质量发展推动的人民币国际化必然将“效率元素”输出到全球范围。人民币国际化使本国居民免受汇率风险影响，人民币离岸金融市场的发展有利于非居民实现人民币资产保值增值和对冲风险等多重目标。不仅如此，人民币加入特别提款权货币篮子可为“一超多元”国际货币格局注入“稳健元素”，有望缓解全球经济失衡和系统性全球金融危机的压力。人民币国际化体现了中国提供全球公共物品的良好意愿和历史担当，包容性经济发展是人民币国际化的题中之意，人民币国际化是将“包容要素”传递给世界的货币载体。当全世界更好地了解到人民币国际化所具有的效率、稳健、包容等属性时，暂时的疑虑或抵触有望被越来越多的肯定与欢迎态度所取代。这将从根本上决定人民币最终能否成功实现与中国经济和贸易地位相匹配的货币地位。

高质量经济发展需要更加适配的金融体系，更高水平的金融开放有助于实现高质量经济发展。第一，更高水平的金融开放有助于提高国内经济效率和金融效率，也会对世界产生积极影响。消除国际资本流动障碍，有利于增加国内资本积累，促进技术创新，降低代理成本，改善治理环境，提高企业生产效率和经营效率；有利于促进国内金融市场发展，提高本土金融机构竞争力，更好地发挥金融服务实体经济的功能；增强了国内外经济联系和金融联系，通过金融政策外溢性以及资本和机构“走出去”等渠道产生双向、互惠影响。第二，更高水平的金融开放有助于强化国内外经济金融联系，提高国内企业和机构的风险管理水平和抗风险能力。面向全球的金融开放有助于实现多元化投资组合、改善融资结构、促进金融机构有序竞争、完善利率和汇率形成机制，只要应对好开放过程中的跨境资本流动风险，即可提高投资者、企业、机构乃至整个金融体系的稳健性。随着中国以更加开放的姿态融入世界，中国经济和金融的稳健性元素也将通过外溢效应输送到其他国家。第三，更高水平的金融开放有助于增强经济发展的包容性，实现中国经济惠及更多国内和国际民众的目标。金融开放有利于增加多元金融供给，促进金融科技进步，解决中小企业和创新企业的融资约束问题，有效促进“普惠金融”发展，引导金融资源更加公平、合理地配置。“一带一路”致力于建设人类命运共同体，不仅是中国向世界提供公共物品，也是中国倡导包容性经济发展的集中体现，是具有鲜明普惠特征的新型全球化。

金融开放是一个双向的过程，必然会对本国金融市场或经济运行造成一定冲击。历史经验表明，金融开放策略对本国经济发展及货币国际化的影响巨大，如果在条件不成熟的情况下贸然开放，不仅可能对微观经济主体产生负面影响，而且可能导致严重的金融危机后果。因此，需要根据本国经济和金融发展的实际情况设计金融开放路径和节奏。比如，英国是在自身经济实力相对衰落的情况下，主动创造空前开放、自由的金融环境，努力吸引国际资本；德国是根据本国情况步步为营、缓慢推进金融开放；日本则更多是在美国的施压下快速完成金融开放。需要有抗风险能力强大的成熟本土企业和金融机构，以应对开放条件下的各种冲击：英国长期实行分业经营，结果在金融大爆炸改革之初，大量本土证券公司被外国资本收购而丧失控制权；美国始终鼓励支持企业和金融机构对外投资，从而产生了很多具有强大竞争力的跨国企业和跨国银行；德国传统的全能型银行体系稳如泰山，确保了金融开放过程中国内经济环境的稳定。

我们认为，更高水平金融开放必须在进一步改革中逐步实现，这同时也是提高金融体系对于高质量经济发展适配程度的必然要求。当前的工作重点主要在于以下几个方面：第一，更高水平金融开放要以稳健发展的实体经济为根基，要夯实以企业和金融机构为核心的微观基础。要进一步提高金融服务实体经济的能力，促进金融机构和实体企业的良好互动，提高企业生产效率和综合竞争力。要有效提高企业和金融机构的风险管理能力，强化合规意识，积极应对开放过程中的风险挑战。第二，更高水平金融开放要以高度发展的金融市场为前提，要进一步改革国内金融市场，提高对内对外开放程度。发展金融市场，既强化市场对金融资源的配置效率，也增强市场对外部冲击的吸收能力。在金融市场扩大开放的进程中，应该将货币市场、债券市场、外汇市场作为重中之重。第三，更高水平金融开放要求金融基础设施建设必须与之匹配，以提供必要的技术支持与制度支持。要加强以人民币支付结算体系为核心的金融基础设施建设，也要注重金融制度、金融标准等软性基础设施建设。第四，更高水平金融开放要以完善的金融管理作为安全保障，不断强化与开放水平相适应的金融管理能力建设，保护国家经济金融安全和产业优势。积极推动负面清单优化、依法管理、安全保障以及其他配套协调等外商投资管理工作。将跨境资本流动管理纳入宏观审慎政策框架，对跨境资金流动风险进行重点监测和管理，牢牢守住不发生系统性金融风险的底线。

2018 年以来，美国以贸易战为名实施了一系列极限施压政策，企图扼杀我国的发展机会，使我国经济发展的外部环境面临较大困难。但尽管如此，中国对内深化改革、对外扩大开放的既定政策方针没有丝毫动摇。在博鳌亚洲论坛上，习近平主席宣布了中国扩大开放的战略抉择，易纲行长详细说明了进一步扩大金融业开放的 11 项具体措施和时间表。几个月后在上海举行的首届中国国际进口博览会，是迄今为止世界上第一个以进口为主题的国家级展会。恰逢改革开放 40 周年，这一系列行动都证明了同一件事：中国向世界传递了主动、全面开放庞大国内市场的明确信心和坚定信念。

世界经济运行和国际金融体系正在发生深刻变革，位居其中核心层的国际货币格局也正在经历微妙调整。与40年前融入世界经济之初所不同的是，我们不再只是这些变革的旁观者，而是整个变化过程的亲历者，甚至一些重要改变就是由我们倡议或直接推动的。历史车轮滚滚向前，时代潮流浩浩荡荡。做好我们自己的事，以更高水平金融开放促进高质量经济发展，乐见人民币国际化顺势而为、水到渠成，为更加美好的人类未来贡献中国力量。

# 目　录

# 第 1 章

# 人民币国际化指数

过去 10 年，人民币国际化从无到有、从贸易项下向资本金融项下发展，从小币种晋升为全球第五大储备货币，取得了辉煌的成就。这是我国经济实力崛起和全球格局变迁的集中体现，是市场主导与政策推动综合作用的结果。2018 年，人民币国际化稳步推进，直接投资与储备货币职能表现出色，人民币国际化指数再创新高，在全球货币体系中的地位进一步巩固。在保护主义抬头、全球经济下行风险上升、增长动能趋缓的不利外部环境下，中国经济表现相对出色，GDP 同比增长 6.6%，经济运行总体向好，稳中有进。人民币汇率相对稳定，双向浮动特征明显，国际收支趋于平衡，宏观审慎调控取得了良好的效果。在贸易计价结算、金融计价交易、国际储备等领域，人民币使用止跌回升。历经一轮波动周期，人民币国际化企稳提速，人民币国际化指数强势反弹。

## 1.1 人民币国际化指数及变动原因

### 1.1.1 人民币国际化指数 10 年变化

自 2009 年我国推出跨境贸易人民币结算试点，至今已有 10 年，人民币国际化在内外部环境、市场演进、政策引导等因素叠加下稳步向前，取得了重大成就，也经历了全周期的考验。10 年来，人民币的国际计价货币职能逐渐拓展，国际支付交易职能不断夯实，国际投融资职能走向深化，官方储备职能进一步显现，在全球货币体系中的地位得到有效提升。同时，跨境人民币使用政策体系与宏观审慎管理框架基本建立，国际货币合作更加深入，相关金融基础设施不断完善，为人民币的安全便利使用提供了制度和硬件保障。人民币国际化经历了从无到有、从小到大、从贸易项下至资本金融与储备项下、从周边迈向国际的恢宏历程。

为了客观概括和反映人民币行使国际货币职能的程度，本报告自2012年创立了人民币国际化指数（RII）。10年来，随着人民币国际化进程的推进，RII波浪形上升，经历了四个阶段：

启航阶段（2009年至2012年），跨境贸易人民币结算逐渐铺开，人民币跨境投资与金融交易陆续试点，人民币国际使用框架日益清晰，市场需求集中爆发，RII从2010年一季度的0.02成长至2012年四季度的0.91，人民币国际化实现从无到有的飞跃。

猛进阶段（2013年至2015年），跨境人民币使用便利化程度不断提高，资本项目可兑换取得突出进展，离岸人民币市场多点开花，“一带一路”倡议等为人民币使用提供了广阔的平台，RII从2013年一季度的0.92攀升至2015年四季度的3.03。人民币国际化持续快速发展，获得了国际社会的广泛认可，成为SDR第三大篮子货币。

遇阻阶段（2016年至2017年上半年），随着国内外形势变化，美联储结束量化宽松并启动加息进程，全球金融市场震荡加剧，人民币汇率下行压力增大，跨境资本流动管理趋严，在跨境贸易结算、离岸资金池、非居民投融资等领域人民币使用量出现萎缩，RII从2015年的峰值3.67降至2017年二季度末的1.82，人民币国际化短期遇阻。

企稳阶段（2017年下半年至2018年），在保护主义上升的背景下，中国有效应对外部环境变化，进一步落实“六稳”并加速金融开放，市场机制与管理方式更加成熟，贸易项下人民币使用稳步回升，资本金融项下人民币交易愈加活跃，越来越多的国家和地区对人民币储备投下信任票，RII自2017年三季度末的1.90开始走出低谷，企稳回升。截至2018年四季度，RII为2.95，较2017年年初回升了95.8%。但特别值得注意的是，人民币国际化进程更加起伏不定，RII震荡幅度显著增大（见图1-1）。

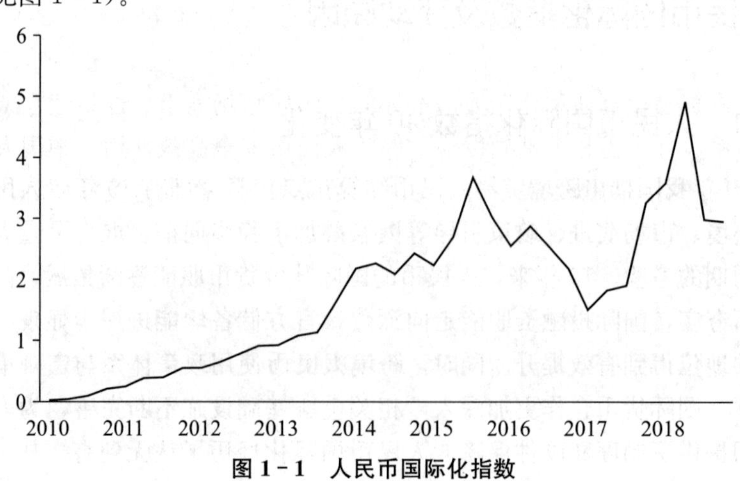


**图1-1　人民币国际化指数**

### 1.1.2 人民币国际化发展的主要驱动力

10年来，人民币国际化稳步发展，是我国经济实力崛起和全球格局变迁的集中体现，是市场主导与政策推动综合作用的结果。2018年，宏观形势总体向好，政策环境不断完善，金融市场加速开放，支持人民币国际化在波动中继续前行。

第一，中国经济稳健增长是人民币国际化的坚实基础。人民币国际化并非中国的一厢情愿，而是中国经济发展与崛起的必然结果。2010年，中国超过日本成为全球第二大经济体、世界各国最重要的贸易和投资伙伴之一。在复杂严峻的国际环境下，中国主动作为，积极适应和引领新常态，深入推进供给侧结构性改革，经济提质增效、稳健向好，成为新兴市场乃至全球增长的稳定器。2010年至2018年，中国GDP平均增速为7.8%，占全球经济规模的13%左右，对全球经济增长贡献度（PPP加权）达24%，位居世界前列。同时，中国金融市场的广度和深度不断提高，国际收支保持稳定，人民币汇率形成机制逐渐完善，汇率弹性与调控能力显著增强，进一步提升了人民币的国际信心和接纳认可度。

第二，市场发展需求是人民币国际化的原动力。10年来，我国深化改革开放，进一步迈向国际舞台，融入全球分工和价值链。我国连续保持全球第一大出口国和第二大进口国地位，进出口规模从2009年的2.2万亿美元提高至2018年的4.6万亿美元，在全球货物贸易中的比重从8.7%攀升至11%左右，对于促进全球经贸发展、对抗保护主义势头发挥了重要作用。同时，中国逐步从单向的外资引进方转变为双向投资大国，成为发展中国家中最大的外资流入国和对外投资国。在全球直接投资连续多年下降的背景下，2018年中国吸引外资逆势攀升，企业有序“走出去”，对外直接投资存量达1.94万亿美元。特别地，我国加强双边、多边合作，截至2018年年末共与25个国家和地区达成了17个自贸协定。“一带一路”倡议承载大量项目，为人民币使用提供了广阔的平台。微观主体的人民币使用需求随之产生，从经常项目延伸至资本金融项目，并随着市场变化动态增长与调整。

第三，政策搭台与设施建设是人民币国际化的辅助力量。中国政府以“服务实体经济、促进贸易投资便利化”为基本导向，顺应市场需求，逐步建立人民币跨境使用政策体系，并完善相关基础设施，保障人民币安全高效使用。中国人民银行等部门顺势而为，有序解除人民币跨境使用的政策限制，在促进贸易便利化基础上逐步放开直接投资、跨境人民币资金池、银行间债券市场、RQFII（人民币合格境外机构投资者）、“沪港通”、“深港通”、“债券通”等，巩固本币优先地位，为人民币使用开辟了有效通道。2018年，中国加快金融市场开放进程，扩大外资准入与业务范围，进一步明确熊猫债政策框架，不断完善境外参加行和境外清算行进入境内外汇市场的相关安排，提升股市互联互通额度，挂牌交易人民币原油期货，进一步增大了人民币资产配置的吸引力。同时，中国加快构建覆盖全球的人民币清算网络，25家海外清算行深耕离岸市场，CIPS（人民币跨境支付系统）完成二期建设，并深化

系统功能，逐渐发挥主渠道作用，为人民币安全、高效、便捷使用提供了设施保障。

第四，国际金融危机持续发酵为人民币国际化提供了时间窗口。国际金融危机爆发以来，美元系统性弊端进一步显现，国际货币体系改革成为共识，新兴市场货币要求发挥更大的作用。作为新兴市场国家以及最大的发展中国家，中国积极承担国际责任，倡导自由贸易和开放发展，保障经济和汇率稳定，得到国际社会的广泛认可与响应。在这一背景下，中国为了维护正当利益，积极参与全球治理，推动本币计价结算，并不断深化实践，获得了难得的历史发展机会。2015 年，人民币通过评审加入 SDR，是中国经济融入全球金融体系的重要里程碑，更是国际货币体系改革的重要组成部分，为人民币金融交易和国际储备职能注入了巨大能量。近年来，特别是 2018 年，特朗普政府采取了一系列“逆全球化”行动，打破了固有的美元机制和政经关系，致使全球范围内出现一股去美元化浪潮，越来越多的国家和地区将人民币纳为官方储备并作为国际使用货币的选项之一，为人民币国际化提供了新的机会。

**专栏 1—1**

### CIPS（二期）夯实人民币国际化基础设施

随着人民币跨境使用需求不断增长，跨境人民币业务各项政策相继出台，跨境人民币业务规模不断扩大，迫切需要建设金融基础设施支撑业务发展。为进一步整合人民币跨境清算渠道，提高人民币跨境支付结算效率，适应我国跨境贸易形势发展的需要，支持实体经济发展和“走出去”战略实施，中国人民银行组织建设了人民币跨境支付系统（Cross-Border Interbank Payment System，以下简称 CIPS），为人民币国际化铺设“高速公路”。2015 年 10 月 8 日，CIPS（一期）顺利投产，重点建立符合国际标准和通行做法的整体制度框架和基础性安排，采用实时全额结算模式，支持客户汇款和金融机构汇款等支付业务，较好地满足了全球各主要时区跨境人民币贸易、投融资业务等结算要求，便利了人民币在全球的使用。2018 年 5 月 2 日，CIPS（二期）全面投产，向境内外参与者的跨境人民币业务提供资金清算结算服务。截至 2019 年 3 月末，CIPS 共有 31 家直接参与者，829 家间接参与者，其中亚洲 634 家，欧洲 104 家，北美洲 25 家，大洋洲 18 家，南美洲 17 家，非洲 31 家。

相较于 CIPS（一期），CIPS（二期）在功能特点上进行了如下改进和完善：一是丰富结算模式。在实时全额结算模式基础上引入定时净额结算机制，实现流动性更为节约的混合结算机制，满足参与者的差异化需求。二是支持金融市场业务。根据不同金融交易的资金结算需要，系统能够支持人民币付款、付款交割（DvP）结算、人民币对外币同步交收（PvP）、中央对手集中清算和其他跨境人民币交易结算等业务。三是延长系统对外服务时间。系统运行时间由 5×12 小时延长至 5×24 小时＋4 小时，全面覆盖全球各时区的金融市场，充分考虑境外参与者和其客户的当地人民币业务需求，支持当日结算。四是拓展直接参与者类型。引入金融市场基础设施类直接参与者，明确不同类型参与者的准入条件，为引入更多境外直接参与者做好制度和业务准备。五是进一步完善报文设计。增加报文类型和可扩展性，优化报文字段定义，便利参与者和相关部门进行合规管理。六是建成CIPS备份系统。实现上海主系统向无锡备份系统的实时数据复制，提高了CIPS的业务连续运行能力。人民币跨境支付清算体系由此迈入以CIPS为核心的2.0阶段。

CIPS（二期）建设投产顺应我国经济、人民币国际化发展以及市场主体需求，具有重要意义。一是顺应我国发展需要，服务实体经济与对外开放新格局。新时期，我国跨境贸易深化发展，企业加快“走出去”，“一带一路”建设有序推进，对外开放新格局日渐形成，要求完善支付清算体系建设，建立安全、高效、便利、符合国际标准的人民币跨境支付清算体系。二是顺应人民币国际化发展需要，夯实人民币金融基础设施。人民币国际化历经近10年发展，成果显著，已成为全球第一大新兴市场交易货币、第三大SDR权重货币、第五大支付货币、第七大外汇储备货币。步入2018年，人民币国际化走出低迷调整期，1月5日中国人民银行发布《关于进一步完善人民币跨境业务政策促进贸易投资便利化的通知》，开启了人民币国际化发展新阶段，服务实体经济、深化资本市场开放成为建设重点。这就对人民币跨境支付清算体系提出了更高的金融交易要求，不仅需要更加稳健、便捷、高效、国际化，还要与各类证券系统等互联互通。三是顺应市场主体需求，支持满足全球人民币使用。CIPS（二期）在结算机制、流动性支持、服务时间、报文设计、参与者类型与管理等方面，着力覆盖全球金融市场，满足差异化需求。

### 1.1.3 人民币国际化发展的主要挑战

人民币国际化是中国改革开放的组成部分，是中国融入全球经济金融体系的关键一环。人民币国际化依托中国综合国力，与中国崛起紧密相关，主要面临四大挑战：

第一，中国能否顺利完成供给侧结构性改革。实体经济竞争力是人民币国际化的根本决定因素，供给侧结构性改革关系到未来中国实体经济的稳健发展，是人民币国际化的必由之路。当前，世界经济进入周期性低谷，中国国内经济面临严重考验，经济结构失衡、产业有待转型升级、创新能力薄弱、贸易大而不强等长期问题更加突出，制约长期发展潜力和竞争力。我国要坚持适度扩大总需求，坚定不移推进供给侧结构性改革，拓展金融资源有效配置的领域和空间，化解当前问题，为人民币国际化阔步前进提供坚实支撑。

第二，中国能否守住不发生系统性金融危机的底线。人民币国际化是中国资本金融账户开放的过程，以往相对封闭的环境将被打破。国际资本流动渠道和规模将进一步拓展，国家间金融市场联动性将进一步提高。加强金融风险的防范与管理，既是当前人民币国际化的重要环节，也是未来人民币国际化发展的基本保障。因此，

金融开放与风险管理并行操作极为关键。在人民币国际化进程中，既要积极有为，扎实推进，又要顺势而为，水到渠成。在维护金融安全、守住不发生系统性金融危机的底线的基础上，减少外汇管制，促进贸易投资便利化，稳妥、有序地实现资本项目开放。

第三，中国能否经受以贸易摩擦为开端的极限外部压力的考验。当前，外部环境严峻，全球增长放缓，保护主义上升。特朗普政府掀起全球贸易摩擦，对中国乃至全球发展带来严重的负面影响。随着各国实力变化，国际格局和规则处于调整期、震荡期，大国博弈加剧，摩擦与竞争可能从贸易领域蔓延至投资、科技、金融、政治等方方面面。未来，中国能否经受外部考验，从不利环境中突围，手握世界主流旗帜，弥补多边机制，提升自身的国际经济金融话语权，对于人民币国际化发展至关重要。

第四，中国能否坚定不移地走好打造人类命运共同体的开放之路。人类命运共同体是中国对外开放的总构想，也是人民币国际使用的重要载体。人类命运共同体自提出以来，伴随着“一带一路”倡议等全球合作理念与实践不断丰富，逐渐被国际社会所认同，为推动全球治理体系变革、构建新型国际关系和国际新秩序贡献了中国智慧和中国方案。随着人类命运共同体的构建，相关国际往来增多，开放合作包容理念进一步贯彻，人民币的国际接纳度也将不断提升。

## 1.2 人民币国际化指数变动的结构分析

根据人民币国际化指数的计算方法，人民币在贸易结算、金融交易和国际外汇储备中所占比例变化均会对 RII 指标产生影响。10 年来，贸易项下人民币使用全面铺开，资本金融项下人民币交易更加活跃，人民币的储备货币地位进一步巩固，RII 指数及其结构出现了一些新变化和新特征。

### 1.2.1 贸易项下人民币国际化稳步前行

跨境贸易人民币结算是人民币国际化发展的起点与基础。自 2009 年试点以来，跨境贸易人民币结算金额已累计突破 38 万亿元。2018 年，经常项下跨境人民币收付规模为 5.11 万亿元，同比增长 18%（见图 1－2）。其中，货物贸易人民币结算金额 3.66 万亿元，服务贸易及其他经常项下人民币结算金额 1.45 万亿元，分别增长 11.9%和 33.0%。截至 2018 年，跨境贸易人民币结算规模全球占比为 2.05%，较上年提高 15.34%，较 2010 年年初增长了逾 52 倍。

10 年来，经常项下人民币使用不断增长，并呈现出一些新特征。一是跨境贸易人民币使用逐渐成熟。2009 年试点以来，跨境贸易人民币使用从无到有、由小到大，经历了政策放开后的井喷式增长与汇率下行压力中的低迷回落，逐步企稳上行。在市场中，越来越多的企业从人民币使用中获得实惠与便利；在政策上，跨境贸易人民币使用限制基本全线放开，并更加便利化。2018 年，人民币已成为全球第五大

**图 1-2　2010—2018 年各季度跨境贸易人民币结算规模及全球占比**

支付货币以及第三大贸易融资货币。二是国际贸易人民币使用仍有巨大提升空间。与我国贸易规模相比，人民币结算使用仍处于较低水平。2018 年，我国货物贸易人民币结算占比仅为 12%，远低于美元结算占比；全球贸易人民币结算占比约为 2%，也远低于我国在全球贸易中 11%的占比。三是经常项下人民币使用结构发生显著变化。货物贸易与服务贸易及其他经常项目人民币结算比例由 2010 年的九一开转变为 2018 年的七三开。随着中国深度融入全球，服务业不断开放，服务贸易及其他经常项目规模及人民币使用获得快速增长。四是大宗商品贸易人民币计价结算取得突出进展。近年来，人民币计价结算职能不断拓展，"上海金"、人民币铁矿石、人民币原油期货等相继挂牌交易。随着大宗商品供求格局以及地缘政治风险变化，人民币在大宗商品使用交易中开始占据一席之地。

**专栏 1—2**

## 首届中国国际进口博览会顺利召开

2018 年是中国改革开放 40 周年，在全球经济增长放缓的背景下，我国以 30 万亿元的进出口总额创下历史新高，实际使用外资增速 3%，实现逆势增长。当前，全球经济贸易发展已实现高度融合。但是，近几年贸易保护主义和单边主义势力抬头，特别是美国在全球范围内引发贸易战，对全球经济贸易发展产生了极大的负面作用。在这样的时代背景下，为顺应发展需求，举办中国国际进口博览会（简称进博会）无疑是必然且必要的，对我国乃至全球的政治、文化、经济发展意义重大。

2017 年 5 月 14 日，国家主席习近平在首届"一带一路"国际合作高峰论坛上宣布，中国将从 2018 年起举办中国国际进口博览会。2018 年 11 月 5 日至 10 日，首届中国国际进口博览会在上海成功举办，习近平总书记出席开幕式并发表主旨演

讲。作为世界首个进出口主题博览会，此次博览会成果斐然，首次举办便已成功跻身全球10大商业展会，在国际贸易发展的历程中画上了浓墨重彩的一笔。参展国家、地区和国际组织达172个，参展企业共计3 600多家，成交额高达578亿美元。目前，在习近平总书记"年年办下去"的明确指示下，第二届中国国际进口博览会的筹办已提上日程，我国将总结经验、健全机制、全面统筹、提前规划，将进博会打造成为具备可持续性、更高水平、更高质量的盛会。

中国国际进口博览会是促进全球政治、文化、经济交流融合的重要载体。进博会的召开极大限度地推动了人类命运共同体的建设和发展。习近平总书记强调，进博会不是一般性的会展。"开放"将是进博会始终坚持的要义。进博会的举办与延续，将成为增强世界各国之间政治、文化、经济联系的重要纽带。在当前的国际形势下，中国已经成为亚洲乃至世界的重要增长极，进博会不仅仅是顺应全球化发展的趋势，也是推进"一带一路"倡议落实的重要举措，不仅可以提升我国在全球治理中的话语权，也体现了中国对于推进全球发展、优化全球贸易环境的大国担当。进博会是我国继"一带一路"之后向世界提供的又一重要公共产品，是推动全球经济合作的平台。我国用实际行动展示了对于建设贸易自由、合作共赢、普惠互利的贸易环境的决心与信念，而此次展会对全球各国的国际贸易产生的长久影响及辐射带动效应，必将在实现资源整合、打破贸易壁垒、推动现代化经济体制建设上，产生强大且可持续的推动力。进博会所带来的巨大机遇与影响，将有力地提升我国在国际贸易中的地位和作用，为人民币在贸易、投资中的使用创造机会。

### 1.2.2 资本金融项下人民币国际化日益活跃

10年来，中国资本账户开放取得了突出进展，资本金融项下人民币使用更加活跃。一方面，国际金融计价交易成为RII增长的重要动力。2018年四季度，人民币国际金融计价交易综合占比为4.90%，较10年前实现了质的飞跃（见图1-3）。另一方面，国际金融计价交易对于市场反应敏感，也成为RII波动的主要来源。随着国内外环境及价格变化，直接投资、国际信贷领域人民币使用季度变动较大，呈现一定的季节特征。

1. 人民币直接投资高速增长后回归理性

人民币直接投资由人民币对外直接投资（人民币ODI）和人民币外商直接投资（人民币FDI）两部分构成。继跨境贸易人民币结算启动后，2011年中国先后发布《境外直接投资人民币结算试点管理办法》和《外商直接投资人民币结算业务管理办法》，人民币ODI和人民币FDI相继启航，人民币资本项目开放迈出重要的一步。随着中国加快融入全球经济体系，人民币直接投资快速增长，累计规模达11.06万亿元。2018年，人民币直接投资规模为2.66万亿元（见图1-4），同比增长62.8%，较2011年增长了23倍。

纵观发展历程，人民币直接投资逆势上升。在保护主义上升、经济下行风险增

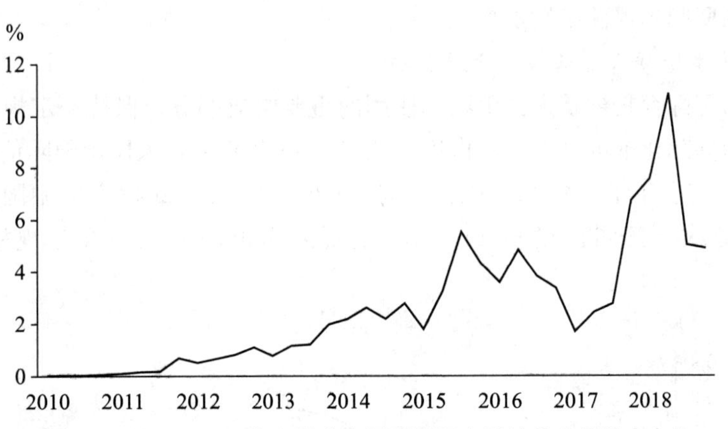


**图 1-3 2010—2018 年各季度人民币国际金融计价交易综合占比**

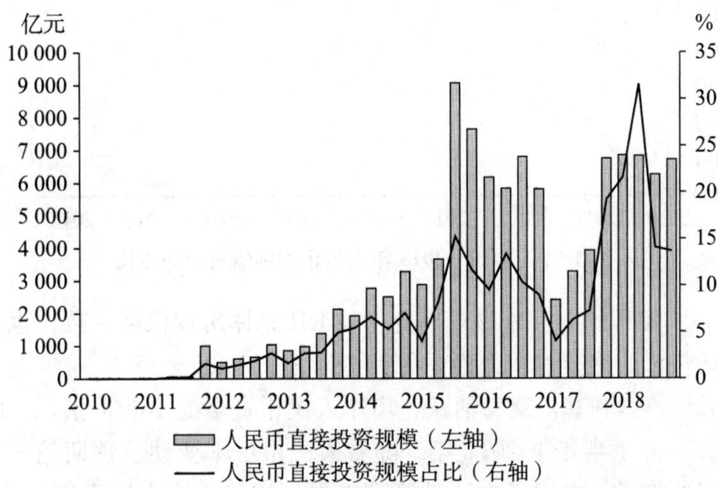


**图 1-4 2010—2018 年各季度人民币直接投资规模及占比**

大、市场不确定性加剧的背景下，2018 年全球直接投资持续萎缩，跌至国际金融危机爆发以来最低水平，中国人民币直接投资却实现逆势攀升。这既源于中国经济金融形势稳定，营商环境不断优化，市场准入逐步放宽，对外资吸引力增强，也源于中资企业快速成长，"走出去"参与全球价值链。根据《2019 年世界竞争力报告》，中国位居第 14 位，在熟练劳动力、经济活力、积极开放的态度、基础设施的可靠性以及政策的稳定性和可预见性方面均展现出较强的吸引力。联合国贸易和发展会议报告显示，中国已成为全球第二大外资流入国和第三大对外投资国，带动了人民币直接投资快速增长。同时，人民币直接投资的双向结构发生转变。随着人民币 ODI 快速增长，直接投资中流入与流出比例从 2011 年的 8∶2 转变为 2018 年的 7∶3，中国正在向人民币双向投资大国迈进。此外，值得关注的是，2015 年下半年至 2016 年，在汇率贬值预期、资本外流压力增大的背景下，人民币对外直接投资经历了一轮盲目扩张；2017 年至 2018 年，随着政策引导与管理，人民币直接投资增长摆脱

虚高，逐渐回归到理性稳健水平。

2. 人民币国际存贷款规模止跌企稳

人民币国际存贷款是人民币国际使用的重要组成部分，保持一定规模的资金池对于人民币国际化推进具有积极作用。截至2018年年末，人民币国际信贷全球占比为0.60%，与上年年末相比基本保持稳定（见图1-5）。2018年，中国金融机构人民币境外贷款金额同比增长14.8%，主要离岸市场人民币存款规模同比下降约1.0%。

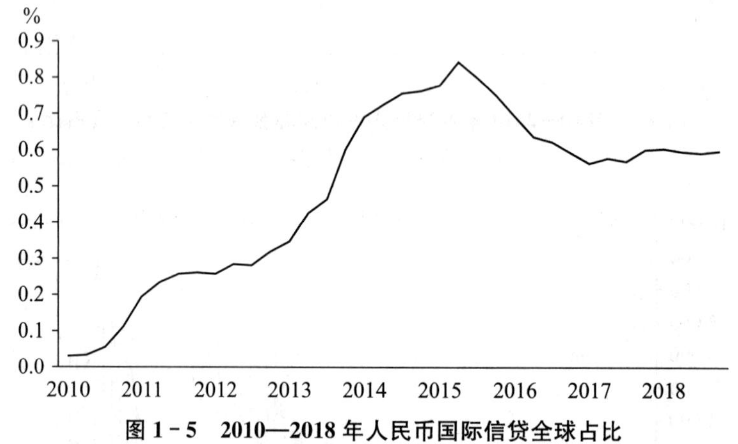


**图1-5　2010—2018年人民币国际信贷全球占比**

10年来，人民币国际存贷款规模变化与RII总体历程保持一致，也经历了初期扩张、迅猛增长、低迷萎缩和企稳向好四个阶段。2009年至2015年上半年，人民币汇率持续升值，套利套汇交易活跃，离岸人民币资金池不断扩张，一度超过2万亿元峰值。2015年下半年至2017年，随着人民币汇率变动及预期趋于下行，在岸离岸汇差、利差收窄，中国资本流动管理趋严，致使离岸人民币资金池持续萎缩，挤出“水份”，离岸人民币市场在底部深度调整。2018年，离岸人民币资金池止跌企稳，但不同市场表现各异，伦敦成绩十分亮眼，中国香港、中国澳门、韩国实现回升，中国台湾、新加坡仍有所下降。

3. 人民币国际债券使用冲高回落

债券市场是国际金融市场的重要组成部分，国际债券市场的比重份额是衡量一国货币国际使用程度的重要指标之一。尽管近年来中国债券市场加速开放，熊猫债取得突出发展，但离岸人民币债券市场显著萎缩。10年来，人民币在国际债券市场中的体量仍然处于较低水平，表现冲高回落。截至2018年年末，人民币国际债券与票据余额为1 075.49亿美元，全球占比为0.44%，较2015年年末的0.59%的峰值下降0.15个百分点（见图1-6）。

### 1.2.3　人民币国际储备职能不断巩固

加入SDR以来，全球人民币官方外汇储备规模持续增长。截至2018年四季度，

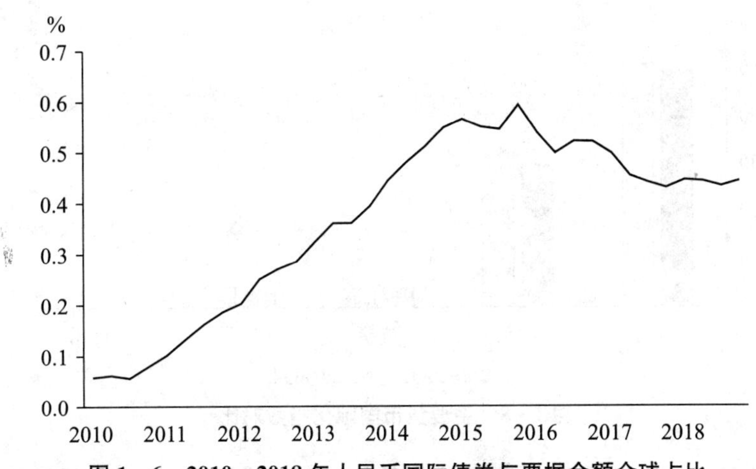

图 1-6　2010—2018 年人民币国际债券与票据余额全球占比

人民币外汇储备规模达 2 027.9 亿美元，占全球官方外汇储备资产的 1.89%（见图 1-7），先后超过澳大利亚元、加拿大元，成为全球第五大储备货币，创历史最高水平。2018 年，德国、法国、俄罗斯等诸多经济体增持人民币储备，人民币资产在全球市场的吸引力显著上升。在越来越多国家和地区的信任和认可下，人民币的全球储备货币地位获得进一步的实质性确认。

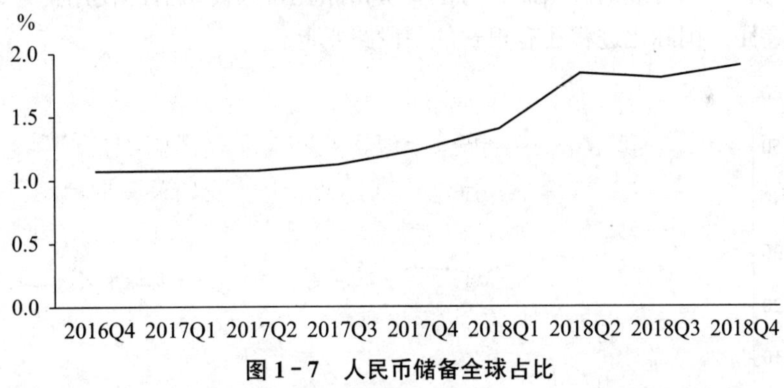

图 1-7　人民币储备全球占比

## 1.3　主要货币的国际化指数比较

国际货币多元化是一个动态发展过程，国际贸易格局、国际金融市场的变化都会导致国际货币格局发生相应的调整，表现为一些货币的国际使用程度上升，另一些货币的国际使用程度下降。为了客观评估国际货币格局的发展变化，动态反映人民币与主要货币国际化水平之间的差距，本报告还编制了美元、欧元、英镑、日元的国际化指数（见图 1-8）。

2008 年金融危机以来，全球经济处于深度调整，金融市场持续动荡，国际货币

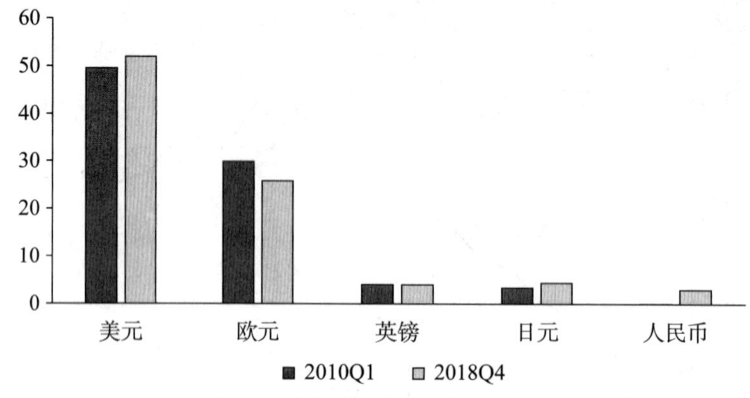


**图 1-8　主要货币国际化指数对比**

格局也随之变化。通过主要货币国际化指数的对比（见图 1-9）可以发现，尽管国际社会认识到过度依赖美元的系统性弊端，但美元的国际地位进一步夯实提升；欧洲政经风险交缠，尚未根本走出困局，一体化进程遇阻，实质性削弱了欧元的国际地位；外部环境变化以及脱欧的不确定性严重影响人们对英镑的信心，英镑的国际化水平持续双向震荡；日本经济总体回暖，在市场动荡下日元的避险属性进一步得到强化，日元的国际地位有所提高；历经 10 年发展，人民币国际化水平不断提高，逐渐被国际社会认可接纳。然而，与主要货币相比，人民币国际使用仍与以上币种存在较大差距，国际化进程还有很长的一段路要走。

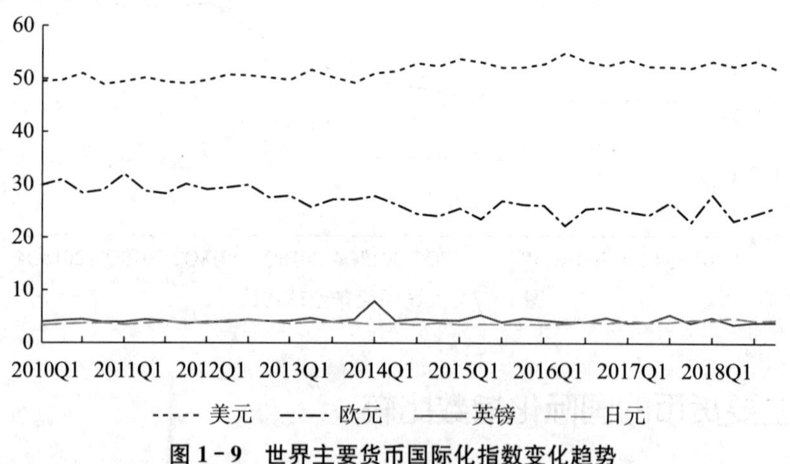


**图 1-9　世界主要货币国际化指数变化趋势**

### 1.3.1　美元的国际地位进一步夯实

2018 年，美国经济先扬后抑，但整体表现强劲，GDP 增速达 2.9%，为近三年来最高水平。新税法释放了居民消费潜力，吸引了大量投资，刺激了美国外贸和投资增长。2018 年四季度，美元贸易结算占比较年初上升了 1.4 个百分点，全年各季度美元直接投资全球占比均高于往年同期水平。经济向好推动核心通胀中枢不断上移，美国加快货币政策正常化进程，美联储全年共加息四次，推动美元指数全年上涨4.5%。在贸易摩擦与多次加息下，美国股市前景恶化，准普尔指数、道琼斯指数、纳斯达克指数创10年来最大跌幅，企业融资成本上升。2018年四季度，美元债券余额跌幅较大，全球占比降至46.1%，较上年同期减少3.7个百分点。美元国际信贷规模增长停滞，四季度全球市场份额为43.9%，与上年基本持平。保护主义势头上升，拖累了美国乃至全球增长前景。截至2018年四季度，美元国际化指数为51.95，同比降低了0.33%。

10年来，美元国际化水平波动提升，国际化指数从2010年的49.52上升至2018年的51.95。美元国际化地位稳步上升得益于美国相比其他经济体，率先从全球金融危机中复苏。在数轮量化宽松的刺激下，美国的对外贸易以及消费投资活动不断扩张，经济增速常年保持在2%以上的水平，通胀率逐渐接近美联储目标水平，美元指数从2010年年末的78.96上升至96.10，失业率从2010年的9.6%下降至2018年的3.9%。从结构上看，10年来国际债券和直接投资对于提升美元国际化水平贡献最大。与2010年相比，2018年美元国际债券总额占比上升了13.6个百分点，直接投资美元占比上升了5.7个百分点。另外，美元贸易结算占比与美元信贷占比也较2010年分别有2.9个百分点和3.8个百分点的上涨。在国际化指数分项考核指标中，唯独美元外汇储备的全球占比较2010年下降了0.5个百分点，一些国家官方对美元储备投下了否决票。总体来说，美元的国际地位是长期积累的结果，短期内难以撼动。

### 1.3.2 欧元的国际化程度显著下降

2018年，内外部需求低迷，欧元区经济疲软，GDP增速为1.8%，不及预期。内部需求趋缓，私人消费支出增速降至4%以下；外部需求放缓，进出口增速均不及上年同期，致使2018年四季度欧元国际贸易占比为26.92%，同比下降了0.4个百分点。在全球下行压力突出、内部政经风险交缠、外资审查政策趋严等背景下，2018年四季度欧元直接投资国际占比跌至31.98%，较年初下降15.8个百分点。在国际信贷市场上，欧元表现稳定，四季度全球份额为19.96%，与上年年末基本持平；在国际债券市场上，宽松政策支持四季度欧元债券余额全球份额同比提升了1.4个百分点。欧元全球储备规模总体平稳，国际占比为20.68%，同比增加了0.5个百分点。截至2018年四季度，欧元国际化指数为25.75，同比增加了2.83%。

10年来，欧元的国际地位下滑较为明显，欧元国际化指数从2010年的29.83下降至2018年的25.75。欧洲先后受到债务危机、难民危机、英国脱欧等问题困扰，经济复苏乏力，政局频繁动荡，经济增速并不理想，常年在2%以下，欧元兑美元汇率也呈现长期贬值趋势。从欧元的国际化指数看，除了欧元直接投资占比较2010年上升以外，其余各项指标均出现不同程度的下跌。其中，欧元国际债券余额

占比下跌了 8.36 个百分点，欧元外汇储备占比下跌了 5.07 个百分点，二者成为拉低欧元国际化指数的主要因素。另外，欧元信贷全球占比和贸易结算占比也分别减少了 3.75 个百分点和 1.88 个百分点。欧元区经济复苏情况不及预期，政治经济风险交缠，欧元的国际地位 10 年来趋于下行。

### 1.3.3 英镑的国际化水平持续震荡

2018 年，英国经济增长放缓，脱欧进程一波三折，发展前景尚不明朗。尽管劳动力市场和薪资增速亮眼，但居民消费和企业投资意愿不足。2018 年英国贸易温和扩张，四季度英镑国际贸易占比为 2.2%，同比小幅下跌 0.1 个百分点。在政府推动下，英国全年吸引外国投资 1 220 亿美元，四季度英镑直接投资占比为 4.4%，同比提高 1.4 个百分点。2018 年，英国金融市场随着脱欧进程上下震荡，富时 100 指数全年跌幅达 12.5%，英镑兑美元汇率全年下跌 6.15%。在国际信贷市场上，四季度英镑国际信贷全球占比小幅上升 0.1 个百分点至 2.4%；在国际债券市场上，四季度英镑国际债券余额全球占比为 11.9%，同比增加 2 个百分点；英镑外汇储备规模全球占比维持在 4.4%附近，与上年基本持平。截至 2018 年四季度，英镑国际化指数为 3.98，同比增加 0.16%，但仍处于历史低位。

10 年来，英镑国际化指数双向剧烈震荡，维持在 4.0 左右的水平。国际金融危机以来，英国在欧洲经济体中率先复苏，但在脱欧不确定性影响下，英国的贸易、消费和投资增长受到抑制。2014 年英国经济增速一度涨至 2.9%，国内生产总值超过危机前水平，但自脱欧公投后，英国经济增速一路下探，2018 年经济增速为六年来最低，仅为 1.4%。受到多种因素的叠加影响，英镑国际化指数 10 年来剧烈震荡。在直接投资领域，2018 年英镑直接投资占比较 2010 年上升了 0.8 个百分点，而英镑国际债券余额占比则出现了 1.96 个百分点的较大降幅。在贸易计价结算、国际信贷以及外汇储备等方面，英镑国际使用份额逐年波动。总之，受到汇率震荡、脱欧不确定性等的影响，英镑国际化水平持续波动，尽管并未遭到根本性冲击，但已经被日元超越，降至全球第四位。

### 1.3.4 日元的国际地位巩固提升

2018 年，日本经济增长低迷，全年增速仅为 0.9%。全球贸易摩擦升温和消费税上调计划，致使日本外需和内需疲弱，投资意愿不足，四季度日元国际贸易结算占比与上年持平，维持在 4%左右，直接投资占比回落至 5%的水平。在国际信贷市场上，日元表现稳定，全年份额保持在 4.1%，同比上升了 0.2 个百分点；在国际债券市场上，日元使用规模稳步增长，四季度全球占比为 2.1%，同比增加了 0.2 个百分点。全球经济金融形势严峻，市场避险情绪上升，进一步助推了日元国际地位上升。2018 年四季度，日元外汇储备全球占比升至 5.2%，较上年同期提高了 0.3 个百分点，反超英镑，成为全球第三大储备货币。2018 年四季度，日元国际化指数为4.38，与上年同期基本持平。

10年来，日元的国际地位持续巩固提升，日元国际化指数较2010年上升了0.47个百分点。自2010年以来，日本经济温和扩张，在经历长达几十年的低迷期后逐步与全球走势同步，居民就业形势得到了很大的改善。在全球金融动荡的大背景下，国际市场上对日元的需求多受避险情绪的推动，这与日元传统的避险货币属性相关。从结构上看，日元直接投资占比和外汇储备占比分别贡献了1.92个百分点和1.54个百分点的增幅，日元信贷占比小幅上涨了0.34个百分点，而日元在贸易结算和国际债券方面则分别跌去了0.17个百分点和0.22个百分点。总之，10年来日元的避险属性进一步凸显，日元的国际地位巩固增强。

**专栏1—3**

## 全球去美元化的表现、原因及展望

所谓“去美元化”，是指非美国家和地区在国际贸易、投资、金融交易以及储备中减少美元的持有与使用，从而给美元的国际地位和影响力带来挑战。布雷顿森林会议以来，美元确立国际货币中心地位已有74载，在稳定全球经济金融秩序、提供公共物品的同时，也成为美国攫取利益的工具，为其他国家和地区带来了一定的负面影响。近年来，全球掀起了一轮去美元化浪潮。

本轮去美元化国家众多，正在成为集体一致行动。越来越多的国家和地区开始去美元化行动，不仅包括饱受制裁之苦的伊朗、委内瑞拉、俄罗斯等传统“敌对”国家，还涵盖深受汇率震荡影响的中国和东南亚、拉丁美洲诸国，以及寻求提升话语权和本币地位的欧元区成员。

众多国家减少美元使用，推进国际贸易本币结算。在亚洲地区，中国自2009年以来推进跨境贸易人民币计价结算；印度尼西亚、泰国和马来西亚三国在2017年12月启动了本币交易直接结算计划，以减少对美元的依赖；伊朗与土耳其、卡塔尔就使用双边本币贸易结算达成一致。在欧洲地区，俄罗斯与土耳其、印度等国探索使用双边贸易本币结算；在美国单方面宣布退出伊核协议后，欧盟多国宣布与伊朗使用欧元结算。在拉丁美洲地区，巴西和阿根廷签署协议，自2008年10月在双边贸易中使用双边本币支付结算，并计划将其扩大到整个南方共同市场；委内瑞拉在2017年正式与美元了断，在贸易结算中弃用美元。在非洲地区，安哥拉、莫桑比克、加纳、赞比亚等国都在寻求强化本币使用。

诸多债权国大幅减持美国国债。根据美国财政部数据，截至2018年9月末，外国投资者持有美国国债的规模为6.22万亿元，较年初仅增长0.6%，但境外持有占比持续呈现下行态势，由2014年8月的34.19%高位降至28.93%。中国、日本、俄罗斯、土耳其、菲律宾、马来西亚、南非、爱尔兰、荷兰、哥伦比亚和德国等均

不同程度地减持美债。

多国从美国联邦储备系统运回黄金，或者在市场上加快增持交易，以黄金替代美元储备。随着国际形势变化，荷兰、德国、瑞士、奥地利、比利时、匈牙利、委内瑞拉、土耳其等国家已经从美国等海外金库运回或宣布运回黄金。德国央行于2017 年提前三年从美国等海外金库运回黄金 743 吨；土耳其从海外运回黄金 220 吨，其中 2017 年从美国运回 28.7 吨，并在市场上大量购买囤积黄金，总计黄金储备规模达 565 吨，创历史纪录；俄罗斯加快黄金采购与开采，过去 10 年储备量增加了 455%。

原油"去美元化"格局逐渐清晰，冲击美元国际信用与计价权。近年来，在美元走强、油价暴跌、地缘政治摩擦增多的背景下，许多石油进出口大国纷纷走上"去美元化"道路。从供应端来看，俄罗斯、伊朗、委内瑞拉、卡塔尔、阿联酋、伊拉克、尼日利亚、安哥拉等出口大国已明确表示或推进原油交易以非美元计价结算，约占全球原油出口的四成份额。此外，沙特阿拉伯、俄罗斯、委内瑞拉、土耳其等产油国甚至提出或启动数字货币计价，尝试以此绕过美元障碍。从需求端来看，中国、印度、日本、德国、法国等进口国均积极推进原油贸易本币计价结算。

多个经济体着手创建独立的支付结算体系，从基础设施上摆脱美元制约与"长臂管辖"。欧盟在 2018 年 8 月表示已经在准备建立欧洲独立结算体系的研究工作，建立一个独立于美元的欧洲支付渠道和银行结算体系，德国与法国进而提出创造一个独立的欧洲或者德法融资工具，以绕过现行的国际支付系统；俄罗斯自 2014 年以来一直在开发建设金融信息通讯系统（SPFS），至 2018 年 11 月末其参与机构数量已超过环球同业银行金融电讯协会（SWIFT），并且正在研究与中国、伊朗、土耳其等国系统对接；中国自 2015 年 10 月正式投产并逐步完善人民币跨境支付系统（CIPS），为人民币国际使用打造了高速公路。

本轮去美元化浪潮既源于国际货币格局基础与信用根基的变化，也有时代偶然因素。具体包括四点原因：一是随着世界经济格局变迁，国际货币秩序从美元"一家独大"向多元化体系迈进；二是随着原油供求格局改变，"石油-美元-美债"的循环链条被打破；三是随着美联储量化宽松货币政策放水与回收，美元价值稳定性遭到损害；四是随着特朗普上台，其推行的政策加剧了全球去美元化的共识和行动。

本轮去美元化浪潮对美元的国际地位具有一定的削弱作用。在国际支付交易中，美元市场份额在 2015 年后加速下降至 39.35%；在全球外汇储备中，美元持有占比也呈现相似的趋势，2018 年二季度末占比由 2015 年 66%的高位降至 62.25%。然而，美元国际中心地位在短期内不可撼动、无可取代。纵观国际货币格局，欧元面临自身的制度性缺陷，英镑、日元的经济体量有限，人民币尚处于成长阶段，美元依然稳居全球第一。同时，现行国际组织、金融规则、基础设施、金融市场发展程度以及使用惯性，均以美元为中心，在短期内难以被推翻。

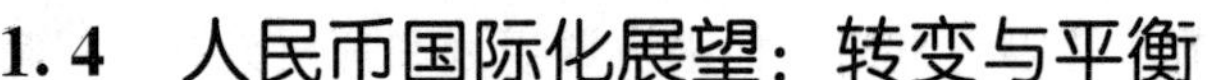

## 1.4 人民币国际化展望：转变与平衡

过去10年，人民币国际化从无到有、从贸易项下向资本金融项下发展，从小币种晋升为全球第五大储备货币，取得了辉煌的成就，也积累了许多经验和教训。2019年是人民币国际化10周年，也是下一轮SDR货币篮子评估的关键一年。站在新起点上，人民币国际化发展将面临转变，在平衡中走向成熟。

展望未来，人民币国际化发展面临四重转变：

第一，环境转变。10年来，人民币国际化发展的国内外环境发生了深刻的变化，从国内形势来看，中国宏观经济迈入转型调整期，从高速增长转换为中高速增长；国际收支结构从双顺差转向经常项目顺差、资本项目逆差，外汇储备增长放缓甚至下降；金融市场更加开放和敏感，各类价格波动加剧，汇率由前期的单边升值转换为双向波动，短期资本流动从前期的持续净流入转换为流出入快速变化。从国际环境看，全球经济扩张放缓，保护主义上升，对贸易与投资产生抑制作用；主要货币竞争更加激烈，从10年前国际货币体系改革呼声高涨到当前各经济体强化各自主权货币地位；随着人民币国际使用与影响力增强，其受到的关注度上升，面临的责任和阻碍也进一步增多。国内外环境的变化将影响人民币国际使用的规模、结构、路径等。

第二，动力转变。人民币国际化处于政策推动为主到市场驱动力为主的动能转换阶段。在近三年的发展中，这一动力转变已初露端倪，未来将进一步巩固深化；市场需求是人民币国际化的原动力，政策大态势是人民币国际化的辅助力量。在当前复杂多变的国内外形势下，跨境人民币使用政策已基本到位，各类渠道已基本打通，市场供求将成为决定人民币国际使用的主体部分。在市场驱动为主的模式下，人民币国际化发展必然会呈现市场形态，非直线攀升，而是波动前行：人民币国际化发展必然会紧扣市场需求，在实体经济与金融发展中发挥更为积极的作用。

第三，结构转变。人民币国际使用结构由以贸易为主体向以资本金融为主体转变。10年来，跨境人民币使用结构出现了显著变化。尽管贸易仍然是人民币跨境使用的基础项目，但其份额呈现持续下滑态势：资本金融项下，特别是非直接投资的资本金融项目快速攀升，占比超过六成，成为跨境人民币结算的主体部分。2019年，随着我国经济日益发展、金融市场日益开放，这一结构将持续并得以巩固，人民币投融资将更加活跃。同时，值得关注的是，随着人民币投融资成为跨境人民币收支的主体部分，人民币跨境使用及金融体系面临的风险和波动性也会由此上升。

第四，政策转变。2009年以来，我国以跨境贸易结算为切入点，循序渐进地建立了人民币跨境使用的政策框架和配套设施体系，并积累了丰富的经验。基于实际形势及存在的问题，未来我国人民币国际化政策将逐步完善，走向成熟：一是注重实效，低调推进。坚持金融服务实体经济的基本原则，支持人民币在跨境贸易和投

资中的使用，在激烈的国际竞争和博弈中以低调合作的姿态，稳步推进人民币国际化发展。二是协调规划，市场调节。统筹各部门，加强协调规划和顶层设计，保障人民币国际化政策的连贯性，避免左右摇摆和反复逆转，管理方式由行政干预转向市场化调节为主、行政干预为辅。三是对接国际，明确可期。打造明确、可预期的政策环境，着力疏通或化解境内外机制冲突，明确细化相关政策，更加注重预期引导和政策沟通，保障市场信心，支持人民币走向国际。

# 第 2 章

# 人民币国际化现状

2018 年中国经济克服重重困难，在中美贸易摩擦加剧、国内外环境复杂多变的情况下实现了中高速增长。供给侧结构性改革初见成效，贸易结构不断优化，人民币汇率形成机制日渐成熟，币值比较稳定。国际社会对人民币的接受程度更高，人民币无论在贸易结算，还是在金融交易、官方储备资产中的份额都显著增加。

## 2.1 跨境贸易人民币结算

### 2.1.1 结算规模和占比企稳上升

2018 年，面对世界经济延续缓慢复苏、中美贸易摩擦加剧等诸多不利因素，我国加大供给侧改革力度，推动产业升级加速，经济发展新动力、企业活力明显增强。与此同时，进一步扩大开放，举办国际进口博览会，实施“六稳”政策，为国际贸易稳健发展提供了强有力的支撑。2018 年我国货物和服务进出口规模均创历史新高，其中货物贸易第一大国的地位更加巩固，服务贸易连续五年位列世界第二。

跨境贸易人民币结算保持平稳增长态势。2018 年全年跨境贸易人民币结算业务①累计发生 5.11 万亿元，较 2017 年增加 7 500 亿元，同比增长 17.2%。跨境贸易人民币结算占中国货物及服务贸易总额的 14.9%，较 2017 年增加了 1 个百分点。人民币贸易结算经历了先升后降、企稳回升的发展变化，2015 年达到峰值，在我国

① 包括以人民币进行结算的跨境货物贸易、服务贸易及其他经常项目。

贸易总额中的占比一度超过30%（见图2-1）。在人民币汇率形成机制改革后，夹杂在贸易结算中的投机性交易消退，跨境贸易人民币结算规模开始下降，目前，跨境贸易人民币结算规模基本上反映了真实贸易结算需求。

导致人民币贸易结算规模增加的因素是：第一，人民币流动性充裕。2018年我国先后与泰国、澳大利亚、阿尔巴尼亚、尼日利亚、巴基斯坦、日本、印度尼西亚、乌克兰等国签署了双边本币互换协议，确保离岸人民币流动性充足。第二，基础设施更加完善，CIPS（二期）上线运行，香港快速支付系统——“转数快”启动，提高了人民币跨境结算的效率。第三，更多大宗商品以人民币计价结算，推出了人民币原油期货、铁矿石期货以及乙二醇掉期等交易产品与平台。第四，美国对伊朗、委内瑞拉、俄罗斯等国实施严厉的经济和金融制裁，导致这些国家纷纷将贸易结算货币转向欧元和人民币。

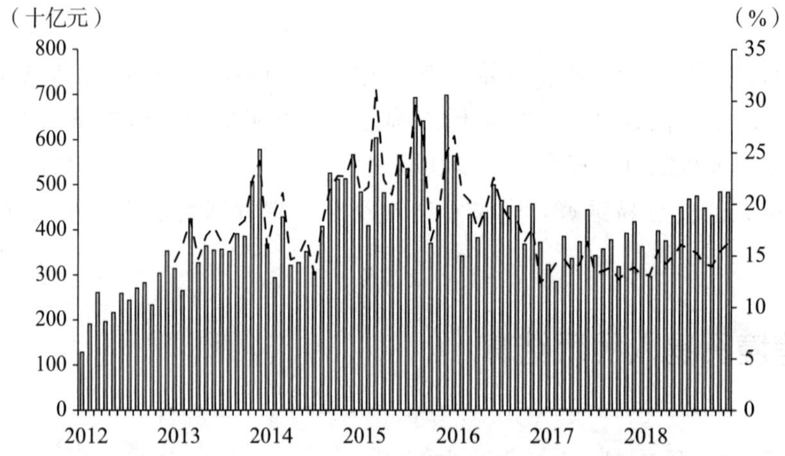


**图2-1 2012—2018年各月跨境贸易人民币结算规模**

资料来源：中国人民银行、商务部、国家外汇管理局。

## 2.1.2 结算以货物贸易为主，服务贸易显著增加

人民币结算结构持续优化，货物贸易仍然是主流，服务贸易份额出现较快增长。2018年，以人民币进行结算的货物贸易累计发生3.66万亿元，较2017年增加11.9%；占以人民币进行结算的跨境贸易总额的71.6%，占比创2013年以来最低水平。以人民币进行结算的服务贸易累计发生1.45万亿元，同比增加33.0%；占以人民币进行结算的跨境贸易总额的28.4%（见图2-2和图2-3）。剔除2014年货物贸易和服务贸易结算口径调整的因素，过去5年间，以人民币进行结算的服务贸易的年均增长速度更快。

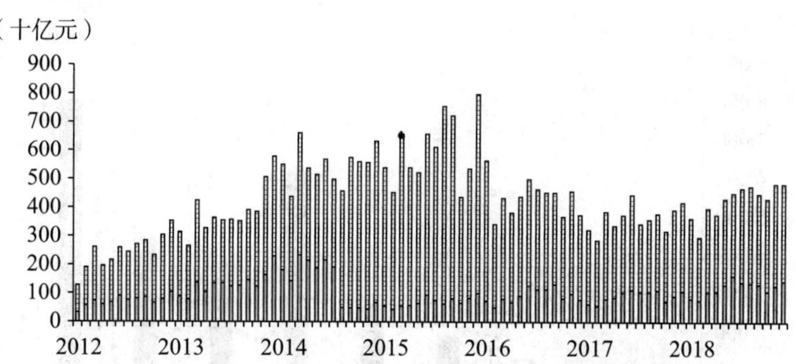


**图 2-2　以人民币进行结算的跨境货物贸易和服务贸易规模**

资料来源：中国人民银行。

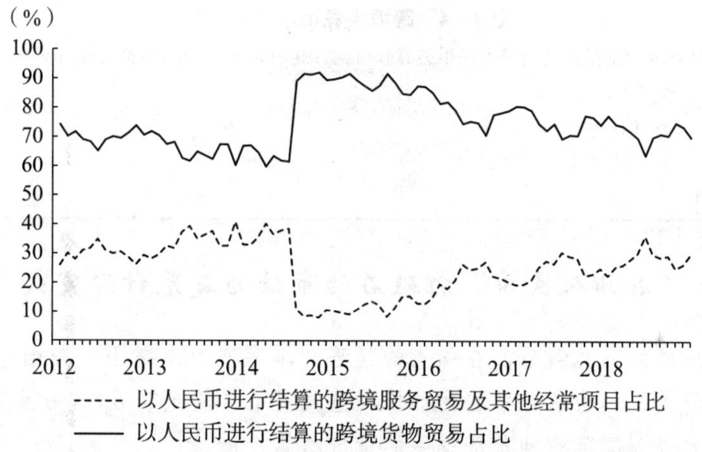


**图 2-3　以人民币进行结算的跨境货物贸易和服务贸易规模占比**

资料来源：中国人民银行。

### 2.1.3　跨境人民币结算收付基本平衡，实收略大于实付

2018 年，我国跨境人民币结算收付金额合计 15.85 万亿元，较 2017 年大幅增长 72.5%。其中经常项下跨境人民币收付金额累计 5.11 万亿元，同比增长 17.2%。资本项下人民币收付金额累计 10.74 万亿元，同比增长 122.4%，资本项下的人民币交易已成为跨境人民币收付的主要动力。2014 年我国调整了统计口径，将贸易人民币结算收付扩大为包括资本金融交易的人民币结算收付，由于金融交易波动性较大，导致跨境人民币收付顺差、逆差交替。经过 2016 年、2017 年的人民币收付逆差后，2018 年转为小幅顺差，收付比为 0.98，其中，实收 8 万亿元，实付 7.85 万亿元，表明人民币流出、回流规模扩大，收支更加平衡（见图 2-4）。

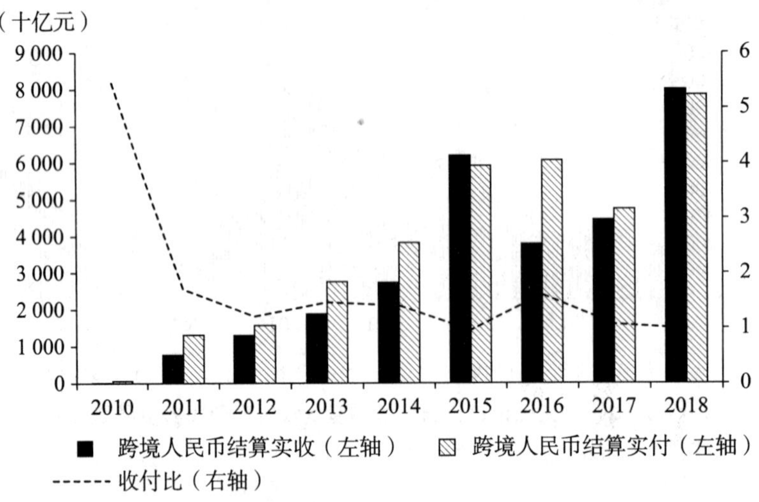


**图 2-4　跨境人民币结算收付比**

说明：2014 年及以前是跨境贸易人民币结算收付比，此后是全口径（包括资本和金融项）的人民币结算收付比。

资料来源：中国人民银行。

**专栏 2—1**

## “石油人民币”打破石油市场的美元计价定式

布雷顿森林体系瓦解后，在强大的经济和军事实力支撑下，美国与 OPEC 国家达成协定，将美元作为石油贸易的计价和结算货币。从此以后，“石油美元”时代正式开启，美元成为国际石油市场唯一的计价结算货币。

随着汽车消费的快速增长，我国对石油的需求急速增加，目前是世界第一大原油进口国和第二大原油消费国。数据资料显示，2018 年我国原油消费量为 625 万吨，同比增长 5.0%；原油进口 461.9 万吨，较 2017 年增长 10.1%；对外依存度高达 74%（见表 2-1）。由于国际原油使用美元计价结算，美元波动加剧了国际油价波动，给我国带来了巨大的汇兑损失，物价稳定受到严重威胁。为了减少美元波动的额外损失，有必要在原油进口中使用人民币计价结算。同时，美国的巨额贸易逆差和财政赤字增加了美元贬值风险，大量持有美元资产的石油出口国担心潜在的财产损失，不愿将“所有的鸡蛋放在一个篮子里”，石油贸易“去美元化”的呼声开始高涨，人民币成为一个受欢迎的选择。

早在 2008 年，中国就开始尝试使用人民币进行原油贸易结算。由于人民币的币值相对坚挺，自 2013 年以来，卡塔尔、尼日利亚、阿联酋、伊朗、俄罗斯、安哥拉、哈萨克斯坦等国先后做出决定，在与中国的原油或石油副产品贸易中更多使用人民币进行结算。

表 2-1　中国 2008—2018 年原油对外依存度

| 年份 | 原油消费量（万吨） | 原油进口量（万吨） | 对外依存度 |
|---|---|---|---|
| 2008 | 378.06 | 178.88 | 47% |
| 2009 | 392.81 | 203.79 | 52% |
| 2010 | 448.49 | 239.31 | 53% |
| 2011 | 465.11 | 253.78 | 55% |
| 2012 | 487.07 | 271.02 | 56% |
| 2013 | 508.14 | 282.00 | 55% |
| 2014 | 527.96 | 308.38 | 58% |
| 2015 | 561.84 | 335.50 | 60% |
| 2016 | 574.02 | 381.01 | 66% |
| 2017 | 595.45 | 419.57 | 70% |
| 2018 | 625.00 | 461.90 | 74% |

资料来源：Wind 数据库、海关总署。

2018 年 3 月 26 日，中国向境外投资者推出了人民币计价结算的原油期货交易，为原油现货交易提供了新的风险对冲产品，也为石油市场计价货币多元化提供了可操作的平台垄断局面。人民币原油期货市场的建立，既可吸引更多国际资金参与我国资本市场，拓宽人民币国际循环渠道；又可形成直接反映我国石油市场供求关系的石油价格，有利于我国获得与进口原油大国相对应的话语权，维护能源安全和经济安全。

## 2.2 人民币金融交易

### 2.2.1 人民币直接投资

2018 年我国发生人民币直接投资 26 648.1 亿元，同比增加 10 279.3 亿元，大幅增长 62.8%。这一规模比 2014—2017 年的平均直接投资金额增加了 5 245 亿元。

1. 人民币对外直接投资

我国对外直接投资保持平稳，以人民币结算的对外直接投资大幅增长。据商务部、国家外汇管理局统计，2018 年，我国对外直接投资达 1 298.3 亿美元，较 2017 年增长 4.2%。其中，对外非金融类直接投资 1 205 亿美元，同比增长 0.3%；对外金融类直接投资 93.3 亿美元，同比增长 105.1%。以人民币结算的对外直接投资 8 048.1 亿元，较 2017 年增加 3 479 亿元，同比增长 76.2%，扭转了 2017 年出现的负增长局面，并且超过以人民币结算的对外直接投资出现峰值的 2016 年的增幅（见图 2-5）。从月度数据来看，以人民币结算的对外直接投资发生额不均衡，一般是

二、四季度较多，一、三季度较少（如图 2-6 所示）。

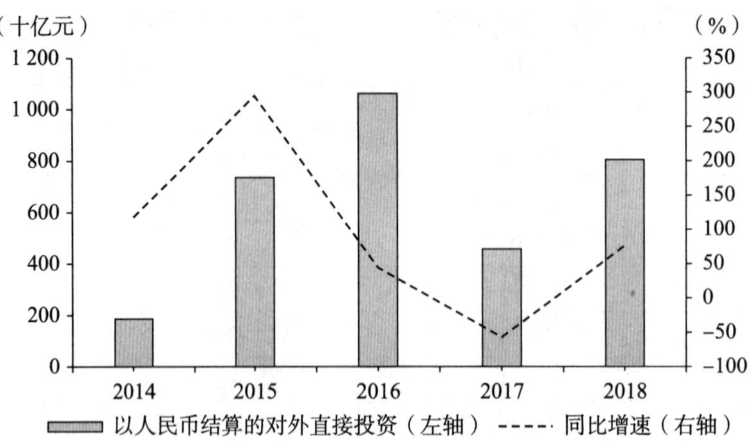


**图 2-5　以人民币结算的对外直接投资**

资料来源：中国人民银行。

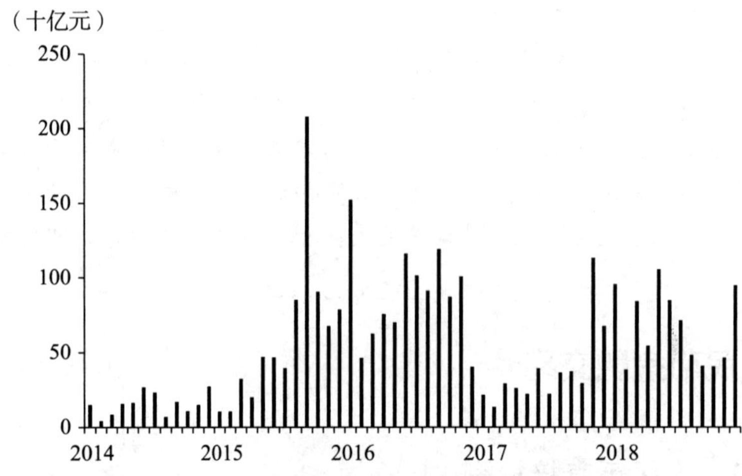


**图 2-6　以人民币结算的对外直接投资月度数据**

资料来源：中国人民银行。

近 5 年来，以人民币结算的对外直接投资规模不断扩大。以“一带一路”建设为引领，我国对外直接投资稳步增长，企业积极参与全球产业链和价值链，呈现出以下特点。

第一，对外直接投资结构持续多元化。2018 年，对外直接投资主要流向租赁和商务服务业、制造业、批发和零售业、采矿业，占比分别为 37%、15.6%、8.8% 和 7.7%，流向信息传输、计算机服务和软件业的对外直接投资也较多，发展势头强劲。流向第三产业的对外直接投资总额达 842.5 亿美元，占比 69.9%，同比增长 3.6%。地方企业和民营经济对外直接投资活跃，总额达 834.3 亿美元，同比增长 11.3%，占同期总额的 69.2%。非公有经济控股主体对外直接投资 554.2 亿美元，

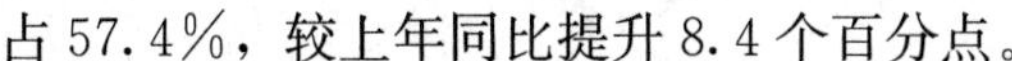
占57.4%，较上年同比提升8.4个百分点。

第二，对外直接投资方式不断创新。企业并购活跃，境外融资比例高。2018年全年中国海外并购主要发生在电力和公用事业领域，共实施完成并购项目405起，实际交易总额702.6亿美元，其中境内出资274.5亿美元，占并购总额的39.1%，占同期对外直接投资总额的22.8%；境外融资规模428.1亿美元，占并购总额的60.9%。同时，实物投资、股权置换、联合投资、特许经营、投建营一体化等对外投资方式也呈现出良好的发展态势。

第三，"一带一路"投资合作稳步推进，境外经贸合作区建设取得积极进展。我国企业对"一带一路"沿线的56个国家实现非金融类直接投资156.4亿美元，占同期总额的13%，同比增长8.9%，远远高于整体增速。截至2018年年末，境外经贸合作区累计投资209.6亿美元，2018年新增投资25亿美元；入区企业共计933家，上缴东道国税费22.8亿美元，累计创造就业岗位14.7万个，实现互利共赢。

2. 人民币外商直接投资

2018年全球跨境直接投资同比下降19%，连续三年下滑。然而，我国经济发展稳健，营商环境大幅改善，吸引了大量国际资本。外商直接投资实现逆势增长，全年实际使用外资8 856.1亿元，创历史新高。新设外资企业60 533家（不含银行、证券、保险领域的企业），同比增长69.8%。值得一提的是，"一带一路"沿线国家在华新设企业4 479家，增长16.1%；对华直接投资424亿元，同比增长16.0%。利用外资结构持续优化，特斯拉、宝马等项目落地，制造业利用外资占比升至30.6%，高技术制造业实际使用外资137亿美元（折合898亿元人民币），增长38.1%。以人民币结算的外商直接投资规模为1.86万亿元，也创下历史新高，同比增长57.6%（如图2-7与图2-8所示）。

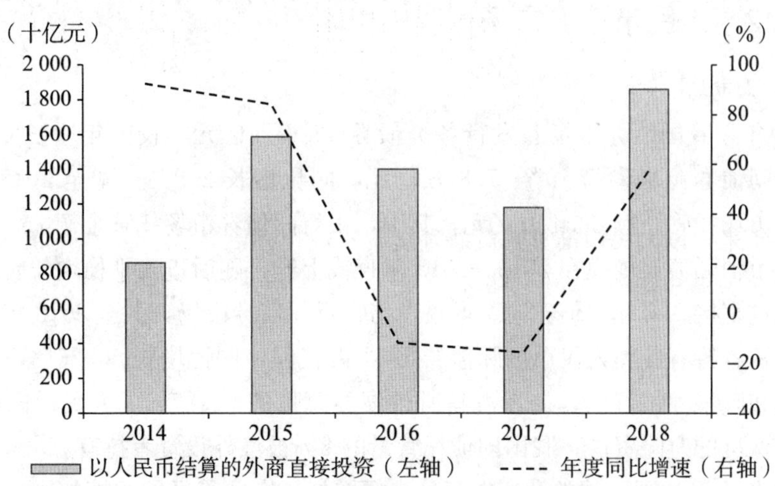


**图2-7　以人民币结算的外商直接投资**

资料来源：中国人民银行。

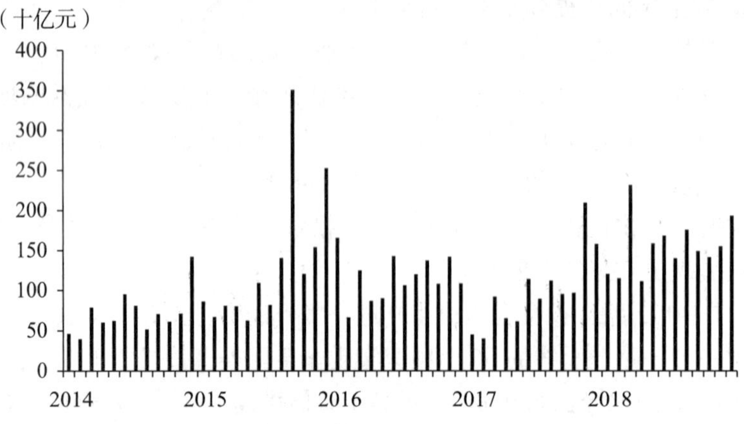


**图 2-8　以人民币结算的外商直接投资月度数据**

资料来源：中国人民银行。

以人民币结算的外商直接投资金额的快速增长得益于我国经济高质量发展、人民币国际化、营商环境优化和“一带一路”建设扎实推进。中国致力于深化供给侧结构性改革，减税降费，保持了经济活力，2018 年中国是唯一被 IMF 上调经济增长预期的国家。人民币汇率形成机制运行顺利，国际收支双顺差确保了人民币币值稳定，更多的大宗商品开始使用人民币结算，国际投资者使用人民币的愿望更强烈、条件更好。尤其是中国全面实行外商投资准入负面清单制度，显著改善了营商环境。世界银行发布的《2019 营商环境报告》显示，中国的营商环境大幅提升 32 位，位列全球第 46 名。越来越多的国家参与到“一带一路”建设中，与我国签订了战略合作协议，直接投资中使用人民币的真实需求不断上升。

## 2.2.2　人民币证券市场

1. 债券市场

2018 年，我国债券市场共发行各类债券 43.6 万亿元，较上年增长 6.8%。其中，银行间债券市场发行债券 37.8 万亿元，同比增长 2.9%。截至 2018 年 12 月末，债券市场托管余额 86.4 万亿元，其中，银行间债券市场托管余额 75.7 万亿元。

人民币国际债券规模在 2010—2015 年直线上升，随后进入平稳增长阶段。境外投资者通过直接入市和“债券通”渠道参与银行间债券市场，截至 2018 年年末，境外机构投资者持有各类人民币国际债券 1.51 万亿元，同比增长 50.26%，主要是记账式国债和政策性银行债，二者占其所持债券总量的 96.87%。人民币国际债券已成为国际认可的避险资产，我国国债托管量的 8%被境外投资者持有。

2018 年人民币国际债券和票据存量小幅增加。在中美经贸摩擦加剧、英国脱欧等不确定性因素较大的背景下，中国人民银行继续实施稳健中性的货币政策，四次定向降准，灵活开展公开市场操作，综合利用货币政策工具提供不同期限流动性，保证了流动性的合理充裕和相对较高的利率，使人民币国际债券继续保持较强的国际竞争力。但是，受制于国际债券市场的“网络效应”，与目前主流国际货币相比，人民币国际债券和票据在国际债券市场的份额依然较低，2018 年四季度存量为 1 075.49 亿美元，同比增加 42.02 亿美元，增幅为 4.07%。在国际债券总额中的占比为 0.44%（如图 2－9 所示）。

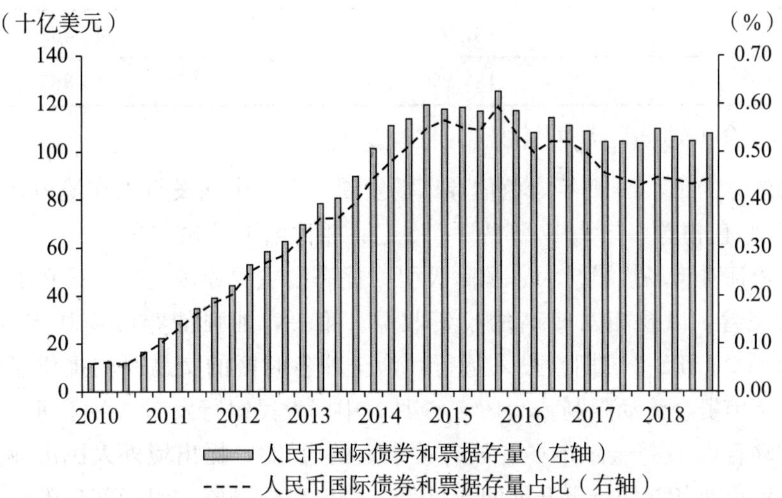


**图 2－9　2010—2018 年各季度人民币国际债券和票据存量及其占比**

资料来源：国际清算银行。

2018 年，离岸市场共发行 267 只人民币债券，同比增加 126 只；总发行额 1 161.3 亿元，同比增长 1.4 倍。其中，香港离岸人民币债券（点心债）发行规模为 419 亿元，未偿余额为 1 706 亿元。财政部发行了 100 亿元人民币国债，中国人民银行首次发行了 200 亿元央票，香港高信用等级人民币金融产品更加丰富，有利于完善人民币债券收益率曲线。

境外机构发行熊猫债券明显回暖，银行间债券市场是熊猫债券发行的主要场所。截至 2018 年年末，银行间债券市场各类参与主体共计 20 763 家，境外机构投资者 1 186 家，较上年年末增加 380 家。共发行熊猫债券 43 期，发行总额 746.60 亿元，分别占总发行期数和发行总规模的 74.1%和 78.1%。交易所债券市场共发行熊猫债券 15 期，发行总额 209.30 亿元，分别占总发行期数和发行总规模的 25.9%和 21.90%。2018 年共有 29 家境外机构累计发行熊猫债券 58 期，发行额 955.90 亿元，与 2017 年的发行降温形成鲜明的对照，发行机构数量、发行期数和发行总额同比分别增长 16%、65.7%和 33%。

2018 年人民币利率互换名义本金成交量首次突破 20 万亿元，累计成交达 21.08 万亿元，同比增长 48.6%，累计交易笔数 184 560 笔，同比增长 36.1%（如表 2－2 所示）。全年共计有 407 家机构备案入市。

表 2-2　　2014—2018 年利率互换交易情况

| 年份 | 交易笔数（笔） | 名义本金额（亿元） |
| --- | --- | --- |
| 2014 | 42 978 | 40 301 |
| 2015 | 64 469 | 82 071 |
| 2016 | 87 018 | 98 587 |
| 2017 | 137 974 | 143 462 |
| 2018 | 184 560 | 210 863 |

资料来源：全国银行间同业拆借中心。

值得注意的是，2018 年绿色债券市场发展迅速，中国发行人在境内外共发行了 2 089 亿元绿色债券，与 2017 年的 1 578 亿元相比增长了 32.4%。

人民币债券市场规模扩大、国际吸引力提高的主要原因是：中国债券市场制度建设不断完善，以及相对较高的投资收益。第一，加强债券市场基础设施建设。2018 年 3 月，CIPS（二期）投入运行，为全球各时区的交易时间提供了便利。第二，放松跨境资金流动限制。2018 年 5 月，中国人民银行发布《关于进一步完善跨境资金流动管理 支持金融市场开放有关事宜的通知》，提出境外人民币业务清算行和境外人民币业务参加行可开展同业拆借、跨境账户融资、银行间债券市场回购交易等业务；6 月，国家外汇管理局发布《合格境外机构投资者境内证券投资外汇管理规定》，取消对 QFII、RQFII 的多项要求，为跨境证券投资和资金流动提供便利。第三，实行税收优惠。2018 年 11 月，财政部、税务总局发布《关于境外机构投资境内债券市场企业所得税增值税政策的通知》，对境外机构投资境内债券市场取得的债券利息收入暂免征收企业所得税和增值税，原本人民币利率高于其他主要货币，此举进一步提高了人民币资产的收益，刺激更多境外机构投资者将中国债券纳入资产配置范畴。2018 年 3 月彭博宣布，自 2019 年 4 月起逐步把以人民币计价的中国国债和政策性银行债券纳入彭博巴克莱全球综合指数。

**专栏 2—2**

## 中国债券市场加快步伐对外开放

2018 年中国债券市场加快了对外开放步伐，不断释放积极信号。人民币债券越来越多地被纳入主流债券指数，例如，2017 年 7 月，花旗宣布将中国债券市场纳入"花旗世界国债指数—扩展市场"；2017 年 3 月，彭博巴克莱推出"全球综合＋中国指数"和"新兴市场本地货币政府＋中国指数"，将人民币债券纳入这两项全新的固定收益指数。这就表明，国际社会认同中国债券市场的巨大发展前景，中国债券市场也将更快融入全球市场。

此外，“一带一路”建设也推动了中国债券市场国际化。根据有关部门估算，2016—2020年，“一带一路”沿线国家基础设施合意投资需求高达10.6万亿美元，而发行债券是满足巨额投资需求的一个重要手段。2018年3月，我国发布了《关于开展“一带一路”债券试点的通知》，开放债券市场，鼓励发行“一带一路”债券，加强金融互联互通，为沿线国家政府和企业募集外部资金支持建设。

“债券通”构建了资金跨境流动的机制，提高了交易的便利性，降低了境外机构参与债券投资的门槛。截至2018年12月末，共有503家境外主体通过“债券通”渠道进入银行间债券市场，其中64%是由全球资产管理公司和基金管理公司管理的产品。

总之，通过一系列制度创新和国际化安排，大大提高了我国债券市场的开放水平和国际影响力，有利于逐步提高人民币债券在全球的份额。

2. 股票市场

2018年，我国股票市场大幅下跌。上证综合指数收于2 494点，同比下跌24.6%；深证成份指数收于7 240点，同比下跌34.4%；创业板指数收于1 251点，同比下跌28.6%。A股加权平均市盈率沪市从2017年的18.2倍降至12.5倍，深市从2017年的36.5倍降至20.2倍。各类企业和金融机构在境内外股票市场上通过发行、增发、配股、权证行权等方式累计筹资6 827亿元，同比下降41.9%；其中A股筹资4 324亿元，同比下降44.9%（如图2-10与图2-11所示）。

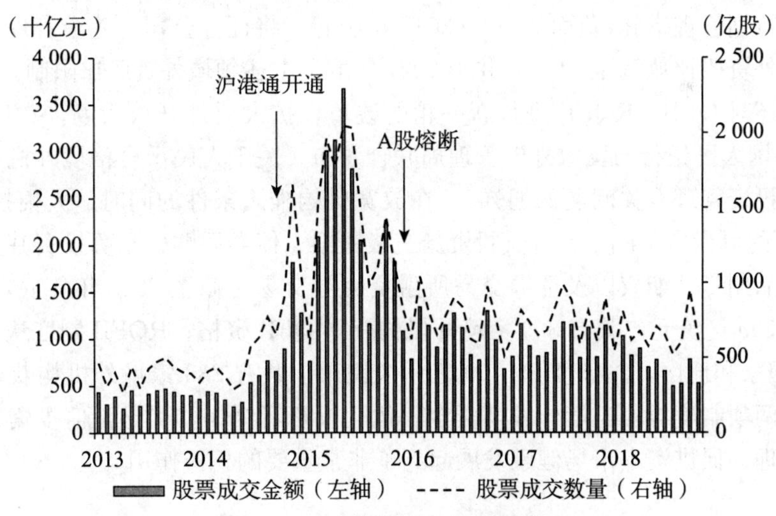


**图2-10　中国股票市场交易情况**

资料来源：中国证券监督管理委员会、国泰安数据库。

股票市场的大幅下跌源于国内外多种因素影响。第一，中美贸易摩擦的不确定性打击了投资者信心，导致非理性恐慌。第二，去杠杆与稳健货币政策叠加，部分地区流动性偏紧，企业资金层面受到较大冲击，过多股权质押引发市场基本面恶化，股价随之下跌。

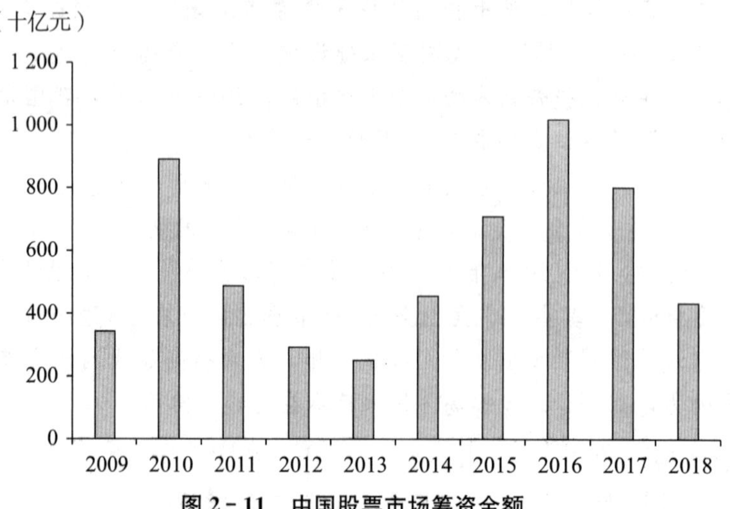


**图 2-11　中国股票市场筹资金额**

资料来源：中国证券监督管理委员会。

股票市场对外开放取得新的突破，突出表现为对外资机构的限制大幅减少。2018 年 4 月，证监会修订《外商投资证券公司管理办法》，允许外资控股合资证券公司并扩大其业务范围；8 月发布《外商投资期货公司管理办法》，明确期货公司的境外股东要求，规范外商间接持股行为。2018 年 6 月，发改委、商务部发布《外商投资准入特别管理措施(负面清单)(2018 年版)》，将证券公司、基金管理公司、期货公司的外资股比放宽至 51%，并于 2021 年取消上述领域外资股比限制。

我国还对 QFII、RQFII 进行新一轮的改革，扩大对外开放力度。2018 年 6 月 12 日，中国人民银行与国家外汇管理局联合发布《关于人民币合格境外机构投资者境内证券投资管理有关问题的通知》，在放宽机构准入条件的同时，大幅扩大 QFII 和 RQFII 的可投资范围，允许其投资新三板股票、债券回购、私募投资基金、金融期货、商品期货、期权以及证券交易所融资融券交易。截至 2018 年年底，QFII 总额度达 1 500 亿美元，共有 309 家境外机构获得 QFII 资格；RQFII 制度从香港扩大到 19 个国家和地区，总额度 19 400 亿元人民币，共有 233 家境外机构获得 RQFII 资格。这两项制度对引进境外长期资金、优化投资者结构、引导价值投资、完善上市公司治理、促进资本市场健康发展起到了非常重要的积极作用。

**专栏 2—3**

### 中国 A 股纳入 MSCI 指数

中国经济的稳健发展使得 A 股市场在全球资产配置中的吸引力不断增强，“沪港通”和“深港通”机制客观上为外资进入中国市场提供了机会。

2017 年 12 月 5 日，标普道琼斯公布了 2017 年度市场分类评审结果，宣布将可通过“沪港通”“深港通”机制进行交易的合格A股纳入其全球指数体系，分类级别为新兴市场。2018年6月，A股被正式纳入MSCI新兴市场指数。9月，A股占MSCI新兴市场指数的权重提高到5%。同年9月，富时罗素宣布将A股纳入其全球指数体系。加入这些国际指数后，中国A股市场将迎来更多的国际投资者。投资主体多元化将推动A股整体估值变化，逐步与国际市场趋同，波动率也会逐渐走低，还会促进上市公司规范信息披露和公司治理，提高资本市场资产配置效率。

MSCI（明晟公司）全称为摩根士丹利资本国际公司，英文全称为Morgan Stanley Capital International，是美国著名的指数编制公司。MSCI指数是全球投资组合经理最多采用的基准指数。据MSCI提出的时间表，将分三阶段增加对中国A股在MSCI指数中的权重。

第一阶段，MSCI将在2019年5月的半年度指数审议中将现有的中国大盘A股纳入因子从5%增加至10%，同时纳入中国创业板。

第二阶段，MSCI预计在2019年8月的季度指数审议中，把MSCI指数中的中国大盘A股纳入因子增加至15%。

第三阶段，MSCI将在2019年年底审议中，把MSCI指数中的中国大盘A股纳入因子增加至20%，同时将包括符合条件的中国创业板股票。

完成此三步后，MSCI新兴市场指数的预计成份股中有253只中国大盘A股和168只中国中盘A股（其中包括了27只创业板股票）。这些A股在此指数中的预计权重约为3.3%。有分析认为，如果国际投资者按照指数权重进行配资，未来5～10年，中国A股市场可望增加2万亿元外国投资，有利于中国进一步扩大股票市场规模、提高资本市场的国际化程度。

3. 衍生品市场

（1）期货市场。2018年，我国期货市场成交整体呈回暖趋势。全国商品期货市场累计成交量为30.29亿手，同比下降1.54%，累计成交额达210.82万亿元，同比增长12.20%。

2018年中国期货市场创新活跃，推出了原油期货、纸浆期货、乙二醇期货和2年期国债期货4个期货新品种。2018年3月26日，筹划已久的原油期货在上海国际能源交易中心（INE）上市，成为中国期货市场的一个重大里程碑。原油期货是目前国内首个引入境外交易者的期货品种，标志着中国期货市场对外开放的新突破。截至2019年3月25日上海原油期货上市满一年，按单边统计，累计成交量3 670.03万手，累计成交金额17.12万亿元，日均成交量15.1万手，日均成交金额超过704.55亿元，最高持仓量超过4万手，成为仅次于纽约和伦敦的全球第三大原油期货交易市场。

期货市场国际化具有重要的战略意义。中国是大宗商品的需求大国，以往这些商品价格主要由国外期货市场决定，国内期货价格仅起到跟随作用。随着国内期货市场国际化进程的加快，越来越多的国际参与者将参与其中，为中国期货市场引入国际资金与竞争机制，有利于提升国内期货价格的国际影响力，扩大国内市场在大宗商品定价权上的国际话语权，提高期货市场服务实体经济的质量和能力。

（2）利率和汇率衍生品市场。2018年，银行间人民币利率衍生品市场累计成交21.4万亿元，同比增长48.6%；全年达成交易18.85万笔，同比增长36.2%。其中，利率互换名义本金总额21.3万亿元，同比增长48.0%；债券远期成交4亿元，标准债券远期成交794亿元，信用风险缓释凭证创设名义本金67亿元，信用违约互换成交19亿元。

目前，人民币利率衍生品市场存在市场流动不足、交易主体和交易需求同质化、基差交易不活跃等问题。随着利率市场化改革的不断成熟，市场对利率风险管理的需求日益提升，必然会推动利率衍生品市场向纵深方向发展，更好地促进金融机构创新、提高效率、满足客户个性化需求。表2-3列出了近几年各季度银行间市场利率互换交易额。

**表2-3　银行间市场利率互换交易额**　单位：亿元

| 年份 | 一季度 | 二季度 | 三季度 | 四季度 |
|---|---|---|---|---|
| 2013 | 7 375.83 | 7 960.00 | 5 697.80 | 6 011.25 |
| 2014 | 8 044.50 | 8 908.53 | 9 569.63 | 13 778.11 |
| 2015 | 16 596.91 | 19 319.37 | 22 519.47 | 23 635.70 |
| 2016 | 20 066.68 | 23 617.65 | 25 778.24 | 29 714.44 |
| 2017 | 26 830.53 | 28 493.92 | 36 541.63 | 51 596.19 |
| 2018 | 52 897.16 | 58 921.23 | 49 587.66 | 49 457.13 |

资料来源：中国外汇交易中心。

随着人民币汇率的灵活性和弹性增大，人民币汇率风险管理需求不断增加，汇率衍生品市场发挥着越来越重要的作用。已有9个国家或地区的11家交易所开展人民币汇率期货交易，2家交易所开展人民币汇率期权交易。2018年，又新增了一家推出人民币汇率期货合约的交易所——新加坡亚太交易所。

2018年，在开展人民币汇率衍生品交易的交易所中，香港交易所、新加坡交易所、芝加哥商品交易所（CME）延续了2015年以来的美元兑人民币（USD/CNH）高速增长态势。例如，香港交易所的USD/CNH期货合约累计成交1 755 130张，同比增长139.6%，年末未平仓合约30 797张，同比下降32.5%。USD/CNH期权合约自2017年3月推出以来交易量稳步增长，2018年累计成交30 067张，年末未平仓合约5 625张。新加坡交易所USD/CNH期货合约共成交4 684 518张，同比大涨176.8%，年末未平仓合约33 301张，同比上升67.8%。CME的USD/CNH期货合约成交117 420张，年末未平仓合约1 107张，同比分别上升492.3%和38.7%。

4. 非居民投资人民币金融资产

与其他主要货币相比，近年来人民币金融资产的保值增值前景广阔，受到许多国际投资者的青睐。2018 年年末，境外机构和个人持有境内人民币金融资产余额增至 4.85 万亿元，同比增加 5 610 亿元，增幅达 13%，延续了 2016 年以来的增长势头（如图 2-12 所示）。

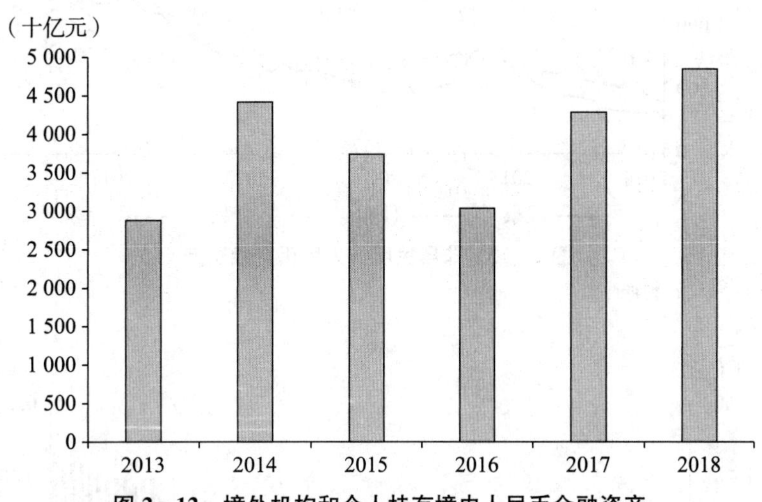


**图 2-12　境外机构和个人持有境内人民币金融资产**

资料来源：CEIC 数据库。

在非居民所持人民币金融资产中，规模最大的是债券，其次是股票、存款及贷款。截至 2018 年 12 月，债券托管余额为 17 115.94 亿元，同比增加 5 127.62 亿元，增幅达 42.8%；股票市值为 11 517.35 亿元，同比减少 229.35 亿元，降幅为 2%；存款余额为 10 591.55 亿元，同比减少 1 143.17 亿元，降幅为 9.7%；贷款余额为 9 246.53 亿元，同比增加 1 856.53 亿元，增幅达 25.1%。过去 5 年，非居民所持人民币金融资产更加多元化，债券类金融资产持续较快增长，存款类金融资产不断下降（如图 2-13 所示）。

### 2.2.3　人民币境外信贷

人民币境外贷款是满足我国“走出去”企业的融资需求、支持“一带一路”建设的重要工具，也是增加离岸市场人民币流动性的主要渠道。2018 年，境内金融机构人民币境外贷款余额达 5 075.30 亿元，同比增长 1.14%。新增人民币境外贷款 57.27 亿元，同比增加 9.78 亿元。人民币境外贷款余额占金融机构贷款总额的比重为 0.37%，与 2017 年基本持平（如图 2-14 所示）。

### 2.2.4　人民币外汇交易

根据《2018 年银行间市场运行报告》，2018 年我国银行间外汇市场成交量保持

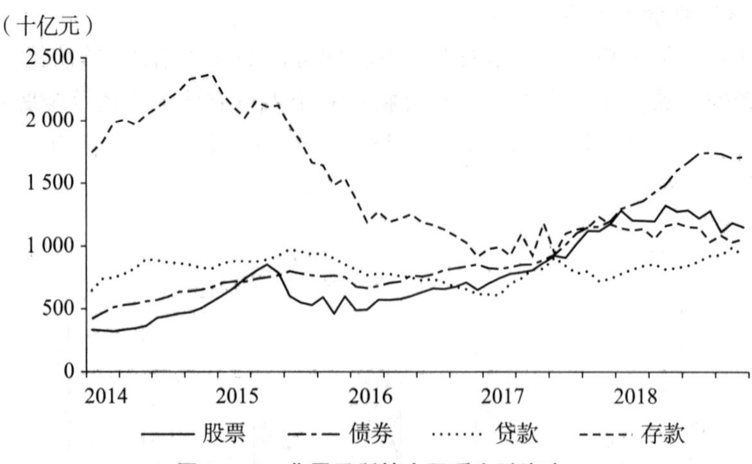


**图 2－13　非居民所持人民币金融资产**

资料来源：CEIC 数据库。

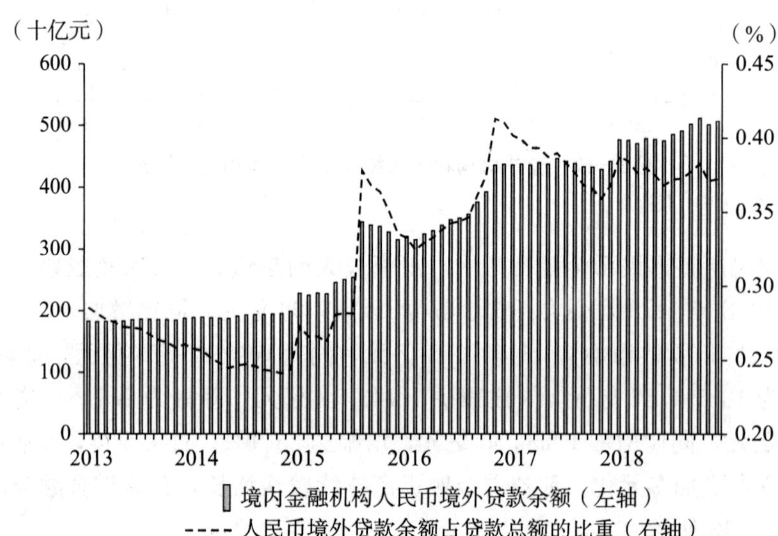


**图 2－14　境内金融机构人民币境外贷款余额及其占贷款总额的比重**

资料来源：中国人民银行。

稳步增长，全年成交 225.4 万亿元人民币，同比增长 23.9％。其中，人民币外汇市场[①]、外币对市场、外币拆借市场成交额分别为 165.1 万亿元、1.2 万亿元、59.1 万亿元，同比分别增长 20.4％、54.2％和 34.2％。境外机构成交量（含外币拆借）共计 88 751.7 亿元，同比增长 70.3％。

银行间外汇市场更加开放，截至 2018 年年末，参与境内银行间外汇市场的境外机构总数达 94 家，同比增长 16.1％。其中境外清算行 21 家，境外参加行 34 家，

① 指银行间外汇市场上的人民币对外汇交易成交量。

境外央行类机构 39 家，较上年同期分别增加 1 家、6 家和 6 家。

2018 年，人民币外汇即期交易量超过 1 万亿元人民币。其中，人民币与 SDR 其他币种的即期交易量为 5 028 亿元人民币，美元是最主要的交易币种，其次是欧元、日元（如图 2－15 所示）。

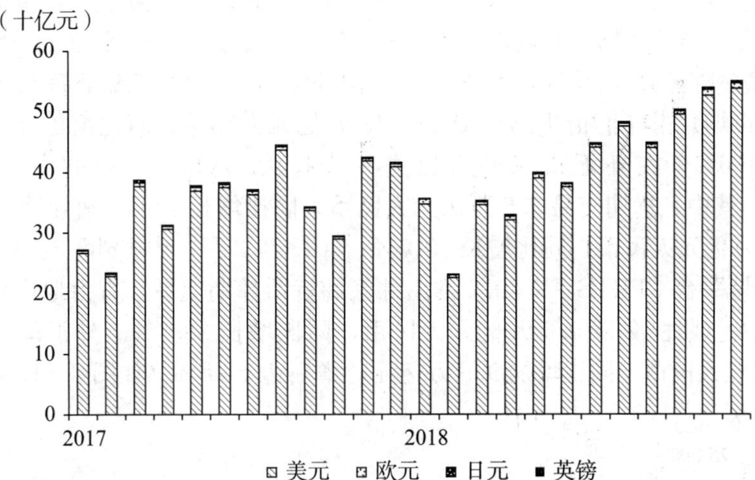


**图 2－15　2017—2018 年各月银行间外汇即期市场人民币与 SDR 其他币种交易量**

资料来源：中国外汇交易中心。

人民币与其他非国际储备货币的交易量较小，其中，新西兰元、俄罗斯卢布、马来西亚林吉特、南非兰特是交易量较大的货币。2018 年，人民币与新西兰元和俄罗斯卢布的交易大幅增加（如图 2－16 所示），主要原因是这两个国家经济增长较快，推出积极外汇政策引领本币升值。当然，人民币与俄罗斯卢布的交易大幅增加，还有一个原因是，俄罗斯受美国制裁，更多地使用人民币计价结算，莫斯科外汇交易所还扩大了人民币交易业务，使俄罗斯卢布的交易额较 2017 年增加了 50.6%。

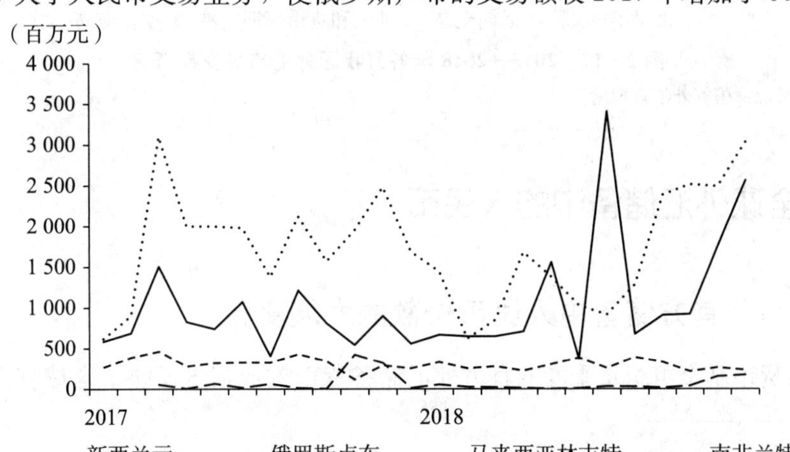


**图 2－16　2017—2018 年各月银行间外汇即期市场人民币与其他币种交易量**

资料来源：中国外汇交易中心。

此外，为便利中国与周边国家之间的双边贸易和投资，满足经济主体降低汇兑成本的需要，自2018年2月5日起，银行间外汇市场完善人民币对泰铢交易方式，从人民币对泰铢区域交易发展为人民币对泰铢直接交易。自2018年9月3日起延长银行间外汇市场人民币与哈萨克斯坦坚戈和区域交易时间，由北京时间10：30～16：30调整至10：30～19：00，并引入中资银行的海外分支机构，在新疆开启了人民币兑坚戈（哈萨克斯坦）离岸、在岸统一的汇率直接形成机制。

据国家外汇管理局统计，2018年，中国外汇市场[①]（包括银行间外汇市场和银行对客户市场）中外汇衍生品成交119.48万亿元人民币，同比增加21.2万亿元，增幅达21.6%；在外汇市场的占比进一步扩大，从2017年的60.6%提升至61.9%。[②] 其中，远期交易3.5万亿元人民币，同比增长24%；外汇和货币掉期交易110.3万亿元人民币，同比增长20.7%。2018年2月，中国外汇交易中心在新一代外汇交易平台CFETS FX 2017推出外汇和货币掉期交易，有力地推动了货币掉期业务发展。期权交易5.6万亿元人民币，同比增长38.9%。外汇即期交易成交73.5万亿元人民币，同比增加9.5万亿元，增幅达14.8%（如图2-17所示）。

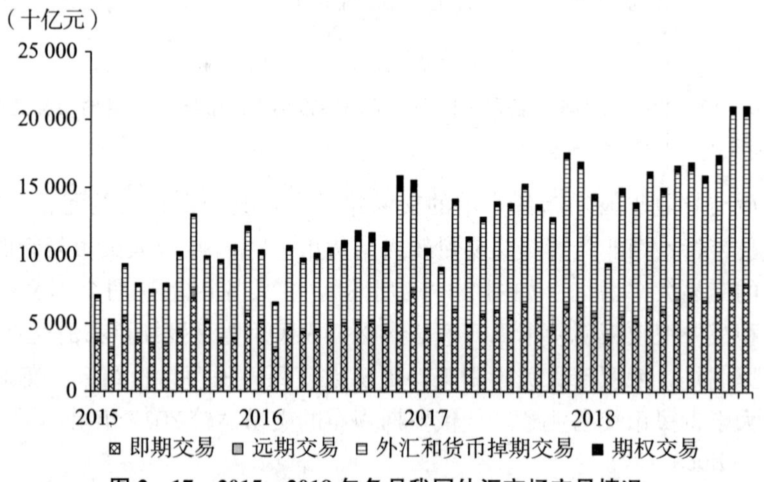


**图2-17　2015—2018年各月我国外汇市场交易情况**

资料来源：国家外汇管理局。

## 2.3　全球外汇储备中的人民币

### 2.3.1　官方储备中人民币份额的发展变化

国际货币基金组织每季度的官方外汇储备货币构成报告反映了全球官方外汇储

① 外汇市场统计口径仅限于人民币与外汇的交易，不含外汇之间的交易。

② 指外汇衍生品成交量占银行间外汇市场和银行对客户市场成交量的比重，统计口径限于人民币与外汇的交易。

备主要币种构成。自欧元诞生以来，官方外汇储备货币构成发生了较大变化（见图2-18)：美元占比从1999年的71.01%（图中未列出）下降至2018年的61.69%；同期欧元先升后降，受金融海啸和欧债危机打击，由2009年的28.02%下降至2016年的19.14%，2017—2018年有所回升；英镑、日元的比重变动较小；其他货币占比由1999年年底的1.6%上升至2016年年底的6.37%，其上涨主要出现在2008年金融危机之后。

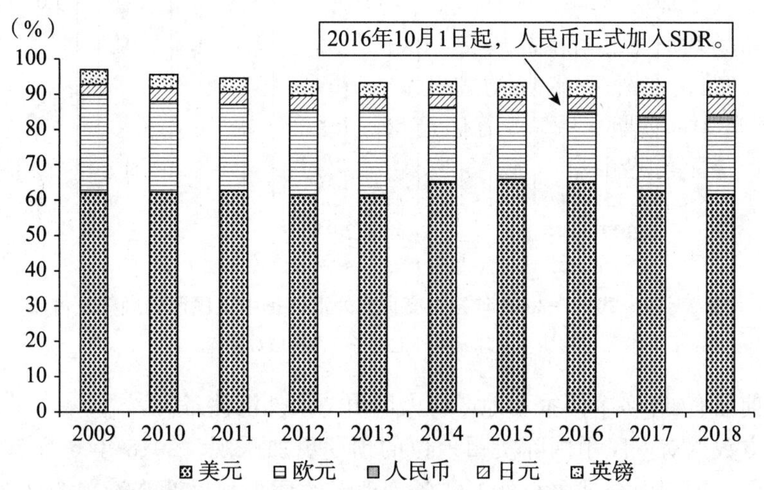


**图2-18　官方外汇储备货币构成变动情况（2009—2018年）**

说明：2016年四季度末之前，人民币包含在其他货币类别中，2017年开始单独列示。

资料来源：国际货币基金组织全球官方外汇储备货币构成数据库。

2017年3月，国际货币基金组织发布的官方外汇储备货币构成报告中，首次扩展了货币范围，单独列出人民币外汇储备。从图2-19中可以看出，截至2018年年末，人民币全球外汇储备规模增至2 027.90亿美元，同比增加793.17亿美元，在外汇储备中的占比为1.89%，较2017年的1.23%增加了0.66个百分点。

早在2014年，英国政府就宣布计划发行人民币债券，并将发行国债的收入作为英国政府的外汇储备。随后，俄罗斯、新加坡、澳大利亚、欧洲央行等相继将人民币纳入外汇储备中。2017年6月欧洲央行进行了5亿欧元的人民币外汇储备投资。2018年年初，德国、法国、西班牙等多个国家的央行透露了将人民币纳入外汇储备的意愿，而瑞士、比利时和斯洛伐克央行均已在资产活动中纳入了人民币。自2013年起，通过互换协议、购买人民币债券等方式，非洲境内包括南非、尼日利亚、肯尼亚、坦桑尼亚和卢旺达等主要经济体在内的8个国家已经将人民币纳入外汇储备。2018年5月，东部和南部非洲宏观经济与金融管理研究所（MEFMI）举办的“国家外汇储备管理”研讨会上，来自津巴布韦、肯尼亚、赞比亚、纳米比亚、卢旺达、博茨瓦纳等14个非洲国家的央行和财政部官员讨论了使用人民币作为该地区储备货币的可行性，这意味着短期内将有更多非洲国家将人民币纳入外汇储备。据不完全

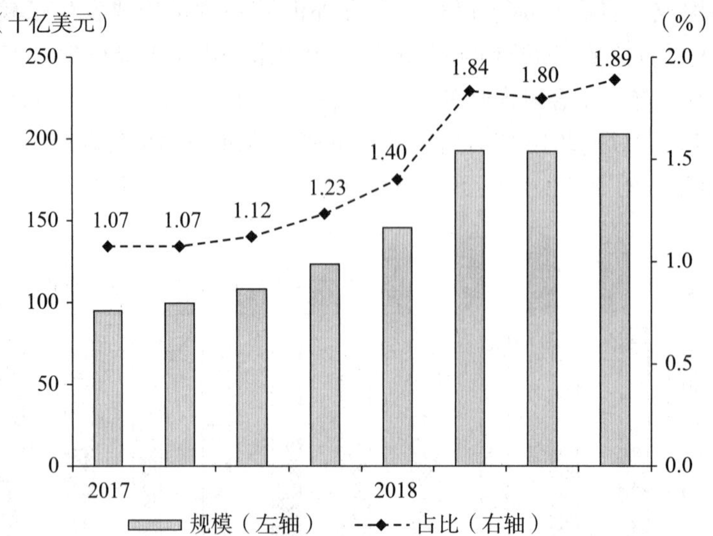


**图 2-19　2017—2018 年各季度官方外汇储备中人民币的规模及占比**

资料来源：国际货币基金组织全球官方外汇储备货币构成数据库。

统计，目前已有 60 多个国家和地区将人民币纳入外汇储备。

非官方数据对人民币国际货币地位的预期更加乐观。2018 年 6 月 13 日，汇丰银行发布了一项面向全球央行外汇储备管理者的调查，该调查涵盖全球 79 家央行，这些央行所管理的外汇储备达 5.5 万亿美元，约占全球外汇储备总额的 54%。[①] 调查结果显示，各国对人民币的信心增强，预期 2020 年人民币占全球外储的比重有望达到 8.5%。

**专栏 2—4**

## 俄罗斯央行大幅提高人民币在其外汇储备中的比例

俄罗斯是世界上拥有外汇储备最多的 10 个国家之一。俄罗斯的外汇储备包括外汇、黄金、国际货币基金组织储备头寸及特别提款权等，由俄政府和央行共同支配，主要用于应对经济风险。俄罗斯央行 2019 年 1 月最新公布的《外汇及黄金资产管理报告》显示，截至 2018 年 6 月 30 日，俄罗斯国际储备总规模约为 4 581 亿美元，与去年同期相比增幅达 9.6%。其中，外汇储备的结构变化巨大，美元份额锐减 24.4 个百分点至 21.9%，欧元份额增至 32%，黄金份额增至 16.7%，人民币的份额则由 2017 年同期的 0.1% 增至 14.7%，另有 14.7% 的份额被投资于其他货币（见图 2-20），包括英镑（6.3%）、日元（4.5%），以及加拿大元（2.3%）和澳大

① 汇丰调查：2020 年人民币占全球外汇储备比重可望达 8.5%，http://www.sohu.com/a/235548100_323087.

利亚元（1%）等。

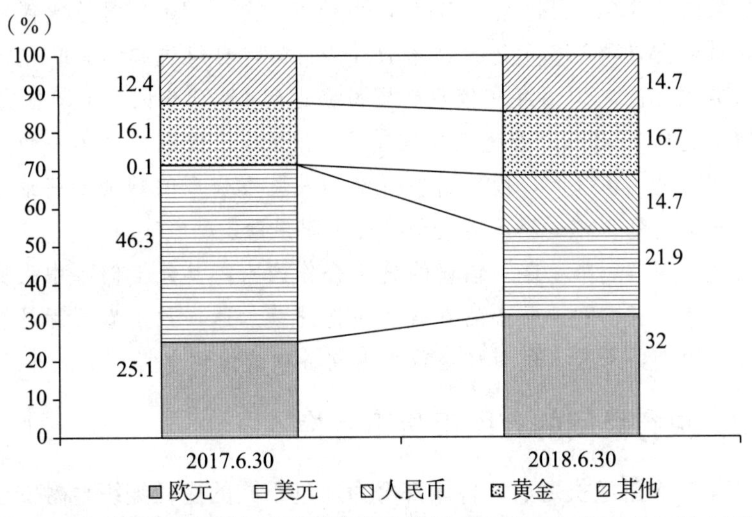


**图 2-20　俄罗斯央行外汇储备结构变动情况（2017 年 6 月—2018 年 6 月）**

资料来源：俄罗斯央行. 外汇及黄金资产管理报告，2019.

2018 年上半年，中国债券市场大约 90%的外资来自俄罗斯，通过购买债券，俄罗斯在外汇储备中增加了人民币资产。2018 年二季度末，俄央行持有的人民币资产的绝对规模约为 670 亿美元，二季度单季增加 440 亿美元（约合 3 000 亿元人民币）。根据国际货币基金组织的全球外汇储备数据，人民币在俄罗斯外汇储备中的占比达到 14.7%，意味着俄罗斯的人民币外汇储备是全球央行持有人民币平均水平的 8 倍左右（见表 2-4），这个比例也比特别提款权篮子货币中人民币 10.92%的占比高出了 3.8 个百分点左右。根据 2018 年二季度末的数据，俄罗斯持有的人民币约占全球各国持有的人民币外汇储备总量的 29%。

**表 2-4　全球外汇储备和俄罗斯外汇储备中的人民币（2018 年二季度末）**

| 2018 年二季度 | 全球外汇储备中的人民币 | 俄罗斯外汇储备中的人民币 |
|---|---|---|
| 规模（亿美元） | 1 929.68 | 556.52* |
| 占比（%） | 1.84% | 14.70% |

* 根据俄罗斯央行报告中的外汇储备数据估算。

资料来源：国际货币基金组织、俄罗斯央行。

据摩根士丹利估计，2018 年前 10 个月，外国对中国国债的投资达到 790 亿美元，中国成为仅次于巴西的第二大新兴债务国。2018 年上半年，俄罗斯占中国债券市场资金流入的约 90%。这也意味着，2018 年通过购买债券持有人民币资产的外资主要来源于俄罗斯，全球外汇储备中人民币资产的环比变动绝大部分由俄罗斯央行所贡献。

俄罗斯央行在外汇储备中增加人民币资产，根本原因在于 2018 年中俄贸易量增

幅明显。中国对俄罗斯进出口额达 7 075.5 亿元人民币，同比增长 24%，占同期我国进出口总额的 2.3%，同比增长 24%，增速在中国前 10 个贸易伙伴中位列第一位。其中，对俄出口 3 166.5 亿元，增长了 9.1%，自俄进口 3 909 亿元，增长了 39.4%。以美元计价，2018 年中俄双边贸易额达到 1 070.6 亿美元，首次超过 1 000 亿美元，增幅达到 27.1%，增速在中国前 10 个贸易伙伴中位列第一位。预计随着中俄经贸力度的进一步加大，俄罗斯央行增加人民币资产的趋势或将继续。外汇储备结构与贸易结构变化相适应，有利于降低汇率风险。

俄罗斯是中国“一带一路”倡议的重要合作国家，其外汇储备中人民币份额的大幅提升，预示着亚、欧、非大陆互联互通将继续加速，预示着国际社会对中国经济稳定增长的预期，未来人民币在全球外汇储备中的地位也将稳步上升。

### 2.3.2 央行之间的人民币货币互换

2008 年全球金融危机之后，各国都努力通过不同的途径编织金融安全网，完善金融市场基础设施、加强宏观审慎监管、积累外汇储备是筑牢金融安全网的主要途径。双边货币互换是积累外汇储备的有效手段，中国央行与其他货币当局之间的货币互换安排，意味着人民币在提供国际流动性、推动国际金融安全网建设中发挥了重要作用。①

截至 2018 年年底，中国人民银行已与 38 个国家和地区的中央银行或货币当局签署了双边本币互换协议，协议总规模达 36 787 亿元人民币。境外货币当局动用人民币余额为 327.86 亿元，中国人民银行动用外币余额折合 4.71 亿美元。

2018 年，中国人民银行不仅先后与澳大利亚、阿尔巴尼亚、南非、白俄罗斯、巴基斯坦、智利、哈萨克斯坦、马来西亚、英国、印度尼西亚、乌克兰等国的央行续签了双边本币互换协议，还在 4 月 27 日、10 月 26 日分别与尼日利亚、日本央行新签署了双边货币互换协议，互换规模分别为 150 亿元人民币/7 200 亿奈拉、2 000 亿元人民币/34 000 亿日元（见表 2-5）。

**表 2-5　中国人民银行与境外货币当局的双边本币互换协议一览表**
**（截至 2018 年 12 月 31 日仍在有效期内）**

| 国家/地区 | 协议签署时间 | 协议续签时间（最新） | 互换规模（亿元人民币） |
|---|---|---|---|
| 韩国 | 2009.4.20 | 2017.10.11 | 3 600 |
| 中国香港 | 2009.1.20 | 2017.11.27 | 4 000 |
| 马来西亚 | 2009.2.8 | 2018.8.20 | 1 800 |
| 白俄罗斯 | 2009.3.11 | 2018.8.20 | 70 |

① 王文，贾晋京. 人民币为什么行. 北京：中信出版社，2016：193-200.

续前表

| 国家/地区 | 协议签署时间 | 协议续签时间（最新） | 互换规模（亿元人民币） |
|---|---|---|---|
| 印度尼西亚 | 2009.3.23 | 2018.11.16（扩大） | 2 000 |
| 阿根廷 | 2009.4.2 | 2017.7.18 | 700 |
| 冰岛 | 2010.6.9 | 2016.12.21 | 35 |
| 新加坡 | 2010.7.23 | 2016.3.7 | 3 000 |
| 新西兰 | 2011.4.18 | 2017.5.19 | 250 |
| 蒙古 | 2011.5.6 | 2017.7.6 | 150 |
| 哈萨克斯坦 | 2011.6.13 | 2018.5.28 | 70 |
| 泰国 | 2011.12.22 | 2017.12.22 | 700 |
| 巴基斯坦 | 2011.12.23 | 2018.5.23（扩大） | 200 |
| 澳大利亚 | 2012.3.22 | 2018.3.30 | 2 000 |
| 乌克兰 | 2012.6.26 | 2018.12.10 | 150 |
| 英格兰 | 2013.6.22 | 2018.10.31（扩大） | 3 500 |
| 匈牙利 | 2013.9.9 | 2016.9.12 | 100 |
| 阿尔巴尼亚 | 2013.9.12 | 2018.4.3 | 20 |
| 欧洲央行 | 2013.10.8 | 2016.9.27 | 3 500 |
| 瑞士 | 2014.7.21 | 2017.7.21 | 1 500 |
| 俄罗斯 | 2014.10.13 | 2017.11.22 | 1 500 |
| 加拿大 | 2014.11.8 | 2017.11.8 | 2 000 |
| 南非 | 2015.4.10 | 2018.4.11 | 300 |
| 智利 | 2015.5.25 | 2018.5.25 | 220 |
| 摩洛哥 | 2016.5.11 | — | 100 |
| 塞尔维亚 | 2016.6.17 | — | 15 |
| 埃及 | 2016.12.6 | — | 180 |
| 尼日利亚 | 2018.4.27 | — | 150 |
| 日本 | 2018.10.26 | — | 2 000 |
| 总计 | | | 33 810 |

资料来源：中国人民银行（笔者整理）。

## 2.4 人民币汇率及中国资本账户开放

2018年，人民币汇率按照“收盘价＋一篮子货币汇率变化＋逆周期因子”的机制有序运行，市场供求关系变化在汇率形成中发挥决定性作用。呈现出人民币汇率弹性和双向波动增强、对一篮子货币汇率基本稳定的特征。

自2015年8月11日改革人民币汇率形成机制以来，各做市商在每日银行间外汇市场开盘前，参考上一日银行间外汇市场收盘汇率，综合考虑外汇供求情况以及国际主要货币汇率变化向中国外汇交易中心提供中间价报价，汇率形成机制的透明度和市场化水平大大提高。2017年5月，人民币汇率报价机制进一步完善，为了充分反映国内经济基本面变化、对冲市场情绪的顺周期波动、防范出现“羊群效应”，在中间价报价模型中引入“逆周期因子”。“逆周期因子”只在外汇市场受到强烈外部冲击、汇率大幅偏离均衡水平时启用，该因子的大小根据汇率波动偏离均衡水平的幅度、市场预期、经济周期波动等综合因素确定。

2018年6月，受中美货币政策分化、美元指数走强特别是中美贸易摩擦加剧的影响，市场出现非理性恐慌，人民币迅速贬值。8月，为了引导市场预期，降低人民币汇率相对均衡水平的偏离程度，央行再次重启人民币汇率中间价报价的“逆周期因子”，同时创新和丰富调控工具箱，着力引导和稳定市场预期。这一系列针对性措施取得了积极成效，随着中美双方谈判磋商、市场恐慌情绪消退，人民币汇率逐步回归至合理均衡水平。

未来，我国将继续推进人民币汇率形成机制改革，增强人民币汇率弹性，更好地发挥汇率在宏观经济稳定和国际收支平衡中的“自动稳定器”作用。

### 2.4.1 人民币汇率水平

1. 人民币汇率中间价

人民币兑美元汇率呈现先稳后贬、震荡下行的特征。2018年年末，人民币兑美元汇率为6.863 2，比上年年末贬值4.80%。当年人民币兑美元汇率最高为6.276 4（4月2日），最低为6.967 0（11月1日），243个交易日中104个交易日升值、139个交易日贬值，贬多升少，双向波动进一步加剧。由于港元实行联系汇率制度，跟随美元，所以2018年人民币兑港元也贬值了4.60%。

人民币兑欧元汇率基本稳定。2018年年末，人民币兑欧元汇率为7.847 3，较上年年末贬值0.57%。上半年稳中有升，下半年波动下行。

人民币兑日元贬值幅度较大。2018年年末，人民币兑日元汇率为6.188 7，较上年年末贬值6.47%。受中美贸易摩擦、英国脱欧、主要国家和地区股市波动等事件影响，2018年国际市场避险情绪升温，日元作为主要的避险货币大幅走强。

人民币兑英镑小幅升值。2018年年末，人民币兑英镑汇率为8.676 2，较上年

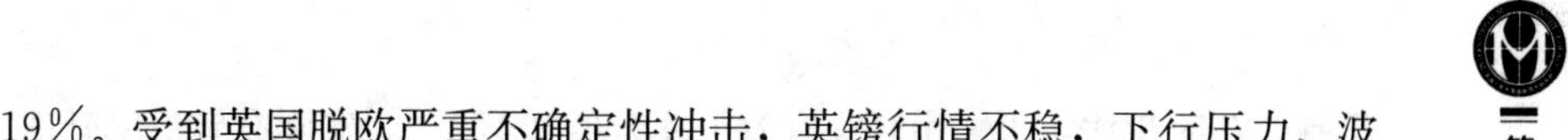



年末升值 1.19%。受到英国脱欧严重不确定性冲击，英镑行情不稳，下行压力、波动性较大，人民币兑英镑汇率呈现双向波动态势，且波动幅度较大（见图 2-21）。

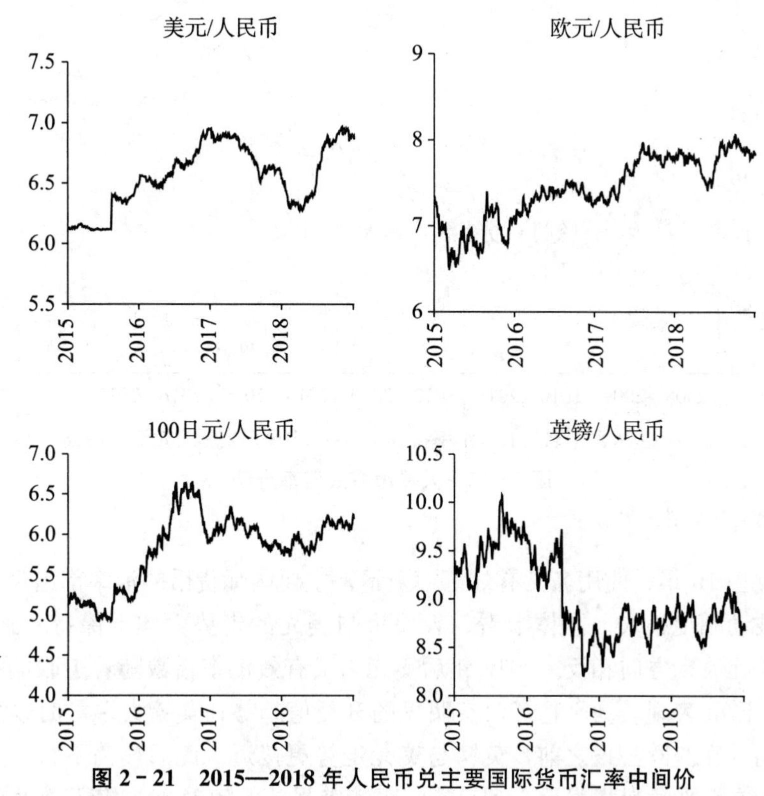


**图 2-21 2015—2018 年人民币兑主要国际货币汇率中间价**

资料来源：国家外汇管理局。

人民币兑新加坡元和瑞士法郎汇率在震荡中贬值，较上年末贬值幅度分别为 2.46%、3.91%。此外，人民币兑一些发达国家货币汇率在震荡中升值，例如，较上年年末人民币兑澳大利亚元、加拿大元和新西兰元中间价分别上涨了 5.55%、3.23%和 0.81%。

总体上看，从 2005 年人民币汇率形成机制改革至 2018 年年末，人民币币值坚挺，与其他主要国际货币相比，人民币是一个强势的货币。13 年间，人民币相对美元累计升值 20.59%，相对欧元累计升值 27.61%，相对日元累计升值 18.05%，相对英镑累计升值超过 66%。

2. 名义有效汇率和实际有效汇率

中国贸易结构出现了较大变化，新兴市场国家的份额不断扩大，用贸易加权的有效汇率能更准确地反映人民币的对外价值变化。根据国际清算银行（BIS）的数据，2018 年人民币有效汇率止跌回升，特别是下半年升值势头强劲。2018 年 12 月人民币名义有效汇率指数报 119.19，同比升值 1.17%；扣除通货膨胀因素的人民币实际有效汇率指数报 122.86，同比升值 1.04%（见图 2-22）。与 2005 年人民币汇率形成

机制改革时相比，人民币名义有效汇率升值 35.54%，实际有效汇率升值 44.37%。

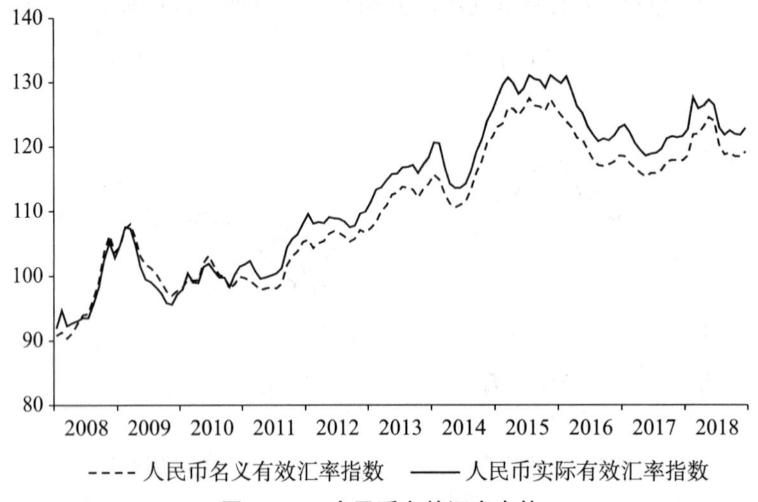


**图 2-22 人民币有效汇率走势**

资料来源：国际清算银行。

回望过去 10 年，使用名义有效汇率衡量，主要国际货币的汇率都出现了剧烈震荡，上下波动幅度很大。总体上看，人民币与美元的走势大体上保持一致，欧元、日元则与美元波动方向相反。2013 年后美元名义有效汇率指数随着美联储加息进程快速上升；欧元表现较为平稳，没有明显的升贬值趋势；英镑大多数时候处在美元和欧元之间，在脱欧公投之前，英镑与美元走势更接近，此后震荡下行。具有避险属性的日元在金融危机爆发后受到追捧，迅速走强，但随着 2012 年日本央行持续加码量化宽松政策，日元历经了近三年的大幅贬值时期。

2018 年，美元、欧元和日元的对外价值呈现不同程度的上升。截至 2018 年年底，美元、欧元和日元的名义有效汇率分别为 127.61、106.38、86.85，与 2017 年同期相比，这三种货币的名义有效汇率分别上涨了 8.29%、2.75%、5.03%，升值幅度大于人民币。相反，英镑略微走低，2018 年年末英镑的名义有效汇率为 96.88，同比下降了 0.92%（见图 2-23）。

3. 人民币汇率指数

2015 年年底至 2018 年上半年，CFETS 人民币汇率指数、参考 BIS 货币篮子人民币汇率指数和参考 SDR 货币篮子人民币汇率指数呈现“微笑曲线”走势，2018 年下半年起这三个指数都逐步下行。尽管美元走强，人民币兑美元双边汇率先升后贬，贬值幅度为 4.8%，但是欧元、英镑等其他 SDR 篮子货币对美元同样贬值，全年贬值幅度分别为 4.39%和 5.59%。全球避险情绪推动日元升值，日元全年上涨幅度为 2.84%。此外，纳入 CFETS 的新兴市场经济体货币大多也对美元贬值，贬值幅度远超过人民币，例如阿根廷比索、土耳其里拉、巴西雷亚尔、印度卢比对美元分别贬值了 50.57%、28.34%、14.65%与 8.24%。这就导致 CFETS 人民币汇率

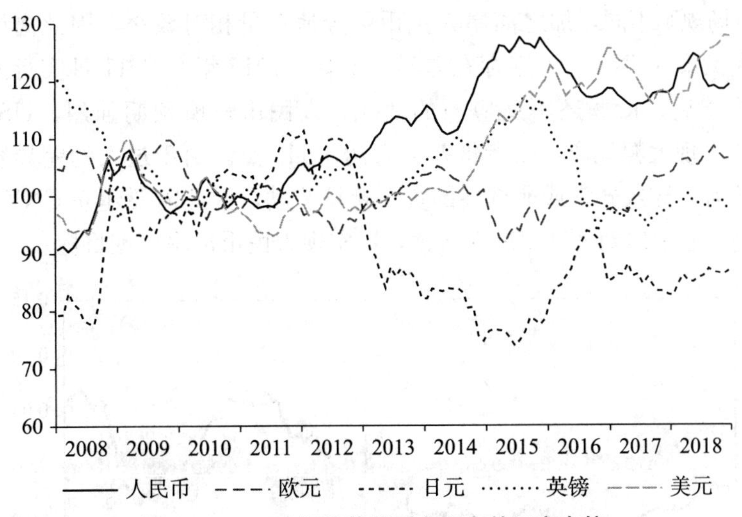


**图 2-23 五大经济体货币名义有效汇率走势**

资料来源：国际清算银行。

指数在 92～98 的区间内波动，贬值幅度远低于人民币对美元的双边汇率。

2018 年年末，中国外汇交易中心发布的中国外汇交易中心暨全国银行间同业拆借中心（CFETS）人民币汇率指数报 93.28，较上年年末下跌了 1.66%；参考国际清算银行（BIS）货币篮子和 SDR 货币篮子人民币汇率指数分别为 96.78 和 93.14，全年分别上涨 0.89%和下跌 2.97%（见图 2-24）。

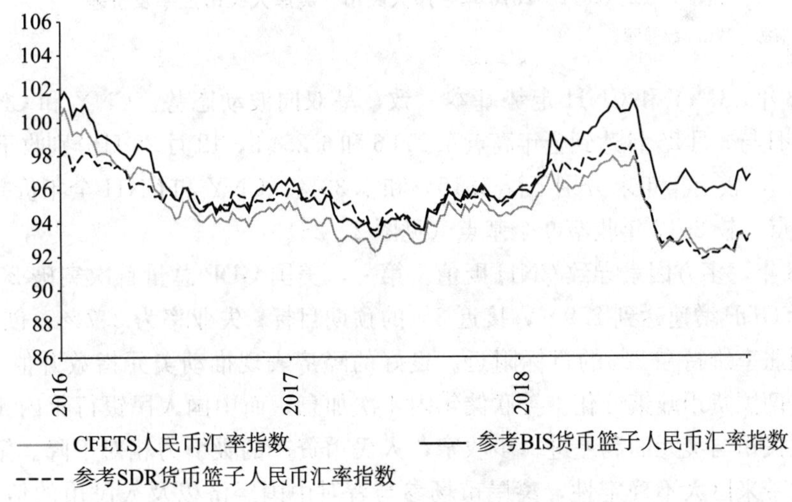


**图 2-24 人民币汇率指数**

资料来源：中国外汇交易中心。

4. 离岸人民币 CNH

随着人民币汇率市场化改革的深入推进，境内外人民币即期价格走势越来越趋同。由于离岸市场的参与主体更广泛，对国际事件、市场预期反应更为敏锐，汇率定价机

制与在岸市场规则不同，加之离岸人民币资金池存量相对较小，因此离岸人民币汇率与在岸人民币（CNY）汇率存在差异。例如，2015 年 8 月 11 日实行人民币汇率形成机制改革后，市场还不适应新的变化，人民币贬值预期强烈，USD/CNY 与 USD/CNH 出现大幅偏离，二者价差最高达 1 112 点。由于过大的差异容易引发套利和投资行为，导致异常或非理性的资金跨境流动，因此需要建立 CNY 引导 CNH 的有效机制，必要时对 CNH 进行干预，以实现人民币汇率管理目标。

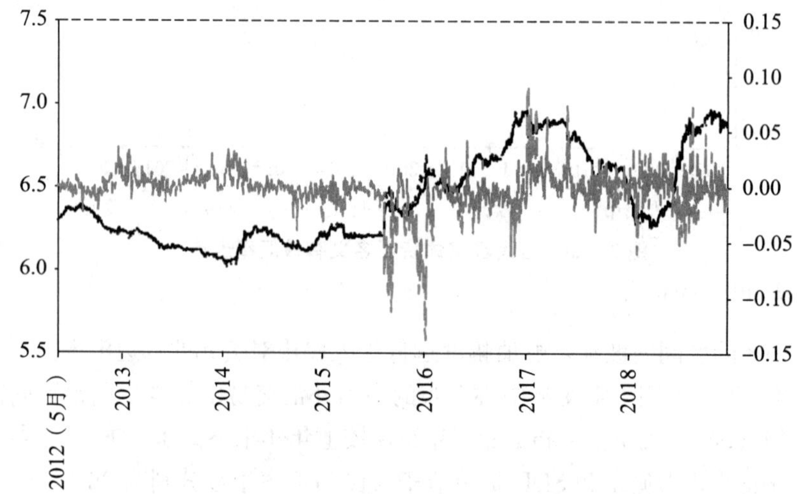


**图 2－25　2012—2018 年在岸人民币、离岸人民币汇率及价差**

资料来源：Wind 数据库。

2018 年，CNY 和 CNH 走势基本一致，呈双向波动态势。CNY 和 CNH 分别在 2 月 7 日与 3 月 26 日达到全年高点 6.259 6 和 6.254 3，12 月 28 日分别收于 6.865 8 和 6.879 5，较上年年末分别下浮 5.15%和 5.33%。CNY 和 CNH 全年价差平均为 128 个基点，较 2017 年收窄 9 个基点（见图 2－25）。

2018 年，多方因素导致 CNH 贬值。第一，美国 GDP 总量首次突破 20 万亿美元，实际 GDP 增速达到 2.9%，接近 3%的预期目标；失业率为 3.7%，创下 50 年新低；通胀率维持在 2%的目标附近。良好的经济表现推动美元指数升值 4%。第二，中美两国货币政策分化。美联储年内 4 次加息，而中国人民银行年内 4 次定向降准，人民币与美元的利差进一步收窄，人民币资产的吸引力相对下降。第三，中美贸易战带来巨大不确定性，离岸市场参与者对中国经济以及人民币的信心减弱，资本流出增加，造成 CNH 贬值压力。

5. 人民币无本金交割远期合约

在实行外汇管制的国家，货币通常不能自由兑换，为了规避汇率波动风险，20 世纪 90 年代出现了无本金交割远期合约（NDF）交易。新加坡和香港人民币 NDF 市场是亚洲最主要的离岸人民币远期交易市场，该市场的行情一定程度上反映了国

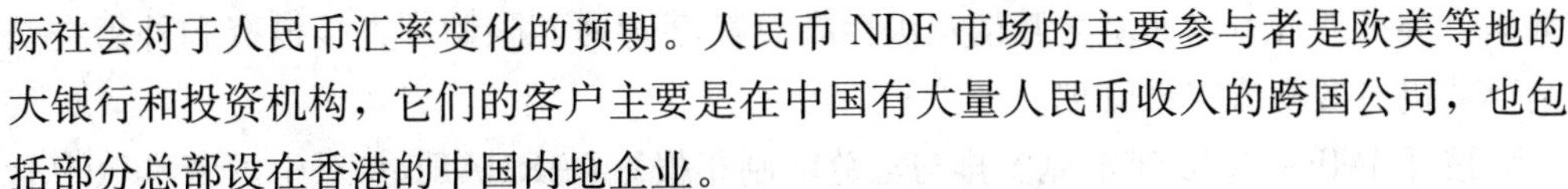
际社会对于人民币汇率变化的预期。人民币 NDF 市场的主要参与者是欧美等地的大银行和投资机构，它们的客户主要是在中国有大量人民币收入的跨国公司，也包括部分总部设在香港的中国内地企业。

作为海外人民币升贬值预期的晴雨表，人民币 NDF 与人民币兑美元汇率走势基本上趋同，仅有 1 年期合约表现出更大的波动性。截至 2018 年 12 月末，1 月期、3 月期、6 月期和 1 年期的人民币 NDF 收盘价分别为 6.883 0、6.885 0、6.900 5 和 6.898 5，与 2017 年同期相比，上述四个期限的 NDF 交易中，人民币兑美元汇率分别贬值了 4.98%、4.56%、4.25%和 3.38%（见图 2-26）。

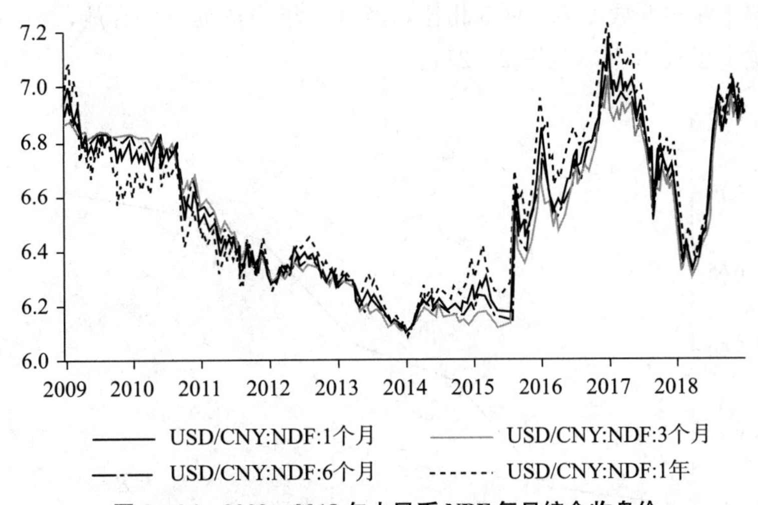


**图 2-26　2009—2018 年人民币 NDF 每日综合收盘价**

资料来源：Wind 数据库。

## 2.4.2　中国资本账户开放度测算

回顾 2008 年以来我国的资本账户开放历程，在稳扎稳打的政策引导下，开辟了一条以“渐进、审慎、可控”为特征的资本账户开放路径。各类资本交易的限制都明显减少，按照 IMF 的 7 大类 40 项标准[①]，我国资本项下除了非居民参与国内货币市场和衍生工具的出售和发行这两个科目外，其他类别的资本流动几乎不受或较少受到限制，资本账户开放程度已非常接近发达国家水平了。具体而言：商业信贷基本不存在限制；直接投资基本上实现了可兑换；形成了以机构投资者、互联互通机制为主的跨境投资渠道；可在全口径宏观审慎政策框架下自主进行债务融资。部分项目可兑换程度较低，主要集中在债券市场交易、股票市场交易、房地产交易和个人资本交易方面。一些可兑换项目的汇兑环节便利性和交易环节便利性有待提高，

① IMF 将资本项目管制分为七大类，分别是资本和货币市场工具交易管制、衍生品及其他工具交易管制、信贷工具交易管制、直接投资管制、直接投资清盘管制、房地产交易管制、个人资本交易管制。

如集合类证券投资（如基金互认）仍存在总额度管理等限制，直接投资和外债在交易环节仍有备案或审批管理。

按照IMF《2018年汇兑安排与汇兑限制年报》（AREAER）对中国资本账户管制的描述，2017年中国资本账户不可兑换项目有2大项，主要集中于非居民参与国内货币市场和衍生工具的出售和发行。部分可兑换的项目主要集中在债券市场交易、股票市场交易、房地产交易和个人资本交易等方面。运用四档约束式方法①进行计算，综合考虑细微的内容变化，对《2018年汇兑安排与汇兑限制年报》的描述进行量化分析，计算得出2017年中国的资本账户开放度为0.701。与2011年我们计算的中国的资本账户开放度0.504 5相比，经过7年的持续对外开放，中国的资本账户开放度提高了近40%（见图2-27）。

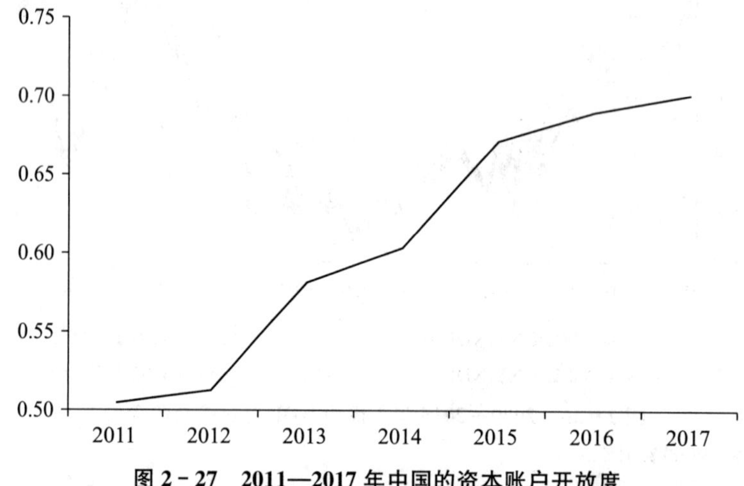


**图2-27　2011—2017年中国的资本账户开放度**

资料来源：涂永红，周梓楠. 把握重点节奏促进资本账户有序开放. 当代金融家，2019 (6).

## 2.4.3　开放度发生变化的资本项目

2017年中国有序放松了“对资本市场证券交易的管制”“对货币市场工具的管制”“对集体投资类证券的管制”“对衍生工具与其他工具的管制”“对金融信贷的管制”“对直接投资的管制”6个大项的管制，有9个子项出现明显的变化（见表2-

① 计算公式为：$open=\sum_{i}^{n}p(i)/n$

*open*代表资本账户开放的程度，从0到1取值，值越小说明资本账户管制程度越大，$n$表示资本项目开放中考虑的资本交易项目总数，在此表示中国11个资本大项交易下的40个资本交易子项，$p(i)$表示第$i$个子项的开放程度，用四档取值法对各子项进行赋值。$p(i)=1$表示此资本交易项目没有管制，是指对真实性的资本项目交易或汇兑基本没有管制；$p(i)=1/3$表示有较多限制，是指对较多交易主体或大部分资本项目进行限制；$p(i)=2/3$表示此资本交易项目管制很少，是指仅对个别交易主体或少数资本项目交易进行限制；$p(i)=0$表示严格管制，是指不允许或禁止进行的交易项目，包括无明确法律规定，但实际操作中不允许或禁止的交易项目；另外，在AREAER中也有少数项目表示有管制但是没有具体信息，此类情况赋值为1/2。

6）。例如，放松了“非居民境内购买”。自2018年6月12日起，取消QFII、RQFII的投资本金锁定期要求，QFII、RQFII可根据投资情况汇出本金。此前，投资本金锁定期为3个月，合格投资者可在锁定期结束后分期、分批汇出本金和收益。此举大大刺激了QFII、RQFII扩容。构建了“非居民境内购买”渠道，自2017年7月3日起，境外投资者可通过“债券通”（香港与内地债券市场互联互通合作）在银行间债券市场进行直接投资，在境内外汇市场进行间接投资。

**表2-6　2017年发生明显变化的中国资本账户**

| 资本交易项目 | 2016年 | 2017年相对2016年的变化 |
| --- | --- | --- |
| 1. 对资本市场证券交易的管制 | | |
| A. 买卖股票或有参股性质的其他证券 | | |
| （1）非居民境内购买 | 2016年2月4日起，QFII投资本金锁定期从1年缩短为3个月。QFII可在投资本金锁定期满后，分期、分批汇出相关投资本金和收益。合格投资者每月累计净汇出资金（本金及收益）不得超过其上年年底境内总资产的20%。 | 自2018年6月12日起，取消QFII、RQFII本金锁定期要求。 |
| B. 债券与其他债务性证券 | | |
| （5）非居民境内购买 | 除开放式基金外，其他投资本金的锁定期不超过3个月。 | 2018年6月12日起，取消对QFII和RQFII的投资本金锁定期要求。<br>2017年7月3日，境外投资者可通过“债券通”在银行间债券市场进行直接投资，在境内外汇市场进行间接投资。“北向通”于2017年7月3日上线运行，香港及其他国家与地区的境外投资者可投资于内地银行间债券市场。“南向通”暂未开放。 |
| （8）居民境外出售或发行 | | 2017年1月11日起，外资银行境内分支机构（包括香港特别行政区、澳门特别行政区和台湾的银行）可在其资本或净资产挂钩的跨境融资上限内，自主开展本外币跨境融资，无须事前向中国人民银行和国家外汇管理局申请。 |
| 2. 对货币市场工具的管制 | | |
| （9）非居民境内购买 | QFII投资本金锁定期为3个月。QFII不能直接参与银行间外汇市场的交易。 | 2018年6月12日起，取消投资本金锁定期要求。<br>QFII可以直接参与银行间外汇市场的交易。 |

续前表

| 资本交易项目 | 2016 年 | 2017 年相对 2016 年变化 |
|---|---|---|
| 3. 对集体投资类证券的管制 | | |
| （13）非居民境内购买 | 2016 年 2 月 4 日起，其他合格境外投资者的投资本金锁定期由 1 年缩至 3 个月。 | 2018 年 6 月 12 日起，取消对 QFII 和 RQFII 的投资本金锁定期要求。 |
| 4. 对衍生工具与其他工具的管制 | | |
| （17）非居民境内购买 | | 2017 年 9 月 11 日起，远期售汇业务的外汇风险准备金率由 20%下调为 0。<br>2018 年 8 月 6 日起，远期售汇业务的外汇风险准备金率再次从 0 上调至 20%。<br>2018 年 3 月 26 日，以人民币计价结算的原油期货在上海能源交易所挂牌交易，面向境内外投资者。<br>2018 年 5 月 4 日，大连商品交易所铁矿石期货正式实施引入境外交易者业务。 |
| 6. 对金融信贷的管制 | | |
| （24）非居民向居民提供 | | 2017 年 1 月 11 日起，外资银行境内分支机构（包括香港特别行政区、澳门特别行政区和台湾的银行）可在其资本或净资产挂钩的跨境融资上限内，自主开展本外币跨境融资，无须事前向中国人民银行和国家外汇管理局申请。 |
| 8. 对直接投资的管制 | | |
| （27）对外直接投资 | | 2018 年 3 月 1 日，国家发改委发布的《企业境外投资管理办法》正式施行。境内自然人通过其控制的境外企业或香港、澳门、台湾地区企业对境外开展投资的，参照该文件执行。 |
| （28）外商直接投资 | | 对外商直接投资实行准入前国民待遇加负面清单管理制度。对国家规定实施准入特别管理措施的外商投资企业，实行审批管理；对不涉及国家规定实施准入特别管理措施的外商投资企业，实行备案管理。<br>外商投资企业举借的中长期外债累计发生额和短期外债余额之和不得超过投注差。 |

总之，我国根据经济发展需求和国际形势变化，把握资本账户开放节奏和重点。2013年“一带一路”倡议提出后，我国加大了直接投资特别是对外直接投资开放力度，出台了一系列简政放权措施，取消了企业对外直接投资的审批要求（投向敏感国家、地区及行业除外），简化使用人民币对外直接投资的结算程序，激发了我国对“一带一路”沿线国家直接投资的热情。在人民币加入SDR前后，为了更好地履行国际货币职能，我国在证券跨境交易、境外金融机构进入我国银行间市场方面敞开大门，完善RQFII、RQDII制度，拓宽人民币流出流入的渠道。党的十九大召开后，我国明确了以高水平开放促进高质量发展的路径，为了在全球范围内调动和配置资源，我国建立了“债券通”机制，取消QFII每月资金汇出不超过上年年末境内总资产20%的限制和本金锁定期要求；对外资实行准入前国民待遇+负面清单管理模式，大大改善了营商环境，使2018年中国吸引外资在全球直接投资大幅下降的情况下逆势增长。

鉴于当前国际环境复杂多变，机遇和挑战并存，“渐进、审慎、可控”仍将成为我国资本账户开放的主旋律。展望未来，必须踏踏实实地做好自己的事情，资本账户开放要及时、全面满足供给侧结构性改革需要，以高水平开放为高质量发展提供新动力。

# 第 3 章

# 高质量经济发展、高水平金融开放与人民币国际化

在党的十九大报告中，习近平总书记指出，我国经济已由高速增长阶段转向高质量发展阶段。正处于转变发展方式、优化经济结构、转换增长动力的攻关期，建设现代化经济体系是跨越关口的迫切要求和我国发展的战略目标。高质量发展已经成为未来经济发展的主要方向和必然要求。

本章致力于回答以下几个问题：什么样的经济发展可以被称为高质量经济发展？为什么说高质量发展决定了人民币国际化的未来？高水平金融开放如何有利于实现高质量发展目标？以及为实现高水平金融开放，当前深化金融改革的工作重点具体在于哪些方面？为此，我们将进一步梳理高质量经济发展、高水平金融开放与人民币国际化三者之间的逻辑关系，对金融开放的重要性和迫切性形成更加清晰的认识，同时更加准确地把握人民币国际化的实现路径。

## 3.1　高质量经济发展的内涵

不同的历史阶段和时代背景赋予了高质量经济发展不同的内涵。自全球金融危机以来，发达国家利用高新技术促进实体经济发展，凭借“再工业化”和制造业复兴计划塑造新的竞争优势（段文斌等，2018），一国经济实力已经不再仅仅依靠经济规模，而是体现在增长效率上。此外，特朗普政府为了寻求国际利益“再平衡”，实现让美国再次伟大的目标，奉行“美国优先”原则，使得贸易保护政策大行其道，这对包括中国在内的发展中国家造成了严峻的挑战，也为全球经济发展增添了诸多不稳定因素。在当前发展阶段，我国面临的课题不再是简单纳入全球分工体系、扩大出口和加快投资，而是通过扩大内需、提高创新能力和促进经济发展方式转变实

现高效和稳定的经济发展（段文斌等，2018）。与此同时，我们还应该认识到经济发展是全国人民和全世界人民的共同诉求，所以在我国经济发展过程中，一方面要强调国内的机会平等，合理分配收入，缩小贫富差距，使得全社会人民能够共享经济发展的红利，另一方面要注重国际的协同发展。随着我国国际地位的不断提升，我国需要承担更大的国际责任，树立大国风范，帮助落后国家实现经济增长，为欠发达国家的国际利益发声，共创“和平发展、合作共赢”的局面。

### 3.1.1 高质量经济发展是富有效率的发展

经济发展的效率意味着单位成本产生的经济效益更高（或者是单位经济效益所消耗的成本更低）。对于中国经济发展而言，除了讲究效果外，还应该注重实现经济目标的效率，这一方面是由于过去我国粗放式的经济发展模式是低效率的、不可持续的，主要表现为经济发展往往带来其他严重的不利后果，如资源浪费、环境污染等，如今我们要摆脱这种低效的发展模式，寻求更加高效的发展道路；另一方面是由于当前全球经济发展以效率为导向，而非以经济总量论“英雄”，我国为了进一步提升自身竞争力，也应该将经济发展的重心转向高效率。所以，高效的经济发展不仅顺应世界经济发展趋势，同时也是我国经济转换发展模式和实现发展目标的必然要求。

首先，技术创新和技术进步是经济高效发展的显著特点和不竭动力。要通过促进技术创新突破技术壁垒，从而缩小我国与世界技术前沿的差距，实现增长模式由劳动密集型和资本密集型向技术密集型和创新密集型转换，增长动力由以资源驱动向以创新驱动转换，生产产品由低端和低附加值产品向中高端和高附加值产品转化，不断提高我国企业部门生产效率和市场竞争力。

其次，市场发挥资源配置作用是经济高效发展的基本要求和根本保障。要通过有效的市场竞争实现资源的优化配置，将稀缺资源由低效率部门转移到高效率部门，提升经济整体的运行效率。除此之外，还应建立完善的社会制度和经济制度，防止因为政府过度干预而损害市场配置资源的效率，造成资源的低效利用，甚至资源浪费。

最后，金融体系的良好运行是经济高效发展的突出表现和有力支撑。随着经济与金融的不断发展和日益渗透，两者的关系越来越密切。理论和实践证明，金融水平与经济增长间存在显著的正相关关系，所以经济的高效发展离不开金融的支持和配合。金融体系的高效运行有助于充分发挥自身功能，帮助投资者分散风险，降低信息不对称程度，从而促进储蓄向投资转化，实现稀缺资源的有效配置。

因此，高质量经济发展的内涵之一在于富有效率。同时效率也是高质量经济发展的关键，是经济发展的永恒追求。

### 3.1.2 高质量经济发展是稳健有序的发展

稳健有序是高质量经济发展的另一内涵，这也是“高质量”经济发展与“高数量”经济发展的显著区别之一。高质量经济发展并非一味地追求经济发展的规模、速度与效率，而是强调发展的平稳性或稳健性，要求经济波动在可以接受的范围内、金融风险在可以控制的水平下。一方面，稳健有序强调了经济金融体系的安全性和稳健性对于经济发展的重要作用。对于经济发展而言，维持物价稳定，可以促进经济结构转型，从而避免经济过度波动，保持经济稳健增长；对于金融发展而言，可以有效实施宏观审慎政策，维护金融系统稳定，实现金融与实体经济的良好互动，增强金融服务实体经济的能力，守住不发生系统性金融风险的底线。另一方面，稳健有序并不等同于过度保守，盲目地牺牲效率而追求稳定、遏制技术和制度创新、抑制经济活力有悖于平稳发展的最终目标。

随着金融活动在经济活动中的不断渗透以及其地位的不断提升，金融与经济的联系日益紧密，所以关于经济发展的讨论不能摆脱金融发展，经济稳定也不能独立于金融稳定。从国内情况来看，首先实体经济结构性失衡使得我国经济发展面临着诸多的内源性风险和不确定性，其次货币和社会融资总量增长过快容易滋生资产泡沫和误导市场主体决策，再次经济高杠杆和金融活动“脱实向虚”促进了经济风险和金融风险的内部积累，最后外部监管制度缺陷和内部公司治理失位使得金融创新活动和新型金融业务缺乏有效监管，导致风险跨市场、跨机构和跨业务传染。从国际情况来看，随着中国在世界经济活动中扮演着越来越重要的角色，中国经济发展与世界其他国家的联系更加紧密，这种联系一方面将中国融入经济全球化进程中，拓宽了中国的进口来源和出口渠道，促进了中国经济同世界其他国家的良好互动，帮助中国引进了先进技术和优秀管理经验，逐步改善了中国在国际分工体系中的低端地位；另一方面使得中国成为世界经济链条中的关键一环，遭受上游国家和下游国家的经济波动和金融动荡的冲击，特别是当前国际经济形势中不稳定、不确定的因素增多，其他经济体政策的溢出效应使得我国金融体系甚至经济体系面临外部冲击风险。

正如中国人民银行原行长周小川在《守住不发生系统性金融风险的底线》[①] 一文中所讲的：“总体看，我国金融形势是好的，但当前和今后一个时期我国金融领域尚处在风险易发高发期，在国内外多重因素压力下，风险点多面广，呈现隐蔽性、复杂性、突发性、传染性、危害性特点。”容易知道，金融风险的积累会成为经济高质量发展的主要掣肘，严重影响经济发展效率，甚至为整个社会带来沉重的负担和代价。所以，高质量经济和金融发展需要寻找效率和稳健的平衡点，在加强经济建

---

① 周小川. 守住不发生系统性金融风险的底线. http：//cpc. people. com. cn/n1/2017/1122/c64094 - 2966265. html。

设和追求利润最大化的同时，防范和化解经济风险和金融风险，避免经济危机或者金融危机的发生。

### 3.1.3 高质量经济发展是包容共享的发展

当前世界经济发展的突出特点之一便是不平衡。无论是国家内部还是国家之间，贫富差距拉大、发展机会不平等、利益分配不公平等问题比比皆是，这不仅对社会经济稳定造成了恶劣的影响，而且抑制了经济增长的活力，严重地阻碍了经济的健康发展。虽然自改革开放以来，我国经济实现了飞跃式发展，经济总量空前增长，但也存在贫富不均、发展机会不公、地区发展不平衡等问题。这就要求我们在追求经济增长速度的同时，也应该强调经济发展的公平性，倡导包容性发展。① 与单纯追求经济发展不同，包容性发展强调发展机会的平等和公平合理地分享经济发展成果。换言之，包容性发展着眼于国家内部以及国家与国家之间的平衡发展，赋予每个个体平等的发展机会，使得经济成果由所有创造者分享，这有助于实现社会公平，提高经济发展活力，从而促进经济平稳、协调和可持续发展。所以，包容共享是高质量经济发展的题中应有之义。

从国内经济发展的包容性来看，它主要包括以下特点：

第一，包容性发展倡导机会平等。只有保证每个个体享有均等的发展机会，保障每个个体的发展权利，才能最大限度地实现包容性发展。发展机会的不平等会严重浪费社会生产资源，抑制经济发展活力，从而加剧经济发展的低效率和不平衡。并且，发展机会的不平等不仅会导致永久性的权利、地位和财富的不平等，严重阻碍经济长期增长所依赖的投资、创新，还会引起社会矛盾的激化，不利于创造经济稳定健康发展的和谐环境。

第二，包容性发展旨在缩小贫富差距。包容性发展应该保证收入分配的公平性和合理性，提高低收入人群的收入水平，通过产业升级和剩余劳动力转移改变国内的“二元经济结构”，防止个人和政府利用垄断和制度漏洞占据大量社会资源。但是，缩小贫富差距也不意味着贫富的绝对平均化，我们应该尊重每个个体通过劳动创造的价值，通过合理的薪酬激励制度促进经济发展效率的提高。

第三，包容性发展促进成果共享。通过将“包容、共享”的理念融入经济发展中，赋予每个个人享受经济发展成果的权利，增强全社会的幸福感和凝聚力。成果共享是让所有人体会到社会进步和经济发展给个人带来的益处，如公共服务的改善、生活质量的提高和个人价值的实现等。只有将经济发展的成果进行分享，才能有效

---

① 包容性发展是对“包容性增长”(inclusive growth)这一概念的延伸，不仅强调经济增长，而且追求社会发展。包容性增长的概念是2007年由亚洲开发银行首次提出的，其目标是寻求社会和经济协调发展、可持续发展。

地保障经济，进一步实现高质量发展。

从国际经济发展的包容性来看，贸易保护主义和逆全球化趋势的出现使得包容性发展成为当今世界发展的共识，这也是中国促进国际合作、为促进全球经济健康发展提供中国方案和引领国际潮流的重要机会。所以，我们不仅要把国内经济的蛋糕做大、分好，还要努力把世界经济的蛋糕做大，引导好经济全球化走向，提供更多先进理念和公共产品，推动建立更加均衡普惠的治理模式和规则，促进国际分工体系和全球价值链优化重塑。① 中国应该有着大国担当，发挥自身产业优势，拉动世界经济增长（见图 3－1），向世界其他国家特别是欠发达国家提供公共物品，促进当地基础设施建设，让经济增长惠及更多的民众。所以，未来的中国应该以一种海纳百川的胸襟和包罗万物的姿态屹立于世界经济之林。

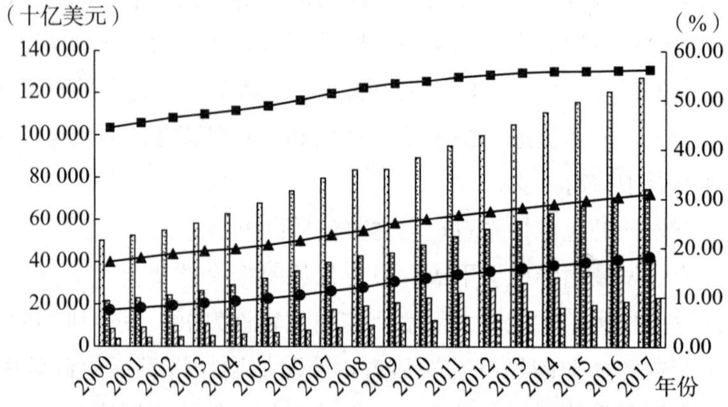


世界GDP（左轴）　　新兴市场和发展中国家GDP（左轴）
新兴市场和发展中国家（亚洲）GDP（左轴）　　中国GDP（左轴）
中国GDP占世界GDP的比重（右轴）
中国GDP占新兴市场和发展中国家GDP的比重（右轴）
中国GDP占新兴市场和发展中国家（亚洲）GDP的比重（右轴）

**图 3－1　中国经济对世界经济及新兴市场和发展中国家经济的贡献（以 PPP 计算）**

资料来源：IMF，World Economic Outlook Database，October 2018.

中国作为一个开放大国，应该适应世界经济发展潮流，将本国经济与全球经济紧密联系在一起，既要受益于全球经济的发展，又要为全球经济发展贡献中国力量。

### 3.1.4　高质量经济发展的内涵小结

综上所述，富有效率、稳健有序和包容共享三大元素构成了当代中国高质量经

① 习近平主席在 2017 年 9 月 3 日的金砖国家工商论坛开幕式上发表主旨演讲《共同开创金砖合作第二个“金色十年”》时强调，新兴市场国家和发展中国家的发展，不是要动谁的奶酪，而是要努力把世界经济的蛋糕做大。

济发展的基本内涵。一方面，高质量经济发展并不是盲目地追求经济发展速度和经济总量水平，而是通过提高技术水平、创新能力和资源配置效率，以更加高效、更加安全的方式实现经济发展的目标，守住不发生系统性风险的底线的同时避免因为过度保守和谋求稳定而牺牲效率；另一方面，高质量经济发展也不是自私狭隘、以邻为壑的自我封闭发展，而是通过赋予每个个体公平的发展机会，使得所有人能够共享经济发展之红利，并且通过寻求国际合作的最大公约数，将中国经济发展与世界其他国家经济发展相融合，实现中国式包容性发展。

## 3.2 高质量经济发展决定人民币国际化的未来

人民币国际化与高质量经济发展之间存在必然的联系，并且高质量经济发展的内涵也从不同维度为人民币成为国际货币提供了根本保障和强大支撑力。因此可以认为，高质量经济发展决定了人民币国际化的未来。

### 3.2.1 高效率与人民币国际化

理论和实践证明，雄厚的经济实力是一国货币成为国际货币的必要基础和根本保障。这也表明，只有实现高效的经济发展，才能够为人民币国际化提供坚实的经济基础和强大的后盾支持。这主要是因为：

第一，高效的经济发展有助于推进我国经济结构转型和产业结构升级，改变我国当前在国际分工体系中的低端地位（郝宇彪，2011）。这能够显著提高我国企业和产品在国际市场中的地位和竞争力，增加对外贸易量，从而带动人民币在国际贸易和经济中的应用。

第二，高效的经济发展有助于提高世界其他国家对我国经济的信心，形成良好的预期。世界其他国家之所以愿意持有人民币，是因为其对人民币背后中国的经济实力保持着充足的信心，这也体现了世界其他国家对人民币购买力和中国经济实力的认可。

第三，高效的经济发展有助于增强我国在世界经济和贸易体系中的话语权。随着世界各国间经济联系日益密切，一国经济发展往往存在外溢性。中国经济高效发展的同时也为世界其他国家提供了广阔的中国市场和宝贵的发展机会，他们更加希望同中国进行经济合作，加强与中国的贸易往来，共享中国经济增长红利。这也大幅增大了中国的贸易规模，为人民币国际化提供了庞大的市场容量。

纵观国际货币的发展历史，我们不难发现，一种国际货币的兴起和衰落与本国的经济发展高度同步。19世纪，英国作为“日不落”帝国，在世界经济和国际贸易中占据绝对的霸主地位，也使英镑成为当时最主要的国际货币。然而，20世纪30年代的世界大战，加之英国经济衰落，英镑逐渐失去了国际主导地位，同时美国接替英国成

为世界上经济实力最强大的国家，美元也替代英镑成为最重要的国际货币。此外，自20世纪80年代，日本国内繁荣的经济有力地推动了日元国际化进程。而在90年代，由于泡沫经济破裂，日本国内经济陷入长期低迷和停滞状态，这使日元国际化出现了停滞和倒退。可见，经济的持续高效增长才是一国货币走向国际的原动力。

此外，高效的金融体系也在人民币国际化过程中扮演着至关重要的角色。本质上，国际货币发行国扮演着国际金融中介的角色（孙海霞，2010），向国际金融市场提供流动性支持，以满足世界其他国家的储蓄和融资需求。而高效的金融体系能够更加有效地平衡国内金融市场和国际金融市场的关系，完成人民币及时供应与回笼的任务，建立本国货币的国际循环体系，推动本国货币的国际化；通过促进本国金融市场的发展和深化，增加金融市场的产品种类和数量，从而为全球投资者提供高效、广阔的金融投资交易平台，为持有本国货币的境外投资者提供可供投资的资产、债券，通过贸易结算和境外投资等方式实现本国货币的输出，而境外投资者和企业则可以在本国的金融市场上购买金融产品，实现增值并规避风险，从而完成本国货币的回流；通过加深资本项目的自由化进程推动海外投资者扩大对本国投资，同时鼓励本国投资者对外投资，以资本输出方式来对以贸易方式输出本国货币进行补充。并且高效的金融体系能够更加及时地应对外部冲击的影响，大大降低未来交易的不确定性和交易成本，吸引国际投资者增加对人民币的持有量，促进国际结算和融资通过人民币完成，从而增加人民币在国际金融活动中的使用，进一步推动人民币国际化进程。

中国经济和金融的发展绝不会以牺牲他国利益为前提，而是希望在中国实现经济增长和金融体系由低效率向高效率转化的过程中，让世界其他国家的经济也受益。作为新兴市场国家中经济总量最大的国家，中国通过实施“一带一路”倡议和成立亚投行，向新兴市场国家提供资金支持，通过对外直接投资等形式，促进当地基础设施建设、改善当地落后的经济状况。并且，中国同世界其他国家的经济合作使得彼此的联系更为紧密，也有助于在国际范围内建立起以人民币为核心的金融网络，通过网络外部性进一步降低人民币交易成本（倪经纬，2016），不断地提高人民币在国际市场中的份额。

### 3.2.2 稳健性与人民币国际化

稳健的经济发展有助于促进一国货币对内币值和对外币值稳定，即低通货膨胀率和低汇率波动。而一国货币的币值能否保持稳定，对于其能否成为国际货币至关重要（白晓燕和邓明明，2016；李向阳和丁剑平，2014）。对于人民币国际化来讲，中国稳健的经济发展和稳定的人民币币值发挥着重要的推动和保障作用。

首先，经济发展的稳健性同高效性一样，为人民币国际化提供了重要的经济基础和信心支撑。稳健的经济发展使得中国经济实力和国际影响力不断提升，并且有助于世界其他国家对中国经济和人民币形成良好的预期。此外，稳健的经济发展能

够提升世界其他国家对中国经济和人民币的信心，这是因为：一方面，稳健的经济发展能够有效地吸收外部冲击，保证经济整体平稳运行，避免出现巨大的经济震荡；另一方面，稳健的经济发展也是人民币币值的稳定器，正如上文所说，纸币本身没有价值，它所体现的是一国的经济实力，所以如果一国经济长期处于波动中，很难想象其货币具有稳定不变的价值。

其次，经济和币值的稳定性会降低人民币汇率风险，增加人民币对于世界其他国家的吸引力。与高效性不同的是，稳健性满足了外国人民币持有者风险厌恶的要求。这是因为经济的波动使外国人民币持有者面临着较大的经济下行风险，一旦经济出现重大下挫，世界对于人民币的接受程度就会下降，从而人民币的国际流动性也会受到严重的影响，这会使他们因为持有人民币或者人民币资产而遭受惨重的损失。同样，币值的不稳定性会让外国人民币持有者承受巨大的外汇风险，对于以人民币计价的出口商来说，人民币贬值使得它们的出口收入下降，利润缩减，进而影响它们其他的投资计划，甚至导致它们因为遭受巨大的外汇损失而面临破产的风险；对于以人民币计价的进口商来讲，人民币升值则增加了它们的偿债负担，使它们的进口成本上升，从而也可能遭受重大外汇损失。对于人民币资产的持有者来说，这个问题同样严重，币值的波动使资产价值严重偏离其真实价值，产生了巨大的风险敞口。稳健性表明中国的经济发展不仅是高效率的，还是风险可控的、可持续的，这有助于保持人民币币值稳定，降低未来信息的不确定性和外国人民币或人民币资产持有者所面临的风险。

最后，稳定的金融体系和金融市场发展也为人民币国际化提供了巨大的支持。对于实现人民币国际化的目标，需要建立人民币“供应—回流”闭环，为世界其他国家提供人民币的融资渠道和投资市场，而这正是金融市场和金融中介应该发挥的作用。稳健的金融体系和金融市场一方面保证了人民币金融资产的有序交易和价值稳定，降低了人民币资产的交易成本；另一方面有助于完善利率和汇率形成机制，减少行政管理的人为干预，推动利率和汇率的市场化改革，进一步增强人民币利率和汇率弹性，使人民币利率和汇率水平能够真实地反映市场供求关系。稳健的金融体系和金融市场发展降低了人民币持有者和投资者面临的价格波动风险，有利于公众形成稳定的价格预期，提高整个市场的流动性，促进贸易、投资的便利化，实现价值储藏的功能。

此外，人民币国际化更是国际货币体系乃至全球经济、金融稳定发展的需要。2008年美国金融危机的爆发再次暴露了当前国际货币体系的内在缺陷和系统性风险。[①] 单极化的国际货币体系是十分脆弱的，这与实体经济多极化之间存在激烈的矛盾（Quéré等，2015），从而使得全球经济处于失衡和失稳的状态。而解决问题的关键在于改变当前的国际货币体系的“游戏规则”，即由美国信用扩张和贸易赤字的

① 周小川. 关于改革国际货币体系的思考. http://theory.people.com.cn/GB/49154/49155/9039034.html.

方式转变为向非储备货币国供给国际储备货币的方式（王道平和范小云，2011），并“构建一个相互竞争、相互抗衡的多元国际货币结构，通过国际货币间的竞争对储备货币国形成约束，促使储备货币国实行更加稳健和负责的国际货币政策，从而促进国际货币体系的稳定”（熊爱宗和黄梅波，2010）。并且，货币定价的多元化有利于形成反映市场真实需求的真实价格，减少大宗商品价格和金融产品的价格波动，提高全球金融市场配置资源的效率，增强全球金融市场的稳定性。

虽然欧元的出现对美元的国际储备货币地位发起了挑战，但是由于欧元相较于美元实力仍存在巨大差距，加之两种货币作为发达经济体对全球经济、金融和贸易体系施加影响力和攫取利益的工具，并没有展开实质意义上的竞争，这也严重制约了当前的多元化货币结构对国际货币体系的稳定作用（熊爱宗和黄梅波，2010）。新兴市场国家在国际货币体系中长期缺少参与权和话语权，处于被动接受的地位。所以，寻求第三种代表新兴市场国家利益的国际储备货币成为解决当前国际货币体系的内在缺陷、平衡全球利益格局并促进全球经济健康稳定发展的关键。人民币作为发展中国家的货币，成为国际货币大家庭的一员，将给国际货币体系带来新的制衡力量，并且有利于完善国际货币格局，推动国际货币体系朝着公平、公正、有序的方向发展。人民币国际化将成为我国对世界的重大贡献，为解决全球经济稳定和金融治理提供新工具，实现我国与美国、欧洲、亚洲和其他新兴经济体等国际社会成员的广泛共赢。

### 3.2.3 包容性与人民币国际化

自2008年全球金融危机以来，美国等发达国家为了发展本国制造业，摆脱经济的过度金融化，积极推行贸易保护政策，逆全球化趋势不断增强。中国作为世界上最大的新兴市场国家和发展中国家，积极倡导经济全球化发展，打造“命运共同体”，通过各国之间加强经济合作实现优势互补、互利共赢。包容性经济发展是中国向世界提供的公共物品，表明了对世界搭中国经济发展之“便车”的开放态度。

国内包容性经济发展一方面有利于实现社会公平，保障个体机会平等，为国内经济发展创造和平、稳定的环境；另一方面有利于鼓励经济的多元化发展，促进就业，激发市场活力。并且包容性金融体系能够改变金融资源配置不均衡和低效率，削弱银行体系对金融资源的垄断，促进普惠金融发展。包容性经济发展为实现人民币国际化奠定了坚实而稳定的经济基础。

国际包容性经济发展不仅是中国融入世界经济体系、拉动世界经济发展和履行大国责任的必然选择，也是人民币成为国际货币的必由之路。一国经济只有具有包容性，才能够被世界其他国家所认可和推崇；同样，一国货币只有具有包容性，才能够被世界其他国家所接受和使用。所以，包容性的经济发展与人民币国际化相辅相成、相得益彰，包容性经济发展是人民币国际化的题中应有之义，人民币国际化是包容性经济发展的货币载体。其中，“一带一路”倡议便是中国实现包容性发展的

重要桥梁。“一带一路”倡议的实施不仅有助于促进全球和亚洲经济的包容性发展，还为增强人民币国际化的认可度和影响力，使人民币最终成为国际货币提供了重大机遇和重要推动力（周天芸，2017）。

首先，“一带一路”倡议的实施为中国扩大与沿线国家的贸易活动提供了广阔的平台，有利于中国借助商品流通过程增加人民币的使用程度。中国从沿线国家进口能源等商品，同时伴随着人民币流出，形成人民币的境外储备；而境外持有人民币的企业通过将人民币投入中国债券、股票等资本市场实现人民币回流，进而形成以人民币为主要计价、流通、结算与投资货币的人民币流通“闭环”。贸易双方通过使用人民币进行结算，避免了第三方货币汇率波动造成的影响，降低了双方交易的成本和搜寻信息的成本。并且，中国同沿线各国间贸易规模的扩大，形成了网络外部性，进一步降低了人民币为主导的交易成本，提高了人民币交易效率，增强了人民币使用惯性（周天芸，2017）。

其次，“一带一路”为中国直接对外投资和国内企业实施“走出去”战略提供了重要契机。“一带一路”将人民币嵌入亚洲等国的基础设施建设，将中国同沿线国家的经济合作转变为人民币国际化的重要载体（陈四清，2014）。对外直接投资将中国相对于沿线国家所具备的资金优势和技术优势转化为实体经济发展优势，形成以人民币为主导的初始投资资本输出和最终资本收益回流，激发境外实体经济对人民币的需求，并且对外直接投资增加了中国企业在世界商品，尤其是能源、资源等大宗商品流通体系中的参与度，提高了中国跨国企业在全球范围内引导和促进生产要素流通、组织和调整生产分工的能力（陈四清，2014），这有助于增强人民币在全球范围内的定价权。

最后，“一带一路”成为中国带动沿线国家乃至全世界经济增长的纽带。中国为它们提供了潜力巨大的出口市场，增加了沿线国家的贸易收入，提高了其经济发展水平。中国通过对外直接投资为沿线国家提供了充足的资本，并且技术输出改善了沿线国家落后的技术水平。基础设施建设更是为沿线国家经济发展提供了重要保障，国家间的互联互通有力地支撑了彼此经济合作的开展。“一带一路”通过贸易活动、投资活动产生贸易乘数和投资乘数效应，发生货币替代现象（林乐芬，2015），增强了沿线国家经济对中国的依赖度，有利于扩大人民币的国际需求和实现人民币国际化。

“一带一路”建设促进人民币国际化的具体路径见图3-2。

中国的经济发展是包容性的，这意味着中国不仅是全球经济体系中的参与者、受益者，而且是全球经济发展的促进者和责任担当者。同样，人民币国际化也是“帕累托改进”式的（于恩锋等，2017），它扎根于中国的包容性经济发展中，扮演着中国经济同世界经济的联结者和传导者的角色。

当前，中国经济总量已经达到一定的规模，经济发展质量成为未来中国面临的主要任务。如何实现经济高效和稳定的发展，如何让更多国内和国际民众共享中国发展之红利，也是中国亟待解决的问题。更高水平的金融开放为中国实现高质量经

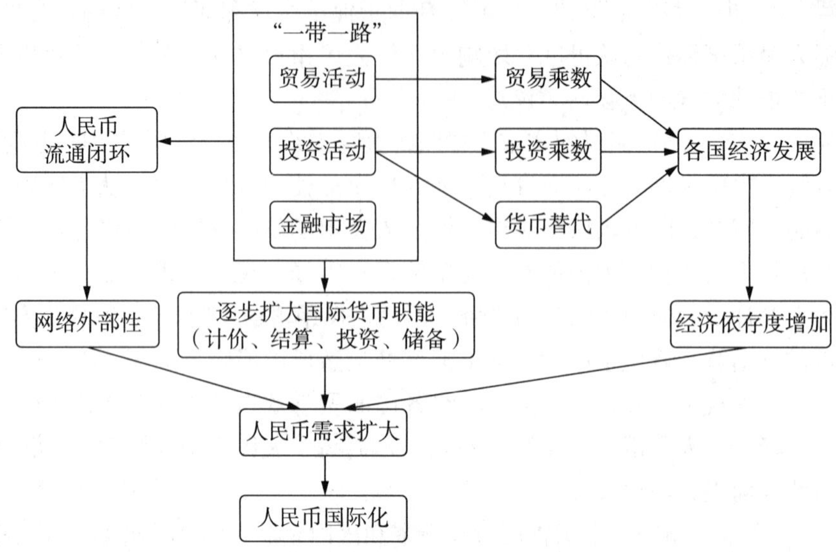


**图 3-2 "一带一路"建设促进人民币国际化的具体路径**

资料来源:根据林乐芬(2015)的文章整理绘制。

济增长提供了切实可行的解决方案,也为人民币成为国际货币绘制了一幅前景无限的宏图。在下一节内容中,我们将从效率、稳定和包容性三方面探究金融开放促进高质量经济发展的具体途径,从而拓宽人民币国际化问题的分析框架,为实现人民币国际化提供理论基础。

## 3.3 高水平金融开放有助于实现高质量发展

如何实现经济高效和稳定的发展,如何让更多国内和国际民众共享中国发展之红利,是中国亟待解决的问题。更高水平金融开放为中国实现高质量经济增长提供了切实可行的解决方案,也为人民币成为国际货币绘制了一幅前景无限的宏图。

### 3.3.1 更高水平金融开放可提高效率

倡导更高水平金融开放有助于提高国内经济效率和金融效率,这主要包括以下几方面:

第一,更高水平金融开放促进了国内企业的创新活动,从而提高了经济效率。这是因为:一方面,更高水平金融开放有助于减少国际资本流动的障碍,促进国际资本进入国内市场(Prasad,2007),增加国内企业(特别是中小企业)的融资渠道(Henry,2000a、2000b),消除国内企业的融资约束,使得国内企业可以对不同的资金来源进行比较(Stulz,1999),选择对自己最有利的融资方案,从而更好地满足国内企业创新项目的融资需求。另一方面,更高水平的金融开放降低了国内企业的融资成本(Stulz,1999;Henry,2003),这首先得益于国际资本的流入增加了国内资金的供给，从而降低了国内无风险收益率；其次，通过国内外投资者风险分担机制分散了投资风险，使得资本的风险溢价下降；最后，随着资本流动增加，国内资本市场的流动性得到增强，从而降低了流动性溢价。在两者的共同作用下，国内企业会增加自身的研发支出和创新活动，这有助于促进我国技术水平快速进步，缩小同世界技术前沿的差距，从而提高我国企业部门的生产效率和市场竞争力。

第二，更高水平金融开放有助于进一步提高外国直接投资（Foreign Direct Investment，FDI）数量和质量，使国内企业获得长期、稳定的资金，从而有效地解决企业面临的融资约束问题，增加国内资本积累。此外，在 FDI 进入国内的过程中往往还会产生生产率溢出效应（Kose，2009a）：首先，通过学习和利用国外先进的生产技术和管理经验快速提高生产效率；其次，增加对企业员工的教育和培训，从而提高员工的专业技能和工作效率；最后，通过有效的市场竞争改善国内企业的资源利用度，减少非必要的资源浪费和效率损失，改善国内企业经营效率。所以，FDI 能够有效缩小我国企业同发达国家的技术差距，弥补我国企业的技术短板（姚树杰等，2006），提高我国整体技术水平，从而促进我国整体技术效率的提高。

第三，更高水平金融开放有利于降低我国企业代理成本，改善企业治理环境（Bae 等，2010），提高企业经营效率。引入外国投资者可以增加我国企业的监督主体，拓宽我国企业的监督渠道，加强对企业负责人和高管的监督，减少管理层为了实现自身利益而损害股东利益的行为，从而有助于解决代理问题（Stulz，2005），改变我国企业监督失位的局面，为企业经营创造良好的商业环境。国内企业为了获取国外资金的支持，不得不调整企业治理架构，改善内部控制质量，增加企业信息的透明度，减少逆向选择和道德风险问题，从而树立良好的公司形象。此外，FDI 设立的企业会与国内企业形成直接的竞争关系，优胜劣汰的竞争机制会倒逼国内企业提高自身经营效率，增强自身竞争优势。

第四，更高水平的金融开放有利于促进本国金融市场发展（Levine，2001；Klein 和 Olivei，2008），提高金融体系运行效率（Luo 等，2016），更好地发挥金融对实体经济的服务功能。首先，金融开放通过引入新的国际标准能够有效规范金融机构的行为（Klein 和 Olivei，2008），提高金融体系对资源的配置作用，减少逃避资本管制造成的资源配置扭曲，从而将稀缺资源从低效率部门转移到高效率部门（Galindo 等，2007）。其次，外国金融机构进入国内市场，增强了金融机构间的竞争，促进了金融创新和新技术的应用，提高了金融服务质量，减少了低效率的金融资源配置。最后，金融开放有助于优化国内金融产权结构，深化金融专业分工，从而提高整个金融体系的信息透明度和运作效率。“现代市场经济中的金融制度是一个由多种金融机构、多种金融资产组成的体系，是一个复杂的巨系统，这是金融交易扩大和金融市场发展带来的金融分工深化的必然结果，而这一切的基础在于金融产权结构的多元化……金融资源配置归根结底是一种金融制度结构的配置。金融产权结构是最底层的金融制度结构，是金融资源交易和金融资源配置的动力源泉和约束

机制。”（杨涤，2004）对于国内银行业来讲，外资银行的进入不仅能够有效地提高银行间的竞争度，促进银行技术的不断发展，从而提高银行服务的质量和可获得性（Claessens，2001），还有助于改善银行监管和法律框架，提高银行体系制度的有效性和透明性，使银行扮演好在经济体系中的角色。

第五，更高水平的金融开放有助于消除金融抑制，规范政府行为，为建立完善的宏观经济政策和改革金融制度提供激励。由于发展中国家的政府往往对利率实行管控，从而导致实际利率和市场均衡水平发生偏离，过低的贷款利率又导致利率对资源的配置作用失效，资金无法流向最有效率的项目和企业。在无效率的市场中，政府通过行政手段又不可能完全动员社会资金，从而导致资金在供给和需求两方面都处于无效率状态。而金融开放可以消除金融压抑，通过引入国际资本，使国内利率逐渐与国际市场利率接轨，建立合理的利率和汇率形成机制，减少“有形的手”对市场的过度干预，这有助于市场充分发挥价格形成和资源配置的功能。并且，资本管制增加了政府支出的负担，特别是政府必须不断更新管制措施以应对新出现的“漏洞”和资本外逃行为，所以金融开放可以显著降低财政支出，缓解财政负担。此外，金融开放还具有向世界其他国家传递本国愿意（或准备）采取良好的宏观经济政策，鼓励外国投资者进入国内市场的信号的作用（Gourinchas 和 Jeanne，2006）。这些方面都有助于改善国内政策环境，增强政策的稳定性，强化市场角色，提高市场活力。此外，由于混业经营逐渐成为主流，因此实现金融开放之后，国内的金融机构必然会在与国外实现了综合性经营的金融机构的竞争中处于不利地位，这就迫使国内的金融机构必须逐渐从分业经营逐渐转变为混业经营，实现证券、保险、银行的综合化经营。而这一转变要求监管当局调整监管策略，促进监管当局形成新的监管体系。

更高水平金融开放不仅有助于提高我国经济发展和金融体系的效率，还会增强我国同世界其他国家的经济联系和金融联系，促进其他国家经济发展。一方面，金融政策的外溢性使得其他国家从我国金融开放的过程中受益；另一方面，金融开放使得国内资本和金融机构走出国门，通过对外投资改善其融资环境，在当地设立金融机构为其提供高质量的金融服务。所以，更高水平金融开放是双向和互惠的。更加国际化的金融体系可以促进贸易和投资关系的发展，而更加紧密的贸易和投资关系有助于扩大中国与“一带一路”沿线经济体的经济联系。中国依托“一带一路”，发展与传统主要贸易伙伴以外的其他国家的贸易伙伴关系。此外，相对于“一带一路”沿线的许多经济体来说，中国制造业具有比较优势，通过建立贸易伙伴关系，双方都可以实现合作共赢。“一带一路”使得中国与沿线国家各国优势互补，通过深化各国劳动分工，有效利用“干中学”效应，提高各国经济效率，促进经济增长。更高水平的金融开放为我国同世界各国良好互动、相互学习提供了广阔的平台，让双方或多方从贸易和投资过程中受益，促进本国经济发展。

### 3.3.2 更高水平金融开放使风险可控

更高水平金融开放有助于实现风险可控，从而维护本国经济和世界其他国家经济和金融稳健有序，这主要是因为：

第一，更高水平金融开放有助于分散投资者风险，平滑投资者收入曲线。金融开放让投资者的投资组合更加多元化，通过风险分散机制降低投资风险（Obstfeld，1994），本国投资者可以将资金配置到国外资产上，外国投资者也同样可以选择进入国内金融市场，通过构建更加分散化的投资组合（鸡蛋不仅可以放到国内不同的篮子里，还可以放到国际篮子里），降低投资收入与本国经济波动的关联度，从而让投资收入更加平稳。所以，更高水平金融开放能够让投资者受益，通过平滑投资者收入曲线，进一步提升本国整体消费、投资、储蓄水平的稳定性。

第二，更高水平金融开放有利于改善我国企业经营能力和经营环境，降低国内企业的经营风险。一方面，金融开放有助于国外优秀企业进入中国市场，为国内企业提供优秀的经营典范，使得国内企业能够学习其先进的经营理念和管理技术，从而提高自身风险管理能力和风险处理能力。另一方面，金融开放有效增强了市场竞争，通过优胜劣汰机制淘汰经营能力较差、风险把控能力较弱的企业，从而提升了我国企业的整体质量，有助于经济稳定发展。

第三，更高水平金融开放有助于改善我国融资结构，降低整体的风险水平。首先，金融开放有利于降低企业违约率，减轻银行承受的信贷风险。一方面，金融开放能够拓宽国内企业的融资渠道，降低国内企业对国内金融机构特别是银行的信贷依赖，防止银行体系的风险过度集中；另一方面，金融开放可以降低国内企业融资成本，减轻企业付息压力。其次，金融开放消除了国外资金进入国内资本市场的障碍，从而促进了国内资本市场的流动性，有助于改善我国资本市场的融资环境，提高我国直接融资比重。最后，金融开放可以通过完善资源配置途径促进我国经济结构调整，改善我国结构性错配局面。截至2018年年底，我国实体经济的融资方式仍然以贷款为主，人民币贷款占实体经济融资资金的比重接近70%（见图3-3）。金融开放可以优化我国融资结构，提高直接融资在社会融资中的比例，降低我国实体经济对间接融资的依赖度，从而有效降低我国实体经济中的高杠杆率（见图3-3），缓解我国经济面临的高风险，保证经济平稳发展。

第四，更高水平的金融开放有助于增强我国金融体系的稳健性，有效防范金融风险。首先，金融开放能够促进国内金融机构资源配置效率的提高，增强金融服务实体经济的能力，减少资金“脱实向虚”和在金融体系内部空转的现象。其次，金融开放能够提高金融体系信息透明度，减少逆向选择和道德风险问题。再次，金融开放有助于增强市场纪律，促进金融机构规范经营。最后，金融开放能够帮助我国金融体系融入世界金融体系中，实现国际化转型，有效分散我国金融体系中的风险。

第五，更高水平金融开放有利于完善我国利率和汇率形成机制，充分发挥价格

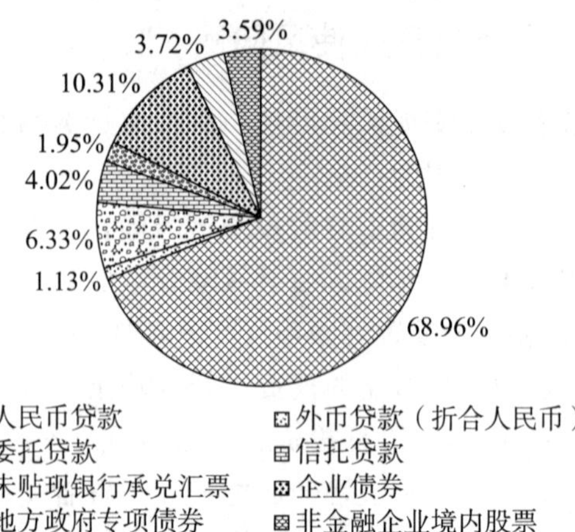


**图 3-3　2018 年年底我国社会融资结构**

资料来源：中国人民银行。

信号作用。金融开放使利率和汇率形成过程更加透明，减少汇率形成的行政管理，推动汇率的市场化和稳健性，进一步增强人民币汇率弹性，使人民币汇率水平能够真实反映市场供求关系（焦继军，2017）。

随着中国经济发展与世界经济发展、中国金融体系与世界金融体系的联系越来越密切，对中国经济稳定的探讨也应该基于全球化的视角。一方面，当前中国经济稳定和金融稳定会受到世界其他国家经济和金融状况的影响；另一方面，中国的经济和金融发展具有外溢效应。所以，稳健有序已经不单单是一国追求的目标，还是全球范围内各个国家的共同责任。伴随着中国经济不断发展，其国际地位也日益增强。作为世界上最大的发展中国家，中国理应在全球经济和金融稳定中发挥更大的积极作用。

更高水平金融开放使中国以更加开放的姿态融入世界经济稳定和金融治理中。第一，金融开放为世界投资者提供了广阔的中国市场和丰富的投资标的，使投资组合更加分散，降低了整体的投资风险。第二，金融开放让中国资本走出国门，向世界其他国家，特别是新兴市场国家提高资金支持，缓解当地融资约束，促进当地经济发展。第三，金融开放有助于中国金融机构实施“走出去”战略，为世界其他国家提供专业的金融服务，促进当地金融体系发展和稳定。第四，金融开放有助于发挥中国经济和金融发展的外溢效应，对其他经济体起到稳定器和加速器的作用。第五，金融开放让中国在世界经济体系和金融体系中具有更多的话语权，为发展中国家发声，维护发展中国家立场，平衡世界各国利益。

然而，金融开放可能产生诸多不稳定因素，增加国内的金融波动（马勇和王芳，2018），破坏国内金融体系的稳定，以至于影响国内经济健康、良性发展。对于发展中国家来说，国际资本往往具有顺周期流动的特点，当经济由繁荣转向低迷时，国际资本会选择退出，如果国内企业无法通过其他良好的替代性融资渠道提供有效、及时的资金支持，则会导致企业瘫痪、经营困难，并且会使本国货币严重贬值，进一步恶化经济形势。例如，20 世纪 90 年代末期，泰国过快实行金融开放改革，使外资流入激增，国内金融市场和外汇市场受到巨大冲击，加之泰国国际收支经常项目长期逆差，最终使泰国对外债务激增，金融体系变得十分脆弱。之后，由于外资大量外逃，引起了抢购美元、抛售泰铢的投资热潮，使泰铢大幅贬值，泰国国民经济遭受巨大的震荡。

金融开放具有双刃剑的作用，所以我们要保持谨慎的态度，确保国内经济基础和金融体系稳健有序，还要具备大国情怀，不能独善其身、闭门造车，而要积极地融入世界，扮演好在世界经济金融体系中的角色。

### 3.3.3 更高水平金融开放将增强包容性

更高水平金融开放能够增强中国经济发展的包容性，实现中国经济惠及更多国内和国际民众的目标，这主要是因为：

第一，高水平的金融开放有助于解决国内中小企业“融资难”和“融资贵”的问题，促进中小企业发展。中小企业作为中国经济体中重要的组成部分，是解决国内就业、收入来源等问题的重要途径。然而相较于大型企业和国企，由于中小企业和创新企业自身存在资产规模小、利润水平低、抵押品不足和信用记录不完善等缺陷，它们难以获得银行信贷资金的支持，或者不得不负担高额的利息费用，从而面临着严重的资金匮乏和融资约束等压力，甚至常常因为资金流断裂和资不抵债而破产倒闭。金融开放一方面通过促进外国资金进入中国市场，有效地拓宽了中小企业和创新企业的融资渠道，降低了它们的融资成本；另一方面能够加速国内多层次的资本市场体系的建设，鼓励风险投资和私募股权基金等投资处于初创期的企业，支持国内中小企业和创新企业发展。而国内中小企业和创新企业的繁荣发展对于增加国内就业、提高国内工资水平和缩小贫富差距具有重要的意义。

第二，高水平的金融开放有利于促进国内普惠金融的发展，使金融福祉惠及更多的企业和个人。当前，我国普惠金融的发展水平与国际相比存在明显差距（郭田勇和丁潇，2015），主要表现为金融基础设施发展程度落后，金融服务覆盖水平较低，尤其是对于贫困的偏远山区和农村来说，许多金融服务因为基础设施不足或者门槛过高而无法获得，从而严重阻碍了普惠金融的发展，使金融无法充分发挥对改善经济发展条件、促进经济增长的作用。金融开放打开了国际前沿的金融技术进入国内的窗口，通过运用先进的金融技术提高国内金融机构的服务能力和服务水平，增强基础设施建设，增加金融服务的可获得性，使金融服务网络覆盖面积更广、渗透程度更深。金融开放能够通过提高同业竞争促进国内金融创新，增强金融服务和金融产品的多样化，从而更加便捷、高效、优质地满足广大金融消费者的需求。除此之外，金融开放还能够降低向中小企业提供金融服务的边际成本，有效地促进普惠金融的发展（星焱，2016），增大对落后地区经济建设的支持力度，保证更多企业

和个人平等地享受到金融资源和基础金融服务。

第三，高水平金融开放有助于更加公平、合理地配置金融资源。金融资源存在稀缺性，并且商业银行在资源配置上处于垄断地位，这往往导致了金融资源的非市场化配置，将部分亟须金融资源的企业和个人排除在外。而金融开放不仅有利于改善国内金融制度，形成良好的金融环境，减少银行等金融中介“嫌贫爱富”的现象（星焱，2015），提高国内金融服务实体经济的水平，还能够促进以市场化的手段引导金融资源合理配置，打破当前商业银行的垄断局势，实现市场对金融资源配置的基础性作用，减少行政特权、关联特权等对资源配置的扭曲。所以，高水平金融开放有助于保障市场经济主体公平、平等地享受金融资源。

当前，中国作为世界上最大的发展中国家，一方面经济体量巨大，国际地位和影响力也显著提高；另一方面，作为发展中国家，与其他新兴市场国家和发展中国家有着相同的发展诉求。所以，中国应该具备大国担当的意识和包容的胸怀，在发展自身经济的同时，向全球提供公共物品，支援其他相对不发达和落后的国家进行经济建设，帮助其融入经济全球化的浪潮中，并从中受益。高水平金融开放不仅让中国拥抱世界，将本国发展同世界更加紧密地联系在一起，与全球人民“同呼吸、共命运”，还让世界共享中国经济发展的红利，学习中国经济发展的优秀经验，从而促进本国经济发展水平的提高。

金融开放有利于实现中国同世界经济发展的优势互补和良性互动。中国通过加强与“一带一路”沿线非发达国家的金融合作和贸易往来，带动“一带一路”沿线非发达国家的经济发展。所以，“一带一路”不仅是中国向世界提供的公共产品①，还是中国倡导包容性经济发展的集中体现。中国充分利用自身在基础设施建设产能、技术和资金方面的比较优势，推动沿线国家基础设施建设，拉动沿线国家经济增长，为国民经济的持续发展提供根本保障（涂永红和张文春，2015）。此外，“一带一路”能够产生广阔的辐射效应，有助于提升整个区域的经济合作水平，加速沿线国家和全球经济发展，缩小贫富差距和地区发展不平衡。我国通过直接对外投资为沿线国家提供充足的资金支持，并向当地输入先进的生产技术，带动当地生产效率和经济水平的提高。亚洲基础设施投资银行（以下简称“亚投行”）和丝路基金的设立进一步夯实了亚洲国家经济稳定增长的基础，为沿线国家基础设施建设提供资金支持，并设计融资机制和平台，以疏通融资渠道。“‘一带一路’倡议是要打通生产要素全球流通渠道，以互联互通和产能合作推动均衡、包容和普惠的新型全球化。”② “一带一路”注重包容性，它为世界各国参与经济全球化提供了广阔的平台，寻求所有参与方发展的最大公约数，让世界各国尤其是沿线国家分享中国经济发展的成果。

---

① 王毅.“一带一路”是中国向世界提供的公共产品，2015.

② 郑东超.“一带一路”为世界提供四大公共产品，2017.

总结来看，更高水平金融开放的效率效应和稳定效应是基于金融功能视角进行阐述，而包容性效应则是从普惠金融角度进行分析。至此，我们定义了高质量经济发展的内涵，并且进一步探究了高质量经济发展与人民币国际化间的关系以及金融开放与高质量经济发展间的关系。所以，如何实现更高水平金融开放将成为我们下一步研究的重点。在下一节内容中，我们将在改革中寻找答案，探究提高金融开放水平的前提条件以及改善这些条件的主要思路。

## 3.4 高水平金融开放要在进一步改革中实现

### 3.4.1 培育高水平开放的微观经济主体

金融作为服务实体经济的一个重要工具，在资源优化配置、产业结构优化升级和科技创新等方面发挥着重要作用，然而金融的发展不能脱离实体经济的目标，否则就会成为无源之水、无本之木，在金融体系内部积累大量的风险，使得经济过度金融化、虚拟化，甚至泡沫化，这将对经济的持续、稳健和协调发展造成严重的负面影响。对于更高水平的金融开放而言，仍然要以稳健发展的实体经济为根基，强调金融发展服务实体经济的宗旨，促进金融机构和实体企业的良好互动，使金融发展与产业升级相结合、金融竞争力与产业实力相结合。理论上，按照比较优势原则，资本应该从相对充裕（资本回报率较低）的国家流向相对匮乏（资本回报率较高）的国家。但是实践证明，当一国金融服务实体经济的能力较差时，金融资源主要被配置到制造业部门，导致资本回报率因为资源过剩而降低，从而使得资本逆流。所以，只有进一步提高金融服务实体经济的能力，促进产业结构优化升级，才能够吸引国际资本，享受金融开放带来的好处。

当前，我国市场需求潜力巨大，主要矛盾表现为有效供给不足。通过供给侧改革下的产业升级，可以构筑有效供给的产业基础，满足人民日益增长的美好生活需要，加快市场从低端供需平衡向中高端供需平衡转化。此外，产业升级有助于提高我国企业生产效率和综合竞争力，改善我国企业在全球竞争中的被动地位，转变我国企业在经济全球化中的角色，抢占高新技术的战略高地，为更高水平金融开放提供坚实的经济基础和有利的国际环境。

面对金融开放，我国企业和金融机构需要具备较强的风险管理能力。经济改革、金融开放过程中存在很大的不确定性和未知性，特别是当其置身于国际复杂环境中时，需要承受范围更广、形式更多、程度更深的风险。我国企业或金融机构通过建立有效的风险管理机制，塑造优秀的风险管理文化，以全球视野强化合规管理意识，加强跨境金融业务的风险管理能力，从而有效应对经济改革和金融开放过程中的各种风险。

### 3.4.2 推动金融市场发展与高水平开放

金融开放对经济增长的促进效应与金融市场的发展水平密切相关（Kose，2009、2012；吴卫锋和庄宗明，2013；Chen 和 Quang，2014）。高水平金融开放一方面能够提高金融资源的配置效率，合理、高效地引导资金从低效率项目流向高效率项目，充分发挥金融开放对资本积累的促进作用；另一方面有助于降低资本流动的波动所导致的负面效应，减少其对金融体系的冲击，保障金融体系健康、平稳地运行。然而，当前我国金融市场发展相对滞后，主要表现为资源配置效率较低、内部有效竞争不足、自身职能不健全和制度建设有待完善，这不仅严重阻碍了金融开放水平的进一步提高，制约了金融开放的积极作用的发挥，还会使金融开放过程中积聚大量的潜在风险，从而对国内金融体系的安全造成巨大的威胁。

大力发展我国金融市场，一是要提高金融市场的资源配置效率，减少政府过度干预导致的低效率配置和资源浪费，保障市场竞争的有效性、有序性，维护市场自主性、自发性资源配置功能。二是要完善市场定价机制，提高价格信息透明度，充分发挥价格信号对资源的引导作用。三是要扩大市场参与主体，增强市场流动性，促进各个市场间的良性互动和整体发展。四是要完善金融市场制度建设，保障市场参与主体的合法权益，保证市场参与主体的发展机会平等和竞争地位平等，激发市场活力。五是要协调金融市场与实体经济间的关系，完善和健全金融市场功能，协调金融市场发展与产业升级和结构性调整的一致性。

在经济全球化的大背景下，各国金融市场间的联系日益紧密，所以国内的金融市场不可能脱离国际独自“闭门造车”，特别是一旦提高金融开放水平，国内金融市场必然将进一步融入国际金融市场，这也就要求金融市场改革的方向应该是推进对内和对外的协调发展。一方面，加强国内金融市场与国际金融市场的互联互通，以国际标准建设国内金融市场，促进国内金融市场国际化发展，提高我国金融市场的整体水平和质量；另一方面，完善金融市场管理，防止金融市场发展快而不稳，避免金融市场脱离实体经济目标而过度膨胀和虚拟化，集聚大量风险。

### 3.4.3 继续完善金融基础设施建设

金融开放水平的进一步提高要求金融基础设施建设必须与之相匹配。完善的金融基础设施为金融开放提供了强有力的技术、制度支持，有助于发挥金融开放对我国经济增长、金融发展的促进作用。首先，能够促进产业资本的快速、高效积累，提高资源的配置效率；其次，可以提供更加充分、透明的信息，降低市场参与主体间的信息不对称程度，减少逆向选择和道德风险问题，从而增加市场流动性，降低交易成本，提高交易效率；再次，有助于提升贸易和投资的自由化、便利化，推动国家“引进来”和“走出去”战略的发展；最后，能够有效地把握金融开放的风险，提高金融体系的稳定性，最大化金融开放收益。所以，金融基础设施建设是我国金

融开放的重要命题。

第一，加强人民币清算、结算体系建设，完善人民币流动机制和通道。金融开放水平的提高，必然带来人民币清算、结算规模的放大以及流通数量的大幅增加。而人民币清算、结算体系作为金融基础设施的一部分，对于整个金融体系的运转效率至关重要。加强人民币清算、结算体系建设，不仅有助于整合现有人民币清算、结算渠道和资源，提高人民币清算、结算效率，更好地满足金融开放带来的业务发展需要，还能够增强交易的安全性，维护交易双方的合法权益，促进交易的达成，构建公平的市场竞争环境。因此，便利、安全的人民币清算、结算体系将会成为金融开放的加速器和保护伞。同时，完善人民币流通机制和通道有助于提高人民币流通速度和效率，防止人民币流通阻塞，进而促进贸易和投资的便捷化、自由化。

第二，完善国际金融基础设施的协调机制，加强国际金融基础设施的协调建设。在全球金融化的背景下，各国的金融基础设施不再孤立存在，相互之间的依存度逐渐提高，因而协调机制变得非常重要。国际金融基础设施协调一方面有助于统一金融基础设施建设标准，保护各方参与主体的利益安全，促进国际市场的交易效率；另一方面能够提升国际市场中交易者和投资者的信心，维护全球的金融稳定。但值得注意的是，我国金融基础设施建设也要保持一定的独立性，合理优化金融基础设施体系的建设路径，积极创立金融基础设施体系的自有标准，为我国金融开放水平的提高提供安全、高效的技术支持和制度基础。

### 3.4.4 提高开放中的金融管理能力

对于高水平金融开放而言，一方面应该增大对双向开放的支持力度，促进跨境资本的合理流动，增强国内金融机构与国际金融机构间的有效竞争，从而提高市场化资源配置效率，充分发挥金融开放对经济增长和金融发展的促进作用；另一方面也要关注金融开放过程中的资本流动风险、违约风险和市场风险，增强金融管理部门的管理能力，强化国内企业和金融机构的风险管理意识，从而保证金融开放的安全性、有序性和稳定性，维护金融体系和经济体系不发生系统性风险的底线。所以，当前的金融管理改革应该基于效率和风险的统一、平衡，在保证金融开放安全的同时最大化金融开放收益。

首先，强化负面清单管理模式。第一，通过完善负面清单和提高负面清单透明度，进一步扩大和明确对外资的开放领域和开放范围，营造公平竞争的市场环境。第二，准确把握行业开放力度，重视产业安全，促进经济安全与产业开放的协调统一。第三，抓住“一带一路”机遇，构建跨境资本的流动渠道，加强外汇监督管理，打通人民币流通闭环。

其次，加强跨境资本流动管理。通过创新跨境资本流动管理的宏观审慎政策工具，增强跨境资本流动管理能力，提高跨境资本流动管理宏观审慎政策的有效性，积极、合理地引导跨境资本的流向，避免跨境资本波动对金融体系乃至经济体系产生较强的负面冲击。此外，也要探索国际化的金融开放管理，在完善国内金融管理框架、提高金融管理能力的同时，为全球金融管理体系建设贡献中国智慧。

高质量发展、高水平金融开放与人民币国际化之间的逻辑关系可以简要概括为：高质量经济发展决定着人民币国际化的未来，高质量发展需要与之相匹配的高水平金融开放，要通过更加深入的改革为高水平金融开放创造条件（见图3-4）。本章首先明确了当代中国高质量经济发展的内涵，主要体现在富有效率、稳健有序和包容共享三个方面。其次着重强调了高质量发展决定着人民币国际化的未来，并从两个层面进行了阐述。一方面，中国经济成功转向高质量发展阶段，将为人民币国际

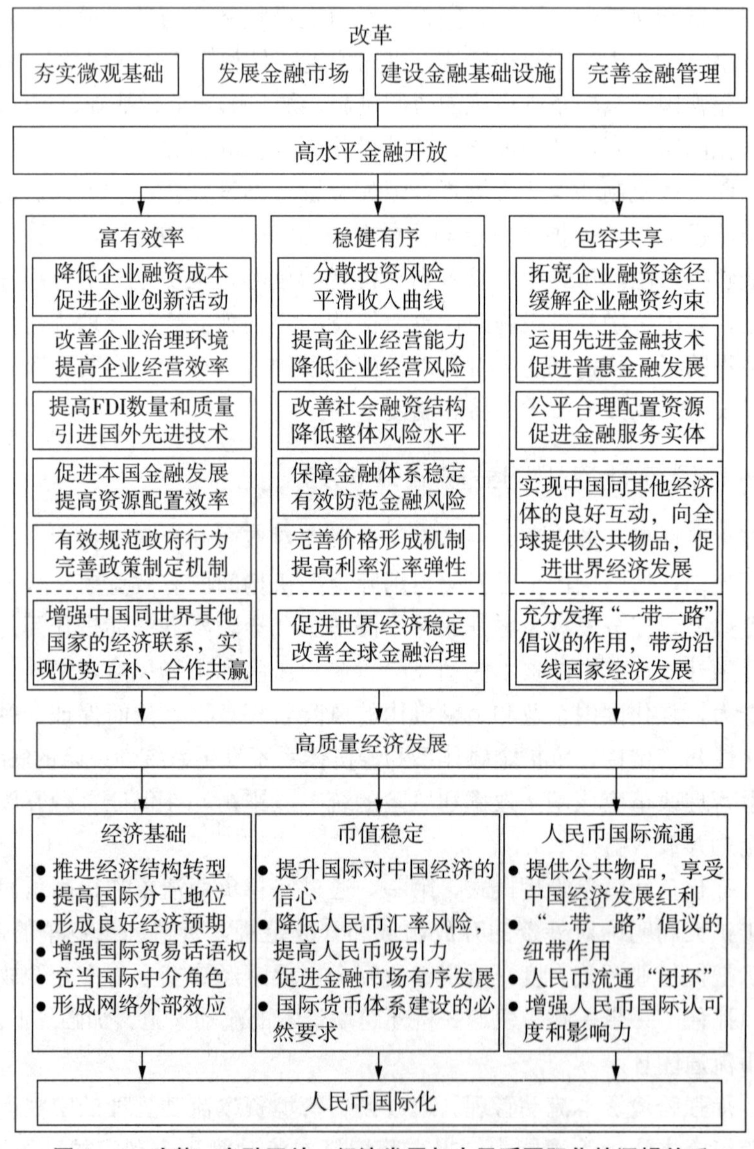


**图3-4 改革、金融开放、经济发展与人民币国际化的逻辑关系**

化提供坚实的基础和持久的动力。高质量发展有利于增强国家整体经济实力，可为人民币国际化的行稳致远保驾护航。另一方面，高质量经济发展赋予人民币国际化鲜明的时代特征和中国属性，当全世界更好地了解到人民币国际化所具有的效率、稳健、包容等属性后，暂时的疑虑或抵触有望被越来越多的肯定与欢迎态度所取代。这将从根本上决定我们最终能否成功实现与中国经济和贸易地位相匹配的货币地位。再次分别从高效率、稳健性、包容性的角度探讨了高水平金融开放促进高质量发展的具体途径。最后将当前以改革促进金融高水平开放的工作重点放在培育高水平开放的企业和金融机构、推动金融市场发展和高水平开放、完善金融基础设施以及提高开放条件下的金融管理能力等具体问题上。

# 第 4 章

# 金融开放的历史经验与实证研究

历史经验表明，金融开放在一国货币国际化的进程中具有无可替代的作用。传统意义上的金融开放包括资本账户开放、利率市场化、汇率自由化和本币国际化四个方面。货币国际化既是金融开放的重要组成部分，也是我们希望通过金融开放推动的目标。本章将通过回顾主要国家金融开放的历史进程，总结其中值得学习借鉴的经验和教训，并从理论和实证两个方面，进一步探讨高水平金融开放和货币国际化的关系。

## 4.1 主要国家金融开放的经验借鉴

### 4.1.1 英国：金融改革打造自由开放的金融市场

英国最早的金融开放政策可以追溯到 19 世纪。在 19 世纪之前，欧洲各国主要奉行重商主义思想。重商主义重视财富的积累，因此认为应该鼓励外国货币的流入而限制本国货币的流出，同时在贸易上主张多出口少进口，从而实现货币财富的绝对积累。在 16—18 世纪，英国的贸易政策也基本上奉行重商主义。而以亚当·斯密为代表的古典主义学派则认为财富来自生产，而不是流通，应当鼓励自由贸易和自由竞争，并建立自由市场。事实上，晚期的重商主义也开始倾向于建立禀赋可以自由流动的市场。从重商主义到古典主义的转变主要体现在对于自由贸易的认识，同时也放松了对于货币自由流动的限制。贸易和资本的自由流动促进了英国的对外贸易，并将英镑带向了全世界，英国因此逐渐成为世界经济和金融中心，而英镑也成为能够与黄金等价的货币，成为金本位制国际货币格局的中心。

两次世界大战对英国的经济和金融造成了严重的破坏，而二战之后英国工党政府推行的企业国有化也在一定程度上抑制了英国金融业的发展。1947 年，英国为了兑现 1946 年美国提供贷款时签订的协议，在国内经济尚处于价格管控、必要物资仍需大量从美国进口的情况下，强行实现了资本账户可兑换，结果导致资本大量外流，外汇储备在数周内消耗殆尽，英国被迫停止了资本账户的可兑换。

当西区金融市场上开始出现欧洲美元时，英国采取了内外有别的金融管制策略。对于不以英镑计价的国际金融活动实施了一系列放松金融管制的措施，这帮助了英国成为战后欧洲美元市场的交易中心。

英国的金融开放改革是一步到位式的。1979 年，英国取消了资本管制，并在半年内实现了资本账户的完全放开。1986 年，撒切尔政府通过实施“金融大爆炸”，实现了金融市场的快速开放。这次“金融大爆炸”主要针对伦敦证券交易所进行了改革。这次改革对内要求伦敦证券交易所放弃固定佣金制，允许外国公司加入成为会员，并且取消了之前经纪商和交易商不能互兼的规定，对外则实行开放金融服务业的政策。第一次金融大爆炸之后，分业式的金融监管已经无法满足市场的需要，1991 年国际商业信贷银行破产，1995 年巴林银行破产。因此，英国实行了“第二次金融大爆炸”，对于金融监管体制进行了改革，于 2000 年通过了《金融市场与服务法案》，建立起了由英格兰银行、金融服务局、财政部三方分管的金融监管体系。

两次金融大爆炸帮助英国构建了一个开放自由的金融市场，使得伦敦国际金融中心成为世界上国际化程度最高的金融中心，吸引了来自世界各地的企业和金融机构。尽管早在 1983 年英国政府就已经和伦敦证券交易所签署了金融开放的协定，但是三年的缓冲期未能弥补英国本土证券公司缺乏混业经营经验的弱点，因此在第一次金融大爆炸改革后，英国本土证券机构基本都丧失了控制权。不过，开放的金融市场环境大大促进了英国金融业的发展，英国的证券业也实现了复苏。在英国经历两次金融大爆炸的同时，美国则于 2002 年通过了《萨班斯-奥克斯利法案》，使得在美国本土上市的外国企业需要承担额外的成本，结果导致大量企业转向了伦敦金融市场。2007 年，外国公司在伦敦证券交易所主板、专业证券市场及高成长市场的融资家数达到 86 家，总额达到了 290 亿美元，而同年在纽约证券交易所的外国公司上市家数仅有 33 家，总额 140 亿美元。①

英国作为经济实力雄厚的老牌资本主义国家，具有深厚的金融底蕴，这是英国在金融开放过程中具有的先天优势。尽管在第二次世界大战之后，英国的经济相对实力在资本主义世界中有所下降，但是它把握住了重要的机遇，成功地巩固了伦敦国际金融中心的地位。英国金融开放的主要特点就是无与伦比的自由与开放，这使得伦敦金融中心比纽约金融中心更加开放，从而吸引了大量外国企业和资本，为英

---

① 创建一个更加国际化的资本市场——访伦敦证券交易所主席克里斯·吉布森-史密斯（Chris Gibson-Smith）. 中国金融，2008（18）.

国的经济发展提供了助力。

### 4.1.2 美国：在监管—创新的博弈中实现金融开放

美国的金融开放是在金融监管与金融创新的博弈中实现的。

1929年大萧条之后，美国加强了对于金融业的监管。美国国会于1933年通过了《格拉斯-斯蒂格尔法案》，规定银行业必须实行分业经营，而该法案中的Q条例则对银行的存款利率实行了限制。而且本土银行的跨地域经营也受到了限制，这使得国内银行开始积极拓展海外业务。20世纪60年代末，花旗银行最早开始拓展自己的海外业务，从1950年到1990年，美国银行在海外开设的分行从95家增加到了超过1 000家，总资产规模从不到40亿美元增加到了超过4 000亿美元。

第二次世界大战之后的布雷顿森林会议确立了美元作为国际货币的中心地位，但是《利息平衡税法》、自愿信贷控制计划等一系列限制资本流动的措施相继出台，虽然对于抑制美国私人资本的外流起到了一定的作用，但是并没能改善美国的国际收支账户，反而促进了欧洲美元市场的产生。

美国在对资本流出进行限制的同时，对于资本流入则比较放松。随着布雷顿森林体系的崩溃，各国的汇率制度转向了浮动汇率制，美国因此在1973年取消了对于资本流入的限制。事实上，在1978年之前，外资银行在美国可以享受优惠待遇，并且不受美国本土银行的限制，可以实行混业经营和跨州经营。这种对于外资银行的特殊优惠虽然引起了美国国内银行机构的不满，但是也为美国带来了大量的资金，它们为政府赤字提供资金来源，为企业和家庭提供贷款，有利于满足美国国内的资金需求。1978年，美国出台了《国际银行法》，外资银行才开始恢复国民待遇，不再享受特权。

布雷顿森林体系的崩溃导致美国国内的汇率风险和利率风险陡然增加，这迫使美国国内的金融机构开始寻求金融创新的方式来规避风险。除了国际环境变化带来外在风险外，内部市场结构的变化和德、日金融业的崛起也给美国的银行业带来了巨大的压力。一方面，1975年5月1日美国证券交易委员会取消固定佣金制，实施了股票交易手续费的自由化，大大降低了股票交易成本，在激发证券市场金融创新的同时，也使大量的券商、企业等投资者从银行转向了证券市场，导致银行业的客户大量流失。另一方面，德国和日本在国际银行业务上的崛起给美国的海外银行业带来了巨大的压力，而拉美债务危机则使得美国银行业的海外业务遭受了巨大的损失。第二次石油危机之后，美国陷入滞胀，利率管制导致银行陷入危机，资金从银行流向了货币市场。因此，美国的银行业开始积极开展金融创新，诸如浮动利率定期存单、可变利率贷款、货币互换协议等金融工具和金融衍生工具都是在这个时候被创造出来的。

第二次世界大战使美国积累了大量的资本，战后美国的对外直接投资快速增长，而美国也通过各种法律和政策，鼓励和支持海外投资。如1948年美国在实施马歇尔计划时首创的海外投资保证制度，对本国的海外投资者提供政治保险。此外，美国还对于对外直接投资的所得税和关税实施减免。在 1964 年的《利息平衡税法》中也规定对外直接投资不在资本管制之内，不用缴纳利息平衡税。但是，美国对外直接投资的主要对象是欧洲发达国家。从 20 世纪 90 年代开始，美国对于发展中国家的直接投资力度逐渐加大，而外国直接投资的增加则提高了拉美、亚洲等地区发展中国家的生产率。[①]

20 世纪 80 年代，美国启动了全面的金融自由化改革，银行业也积极推动利率自由化和混业经营。1980 年，美国国会通过了《1980 年存款机构放松管制以及货币控制法》，宣布将在 6 年内逐渐实现利率市场化，取消存款利率上限，拓宽银行业务范围，并逐渐废除了 Q 条例。1982 年实施的《加恩-圣杰曼吸收存款机构法》则允许存款机构提供不受利率和存款准备金限制的货币市场账户，大大拓展了储蓄机构的业务范围，提高了储蓄机构的盈利能力。1994 年的《里格-尼尔州际银行业务与分支机构效率法案》的推出，取消了对于银行不能跨州经营的限制。1999 年 1 月，《金融服务现代化法案》的生效实现了美国金融业从分业经营到混业经营的转变，同时也确立了美国双线多头的伞形金融监管模式。

美国的金融自由化改革引发了大规模的金融创新，但是美国的金融监管远远落后于金融创新的进程，到 2008 年金融危机爆发之前，美国对于金融衍生品市场和投资银行的监管缺失［诸如债券担保证券（CDO）、信用违约掉期（CDS）之类的复杂的金融衍生工具并不受到监管］成为金融危机爆发的重要原因。因此，在 2010 年 7 月，美国颁布了《多德-弗兰克华尔街改革和消费者保护法案》，加强了对于金融系统性风险的监管，同时采纳了沃尔克规则，对于衍生品市场进行限制。

从总体来看，美国的金融开放经历了从无序到严格管控到逐渐放松再到金融危机之后又加强管控这四个阶段。在 1929 年之前美国国内金融业是自由而无序的，这也成为 1929 年大萧条爆发的一个重要原因。大萧条之后美国对于金融市场实施了严格的管控，但是对于美国企业的对外直接投资和外资银行在美国本土的业务采取鼓励的政策，这就为国内资本和国际资本的流动提供了余地，从而调节了国内外资金供求。对外直接投资在帮助欧洲国家重建的同时，也输出了大量美元，这也是构建美元体系的必要手段，而对于外资银行的优惠政策则在一定程度上满足了国内的资金需求。布雷顿森林体系的崩溃加上 20 世纪 70 年代的石油危机，给美国的金融业造成了巨大的冲击，迫使美国金融业寻求改变以求生存，这在催生了美国金融业大量金融创新的同时，也迫使美国开始实行金融开放。这个阶段的金融开放一方面是要维持美国金融业的生存，另一方面也是要维持美元体系的存续。在布雷顿森林体系之初的美元荒早已变成美元灾，各国手中持有大量超过需求的美元储备，在美国

① E. Borensztein, J. De Gregorio, J-W. Lee. How Does Foreign Direct Investment Affect Economic Growth? . *Journal of International Economics*, 1998 (45): 115 - 135.

国内金融开放水平不足的情况下，世界各地自然就出现了各种美元离岸市场，这些市场的美元难以受到美国本土货币政策的调控，影响了美国对于美元的掌控能力。美国需要提供一个开放而完备的金融市场，为各国手上的美元储备提供增值保值的投资对象。因此，美国通过“海湾双柱”战略，确立了美元的石油定价权；通过1973年完全放开外国资本流入，取消了各国美元储备进入美国的障碍；通过1975年实现股票交易费用自由化，建立了世界上最大最好的证券市场，为各国美元储备的投资提供了一个完备的平台。通过金融开放，美国才得以构建起如今的债务—美元体系，使输出的美元仍然回流至美国境内，为美国提供消费、生产、投资所需的资金，使各国持有的美元储备仍然为美国自身的经济、金融发展效力。

不过，美国的金融开放存在缺陷。一方面，金融监管没能跟上金融创新的步伐，新型金融衍生产品超出了金融监管的范畴，而大量资金供给也导致劣质金融产品需求依然高涨，从而使繁荣的金融系统下隐藏着大量的系统性风险；另一方面，金融过度自由化也导致了虚拟经济过度繁荣，缺乏实体经济支持的经济体系稳定性不足，容易受到金融系统波动的影响，为经济增长埋下了隐患，成为2008年金融危机的重要原因。美元体系下美国的金融开放使得美国的经济周期更容易被传导到整个世界，而美元的波动则直接影响着以美元标价的大宗商品和金融资产的价格，从而增大了全球金融系统的波动性。拉美债务危机、亚洲金融危机的爆发，都与美联储加息政策造成的外部环境逆转冲击密切相关。美国的金融开放也为政治服务。从二战结束开始，美国就通过马歇尔计划将苏联及其盟国排斥在了自己建立的金融体系之外。至今，美国更是出于政治目的对很多国家实行制裁，将它们排斥在美元体系之外，如朝鲜、伊朗、俄罗斯、委内瑞拉等国仍在美国的经济和金融制裁之下，这使得美国主导下的国际金融体系欠缺包容性。

### 4.1.3 日本：在美国的压力下实现快速的金融自由化

从二战结束到20世纪70年代，日本的金融系统处于较为封闭的状态。二战中日本经济也遭到了严重的破坏，在战后初期它的必要物资极大地依赖于进口。所以，战后日本实施了严格的外汇管制，严格限制资本的跨国流动。而其国内的金融体系则由政府占据主导地位，大藏省行使着金融行政职能。一方面，日本采取护卫舰式的监管，通过监管当局的干预，压低市场利率，保证金融机构的生存，维持金融市场的稳定。另一方面，日本的金融体系中由政府控制的银行占据着绝对的主导地位，对于社会资源进行分配。因此，日本金融体系中间接融资所占比重远远超过直接融资，而主银行制度也逐渐建立起来。尽管战后日本经济高速发展，但日本金融市场的自由化程度很低。严格的金融分业经营和利率管制为日本经济的高速增长确保了大量低成本的资金，但缺乏竞争的金融市场也导致日本金融机构竞争力不足。

20世纪70年代，随着日本经济增速放缓，日本经济和金融体系开始发生变动。

因此，日本的金融开放在一定程度上是存在内部需求的，只是开放过程十分缓慢。这个时期日本经济进入转型期，企业普遍采取减量经营的方式。所谓减量经营，是指企业通过降低生产成本，调整生产结构，提高生产效率，从而提高利润率。企业的信贷需求减少，导致日本从战后始终存在的资本短缺转变为了资金富余。此外，国际化和国债化也使得日本国内金融系统的竞争性增强。从70年代开始日本政府的国债发行大幅度增加，使用传统的手段已经难以消化如此规模的国债，因此大藏省开始逐渐放开国债的流通，允许国债在市场上出售。1968年，日本财政部开始允许外资银行进入日本。20世纪70年代，日本逐步取消了外国投资者购买日本股票、债券的限制和日本投资者购买国外债券的限制。但是由于日本内部的金融管控十分严格，因此美国银行要求可以在日本发行大额存单以增强竞争力。日本政府最终于1979年开始允许日本本土银行和外资银行发行大额存单，从而建立了日本的大额存单市场。1980年日本对《外汇及外贸管理法》进行了修改，确定了外汇交易“原则自由”的政策基调。

从80年代开始，日本在美国的压力下实现了快速的金融自由化。由于日本长期在国际贸易中处于贸易顺差地位，因此美国为了调节自身的贸易收支，要求日本实行金融自由化，并放开汇率的管制。为了督促日本加快金融开放的进程，美国和日本成立了日元美元委员会，就日本的金融开放和日元汇率升值进行协商。1984年，根据日元美元委员会提出的建议，日本和美国签订了《日元美元协议》。协议中要求日本减少对于国内金融市场的限制，主要是要加速利率市场化的进程；扩大欧洲日元市场，放松日本企业发行离岸金融债券的限制；允许国外金融机构进入日本货币市场，放松外国企业在日本发行债券的限制等。这项协议实际上实现了日本资本项目的自由兑换。这大大加快了日本的金融开放进程。之后，日本快速地放宽了对于国际资本流动、国外金融机构的设立和经营范围的限制。1985年，有9家外国银行被允许直接参与日本的信托业务，并有6家外国证券公司成为东京证券交易所的正式成员。1986年，东京离岸金融市场成立。

快速的金融开放必然伴随着隐患，对内的金融管制没有跟上金融开放的速度，造成了政策上的矛盾。日本在1984年的《日元美元协议》中就已经放开了对于欧洲日元市场的利率限制，而日本国内的利率限制则到1994年才彻底放开。1985年日本就允许外资银行在日本从事证券业务，而直到1993年日本实行了《金融体系改革法案》，日本本土的商业银行才能够建立证券附属公司，实行混业经营。由于日本金融开放的进程缓慢，结果导致了金融双轨市场的诞生。由于欧洲日元市场的限制被解除，而日本企业在欧洲日元市场上的发债成本很低，因此日本的大企业更倾向于在欧洲日元市场上发债融资，这导致日本国内发债成本被迫跟着降低，同时日本国内的银行贷款需求也大幅减少。由于逆向选择导致向银行贷款的企业更多的是无法达到发债要求的小企业，而银行贷款的大量减少导致银行被迫寻求新的信贷投资机会，所以高风险的房地产贷款数量大大增加，这导致银行的风险也大大增加。不仅

如此，在80年代中后期，由于日本国内对于小额存款的利率存在限制，对于大额存单的利率反而没有限制，结果企业宁愿将持有的资金投资于大额存单。这种利率管制上的矛盾，加上日本国内发债条件和贷款条件的宽松，都刺激了日本泡沫的产生。

金融泡沫破裂后，日本希望效仿英国，实施金融大爆炸式的金融改革，因此开始推动实现完全的金融自由化。1997年日本通过了《外汇及外国贸易法》，基本取消了二战之后实行的所有外汇管制和资本管制措施，实现了内外资本交易自由化、外汇业务自由化、证券交易自由化，并且废除了对外直接投资的事前申请制度，对外直接投资只需要事后进行备案即可。同时，日本还取消了外汇持有额度的限制，并且外币也可在国内直接进行结算。但是，日本的制度建设上的缺陷也成为金融开放的阻碍。由于日本存在财政投融资制度，邮政储蓄和养老保险公积金的资金往往会被用于向政策性金融机构或者公共事业项目机构提供贷款，这就导致这些机构在市场上要比民营机构更具有竞争优势，从而在利率市场化的进程中更有优势。另外，日本的公司治理制度也不完善。1997年日本爆发了金融危机，大量的企业濒临倒闭，银行持有了大量不良资产。但是，由于企业破产制度不完善，银行在企业濒临倒闭时面临着两难：如果不为企业继续提供贷款，则企业会倒闭，不良资产变为损失；如果为企业提供贷款，则会被视为捐赠而在税收上面临损失。因此，政府往往会伸出援手，让那些本应倒闭的企业继续运营，造成了金融危机的长期化。

总的来说，日本的金融开放进程可以分为封闭式金融体系、渐进式金融改革和全面金融开放三个阶段。在最初的封闭阶段，日本严格限制了金融开放，但是经济仍然保持了17年的高速增长。随着日本经济的转型，国际国内的经济金融环境都发生了改变，对于日本的金融开放产生了需求，但是美国出于改善本国收支平衡和打开日本国内市场的目的，强迫日本快速实现金融对外开放，导致日本金融开放在对外和对内上脱轨。另外，日本的经济虽然高速发展，但是长期封闭的金融体系导致日本的金融制度尚不完善，金融体系的稳定性不足，监管缺失。日本在尚未实现利率市场化的情况下就先实现了汇率自由化，结果在汇率大幅升值的情况下，为了寻求国际支持，导致利率政策也被胁迫。最终，快速的金融自由化虽然在短时间内为日本带来了繁荣和日元地位的迅速提高，但导致了泡沫经济的产生和破裂，给日本经济造成了严重的打击。急于求成的金融开放与不相匹配的制度和政策，是日本金融开放遭受挫折的主要原因。

### 4.1.4 德国：稳健的政策保证稳健的金融开放

德国资本账户的开放经历了一个反复的过程。从1954年开始，德国逐渐放松了外汇管制，设立“自由资本马克账户”。1958年德国实现了经常项目可兑换后，逐渐放松了对于资本流出和对外贸易外汇的限制，并在1959年实现了资本项目可兑换，取消了对于资本流入的限制，但始终没有开放国内的金融市场。德国在二战之前经历过严重的通货膨胀，因此在二战结束之后，德国始终将反通胀作为货币政策的主要目标。由于德国战后经济高速增长，导致德国常年处于贸易顺差地位，固定汇率制度下大量国际资本的流入使德国不得不大量购买外汇，从而造成了严重的通胀压力。固定汇率下开放资本项目导致德国货币政策的独立性受到了影响，降低通胀的政策目标难以实现，因此，尽管德国在1959年就实现了资本项目的可兑换，却始终对资本项目下的流动采取较为严格的管制措施。德国对于国际资本流动的管理采取了灵活的态度，在国际投机资本大量涌入时加强资本管制，增加本国银行接受外国资金和支付的限制，而在国际资本流入减少时减轻管制的程度。因此德国的资本账户开放进程也在1959年之后多次反复。灵活的资本流入管理政策确保了货币政策的有效性，减少了外国资本流入带来的通胀压力，削弱了马克的汇率变动对于本国经济和对外贸易的冲击。德国最终于1981年才彻底放开了对于资本项目的管制。

在德国金融开放的过程中，德国的货币政策始终保持着相当的独立性，始终坚持着反通胀的货币政策原则。反通胀的货币政策确保了德国经济的稳定性，并且减少了德国在金融开放过程中受到的冲击的影响。德国坚持反通胀的货币政策促进了欧洲金融体系的稳定。1973年，布雷顿森林体系崩溃之后，欧洲共同体国家决定使用蛇形汇率安排，将双边汇率波动限制在4.5%的狭小区间内。由于德国始终坚持财政纪律，并把反通胀作为最主要的政策目标，使德国马克币值稳定，逐渐成为欧洲各国货币的低通胀锚。之后形成的欧洲货币体系和欧元区基本都是以德国的货币政策为中心来运行的，而坚持以反通胀为首位的货币政策提高了整个欧洲货币体系的稳定性，除了1992年由美元贬值引发的欧洲货币危机和2009年的欧洲债务危机之外。在欧债危机开始时，德国仍然对于使用量化宽松政策秉持谨慎的态度。

德国的利率市场化改革在发达国家中也是独树一帜，罕见地没有出现银行的大规模倒闭和金融业的大幅度波动。在1959年德国实现资本账户自由化之后，货币当局紧缩政策的有效性就因外资流入而受到影响，国内银行可以绕过利率管制而削弱了利率管制的有效性。因此，从1962年修改信用制度法开始，德国启动了利率市场化改革的进程。1967年，德国全面放松了利率管制，从形式上实现了利率市场化，1973年德国废除了储蓄存款的标准利率制，从而完成了利率市场化改革。在利率市场化的过程中，德国银行业没有像美国那样出现大规模的银行倒闭，这在很大程度上归功于德国的全能型银行制度。

德国金融体系的一大特点是全能型银行在金融市场占据着绝对的主导地位。与英国、美国到20世纪80年代后才取消银行分业经营不同，德国从19世纪50年代开始就一直实行着全能型银行制度。第二次世界大战之后，德国暂时采取了效仿美国的金融管理模式，对于银行业采取了分业经营管理，但是到了50年代，德国又恢复到了战前的全能型银行体系。德国的银行在存、贷款等商业银行业务之外，还可

以从事贸易结算、证券发行等投行业务，为企业提供全面的金融服务。在德国战后的工业化过程中，全能型银行保证了社会资金的调配，帮助德国快速地实现了工业化。在工业化完成之后，全能型银行也可以继续高效地实现资源的合理配置，主办银行制度的存在也有效地减少了银行与企业间的信息不对称。在利率市场化的过程中，银行往往会因为利润率低而被迫转向高风险业务，催生了经济泡沫和危机，而德国的全能型银行业务范围广泛，受到利率市场化的影响较小，从而维持了德国金融体系的稳定。全能型银行制度导致德国形成了以间接融资为主的融资模式，而资本市场和金融市场则始终不太发达。20 世纪 80 年代之后，德国提高了金融开放的程度。1981 年德国完全开放资本项目，并逐渐开放了金融市场，打造法兰克福国际金融中心，成熟的全能型银行体系虽然拖慢了金融市场和资本市场的发展，却也使德国在面临外部金融机构竞争时能够平稳过渡。

从整体上看，德国金融开放的最大特点就是求稳。通过灵活而稳健的开放进程、独立的货币政策以及全能型银行体系，德国较为稳定地实现了金融开放过程。在整个金融自由化的过程中，德国始终将确保国内经济环境的稳定放在第一位，从而降低了金融开放外在冲击的影响。全能型银行的存在是德国金融体系的一大特点。由于全能型银行的业务范围广泛，对抗冲击和竞争的能力强，从而成为德国金融开放过程中维持经济金融稳定的一大支柱。而反通胀的绝对目标不仅保持了德国内部的经济环境稳定，而且辐射到了整个欧元区国家，也在一定程度上提高了德国马克的国际地位。

### 4.1.5 国际经验的借鉴意义

从主要国家金融开放的过程来看，各国在金融开放的顺序、幅度以及结果上都有所差别，而各国的经济、金融实力以及金融体系的结构也对金融开放的过程和结果产生了重要的影响。从各国金融开放的成败来看，有几点是值得注意的。首先，金融开放并不意味着绝对的自由，而是有限的自由。美国在大萧条之前的行业自律与 1999 年重启混业经营后所实现的金融开放是有着本质区别的，前者是混乱而无序的，后者是处于规则约束和机构监管之下的较为健康的金融开放，也是我们应当追求的金融开放的状态。其次，金融开放是经济发展到一定阶段的必然要求，并非任何阶段都应当实施完全的金融开放。日本在发展的黄金时代采取的是封闭的金融政策，而各国的金融开放都是在经济发展到一定阶段或是遭遇发展瓶颈时展开的。此外，金融开放应当打造一个完备的金融平台，英国、日本、美国在金融开放的过程中，都以打造一个产品丰富、开放自由的金融市场为目标，从而达到吸引外资，为本国经济服务的目的。最后，金融开放的过程应当自主自立，循序渐进，而不应为外部因素所胁迫。实行冒进的金融开放反而会对国内的经济金融产生负面影响。

实现金融开放的路径并不是唯一的，但毫无疑问，更高水平金融开放的确对于货币的国际化具有重要意义。从主要货币发行国金融开放的历史经验中可以发现，以下几个关键问题值得深入探讨：

首先，金融开放进程需要按照本国实际情况进行。金融开放是一个双向的过程，金融开放的过程必然会对本国的金融市场造成一定的冲击。因此，按照本国的实际情况，选择合适的金融开放路径，在必要的时候放缓或者加速金融开放的进程才是合理的。德国在资本账户开放的过程中，为了减少大量资本流入对于反通胀政策目标的影响而实行灵活的资本管制措施，从而平稳地实现了资本账户的自由化。而日本的金融开放进程则是完全按照美国的意愿来执行的，结果导致金融政策和开放进程没有匹配，造成了金融开放的失败。

其次，金融开放需要完善而灵活的金融监管体系。金融开放的过程往往伴随着内部的金融创新和外部的资本冲击。对内的金融监管不足，就会导致金融市场不受约束，风险收益失衡，引发金融危机。对外的金融监管不足，就会引发经常账户和资本账户失衡，造成汇率风险。同时，监管太严又会导致金融压抑，资本流向其他国家。美国在金融开放过程中，金融监管没有跟上金融创新的步伐，造成了 2008 年金融危机的爆发。英国则通过第二次金融大爆炸，建立起了开放的兼容监管格局，极大地提高了伦敦金融中心对于外国企业的吸引力。而日本在金融开放的过程中，对内监管和对外开放发生了矛盾，造成了监管政策的冲突，催生了金融泡沫。因此，需要把握好金融监管的度，建立起与金融开放水平相适应的金融监管体系。

最后，金融开放需要成熟的本土企业和金融机构。金融开放程度不足的国家大都缺乏成熟的金融机构，而缺乏经验的金融机构往往难以与国外成熟的金融机构竞争。因此，应当推进金融机构混业经营，提升本土金融机构的竞争力，确保本土金融机构能够承受金融开放的冲击。同时，成熟的本土金融机构也能够在金融开放的过程中，拓展海外业务，扩大对外投资，在提高自身收益的同时，为发展中国家提供资本，实现合作共赢。日本由于长期对金融业实行保护，导致金融开放过程中本土机构缺乏竞争力，银行被迫转向高风险贷款。英国本土证券公司同样由于长期分业经营的限制，缺乏混业经营的经验，导致在第一次金融大爆炸之后迅速丧失了所有权。而美国则始终鼓励支持企业和金融机构对外投资，从而产生了很多具有强大竞争力的跨国企业和金融机构。

当前，随着中美贸易摩擦的升级，加上中国经济进入转型期，中国经济增速放缓，人民币汇率风险也有所增加。而美国政府不断推行美国优先的政策，美国对于全球的公共产品提供逐渐收缩，这不利于全球生产效率的提高，但也为人民币国际化提供了新的契机。中国应当顺势而为，借此推进国内金融体系改革，扩大金融对外开放程度。中国在未来较长一段时间内都仍将处于美元体系之内，因此通过金融开放，实现国内金融市场与国际金融市场的对接，将有利于中国参与、促进国际货币体系的改革。同时，打造高水平的金融开放，一方面可以促进国内金融制度的发展和完善，通过吸引外国资本进入，优化国内金融市场结构，激发经济活力；另一方面有利于向世界输出人民币资本，提供金融交易平台，从而提高人民币的国际地

位，建立以人民币为中心的新型货币体系，既有利于完善全球金融体系，优化全球金融结构，也有利于构建更加稳定的经济金融环境，减少美元体系下的外来冲击。

## 4.2 金融开放与货币国际化：实证研究

### 4.2.1 研究框架和文献简述

在金本位制时代，各资本主义国家之间已经存在一定程度的金融开放。在一国货币成为国际货币中心时，必然需要通过国际贸易、对外投资等方式，实现货币的输出。同时，资本的跨国流动促进了国际贸易，有利于全球经济金融的发展。可以说，金融开放既是繁荣相互影响的桥梁，也是危机彼此扩散的媒介。1929 年的大萧条和随后爆发的世界大战使得资本的全球流动遭到了一定的阻碍，直到 20 世纪 80 年代，全球才又一次掀起了金融开放的浪潮。从总体上看，金融开放对于经济发展和货币国际化是有一定的促进作用的。

从理论上来说，金融开放可以促进国际资本的流动，使资本从发达国家流向发展中国家，从而提高发展中国家的储蓄率，加快发展中国家的资本积累，降低融资成本，促进经济增长，也可以提高资本富余国家的资本回报率，提高它们的国民福利水平。金融开放在吸引外国资本的同时，也会伴随着不少成熟的综合化金融机构的进入。Borensztein 等（1998）认为金融开放可以推动技术扩散以及推广先进的管理经验。Henry（2000a）则根据国际资产定价模型认为外国投资者的加入有利于分担本国的投资风险，从而降低股权投资的风险溢价，有利于资本的增加。外来机构和外来投资者的进入也会增加国内金融市场的供给和需求，使金融市场的竞争更加激烈，有利于实现金融机构的优胜劣汰，并促进国内金融体系和监管制度的改进。Imbs 和 Wacziarg（2003）则认为金融开放对经济增长具有间接作用，有利于生产部门的专业化，从而提高了生产率，不过在对金融开放与经济增长的实证上则存在不同的结果。陈雨露等（2007）通过对已有的文献进行总结，认为金融开放对经济增长的促进作用尚存在争议，而 Kose 等（2006）则认为金融开放对经济增长的直接效应不明显，对经济增长的间接促进作用如促进技术的扩散等才是实际推动经济增长的因素。

金融开放同样会促进货币的国际化进程。金融开放可以促进国内金融市场与国际金融市场的一体化，降低金融交易成本，减少外汇市场上本币与外币的兑换成本，使本国货币更好地发挥计价货币、投资货币的职能。Rey（2001）认为，货币兑换成本较低的国家的货币和对外开放度较高的国家的货币将会成为媒介货币。姜波克等（2005）认为，货币国际化是市场选择的结果，这取决于投资的市场份额、金融市场的发达程度等多种因素。货币的国际化会提高本国货币的国际地位，扩大本国货币的使用范围，反过来也能促进本国的金融开放进程。李瑶（2003）则认为非国

际货币可以借助在周边地区适用范围的扩大，通过推进资本项目可兑换进程，促进本国货币的国际化进程，这反过来也会促进资本项目的可兑换性的提高。

对金融开放的测度分为两大类：基于规则的金融开放测度（De jure）和基于事实的金融开放测度（De facto）。基于规则的金融开放测度主要是基于 IMF 每年发布的《汇兑安排与汇兑限制年报》（*Annual Report on Exchange Arrangements and Exchange Restrictions*）。该报告将一个国家对于外部账户交易的限制分为四个大类：对于多重汇率的限制、对于经常账户交易的限制、对于资本账户交易的限制、对于出口收汇核销的限制。Grilli 和 Ferretti（1995）根据 AREAER 中的二元变量，按照资本管制年数与整体时期的比例构建了新的衡量指标。Chinn 和 Ito（2006）认为 AREAER 中的二元变量不能说明资本管制的强度、资本流动的方向和金融交易类型，也无法区分事实上和法律上对于资本交易的限制，因此构建了 KOPEN 指数。除此之外，还有 Quinn（1997，2003）构建的 Quinn 指数，Miniane（2004）构建的指数等，都是以 AREAER 指数为基础的。

关于基于事实的金融开放测度，Karry 于 1998 年建立了 Capflow 指标，利用资本净流入量和资本净流出量之和与 GDP 的比值作为金融开放的测度。Lane 和 Milesi-Ferretti（2001）则在 Karry 的基础上进行了改进，建立了 Capstock 指标。他们使用资本流入的总量而非净量，因为使用资本存量才能体现出诸如汇率变动对于外汇储备的影响，并将资本存量分为证券投资、直接投资资产、负债等。之后 Lane 和 Milesi-Ferretti（2007）又将对外资本存量细分为五大类：国际证券投资（包括股票和债券）、外商直接投资、其他投资（包括贷款、存款、贸易信贷等债务工具）、金融衍生品和储备资产，并从每一类角度分别考察金融开放程度。Feldstein 和 Horioka（1980）创立了采用储蓄率对投资率进行回归的方法来测度一国资本账户开放程度，因为他们认为实行了严格资本管制的国家，其投资率和储蓄率应当高度相关。但 Obstfeld（1986）发现即使是实行了资本账户自由化的国家，投资率和储蓄率仍然高度相关，这也成为国际金融的一大谜题。Helmut Reisen 和 Helence Yevhes（1991）通过利率平价模型构建了一个利率与金融开放程度间关系的模型。在对金融市场开放的测度方面，Bekaret（1995）将一国股票市场开放时外国投资者将面临的障碍分为三类，包括外资所有权的直接限制障碍、汇率和资本管制措施以及监管和会计环境，通过这三组障碍构建了对股票市场开放的衡量指标。Edison 和 Wornock（2003）以及 Ahearne，Griever 和 Warnock（2004）则利用国际金融公司（IFC）可投资指数构建了度量股票市场开放程度的指数，用一国的国际金融公司可投资指数市值与国际金融公司全球指数作为该国家对股票市场的限制指数。

传统理论对于金融市场开放与货币国际化的关系的讨论较少。从 20 世纪 80 年代以来，金融市场对外开放已经逐渐成为国际金融的发展趋势。金融市场对外开放，可以增加大量的国际股权、债权投资，也有利于本国投资者参与国际金融市场，从而提高本国货币在金融交易、计价中的地位。Hiroyuki 等（2003）在对日元的研究

中认为，日本金融市场开放度提高、消除对以日元计价的债券交易的限制，促进了日元的国际化。Philip Hartmenn（1999）认为，欧元在金融市场中投资货币和外汇交易货币的职能和地位决定了欧元的国际地位。

本节将对股票市场和债券市场的对外开放程度进行分析，主要考虑非居民对本国股票、债券的持有情况和本国居民对非居民股票、债券的持有情况，前者涉及国内金融市场对国际投资者的准入问题，而后者则是对本国投资者参与国际金融市场水平的衡量，除了存量数据之外，也会对流量数据进行分析。数据来源为世界银行、国际货币基金组织、国际清算银行、经济合作与发展组织。

## 4.2.2 外汇储备与金融市场对外开放的统计性描述

从主要货币在世界官方外汇储备中所占比例（见图4-1）来看，美元的比例虽然略有下降，但始终保持在60%以上，牢牢地占据着第一的位置，这说明美元的国际货币地位虽然有所下降，但仍然是当今国际货币体系的中心货币。欧元则排在第二位，虽然与美元有着不小的差距，但与英镑和日元相比有较为明显的优势，这体现了欧元区国家整体的经济实力和在国际贸易、金融交易中的地位。英镑和日元紧随其后，日元的比例在过去近20年中略有下降，英镑的比例则略有上升，二者的比例此消彼长，不相上下。

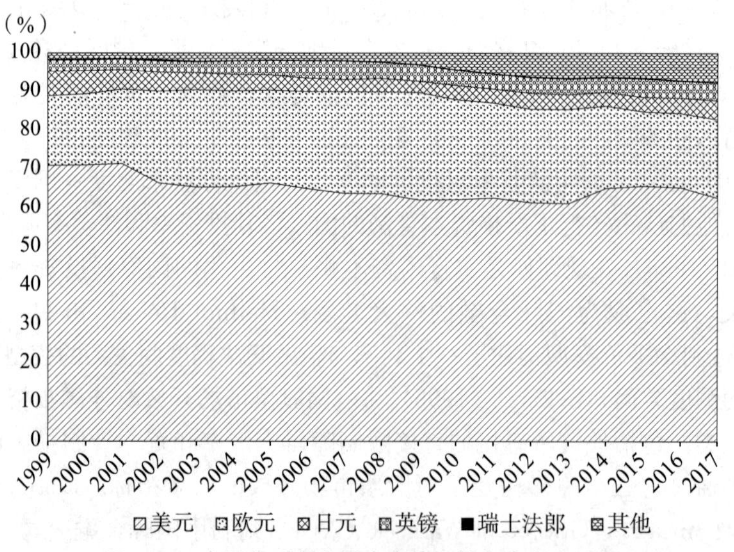


**图4-1 主要货币在世界官方外汇储备中所占比例**

对外股权和投资基金头寸是指本国居民持有的外国非居民发行的股票和投资基金的头寸，属于国际投资头寸账户资产项国际证券投资下，体现了本国对外的股权持有，反映了对于本国居民参与国际股票市场的限制程度。从本国居民持有的外国股票占GDP的比重来看，瑞士的比例最高，英国排在第二，美国、欧元区、日本的比例较低（见图4-2），这与美国、欧元区、日本的GDP基数较大有关。可以看出，在2008年金融危机前后，各国的对外股权持有出现了短暂的下降。但从整个时期来看，各国对外股权和投资基金头寸占GDP的比重有缓慢上升的趋势。

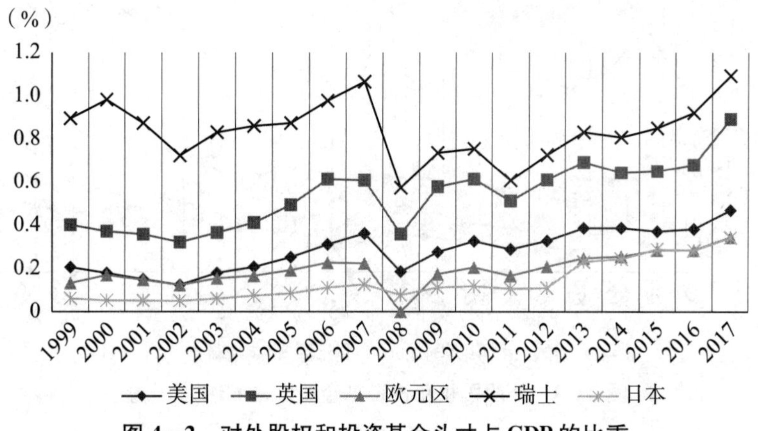


**图4-2 对外股权和投资基金头寸占GDP的比重**

对外债务工具头寸是指本国居民持有的外国非居民发行债券工具的头寸，属于国际投资头寸账户资产项国际证券投资下，体现了本国对外的债权持有，反映了对于本国居民参与国际债券市场的限制程度。瑞士仍然高居第一位，日本位居第三，但在不断的增长中逐渐超过了英国，跃居第二位，这也反映了日本作为世界主要债权国的身份。欧元区位居第四，在2008年金融危机时下降明显，但是之后又增长迅速，开放水平逐渐与日本、英国持平。美国则位居第五，这也与美国早已从债权国转为债务国的身份相符（见图4-3）。

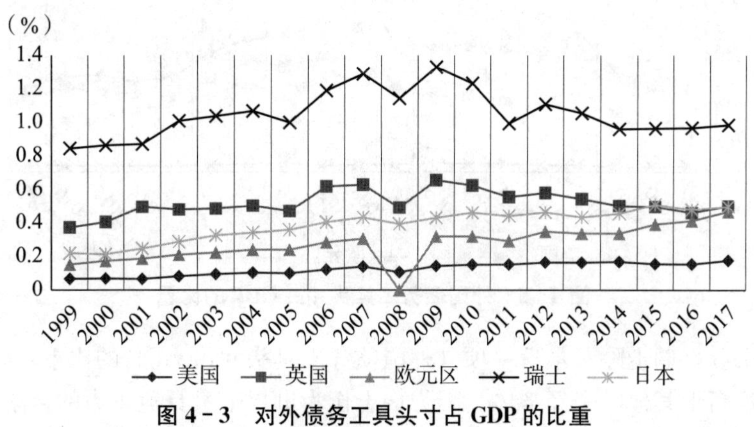


**图4-3 对外债务工具头寸占GDP的比重**

外国股权和投资基金头寸是指外国非居民持有的本国居民发行股权和投资基金的头寸，属于国际投资头寸账户负债项国际证券投资下，体现了外国对本国的股权持有，反映了对于外国投资者参与本国股票市场的限制程度。除了瑞士和英国分列第一、二位外，欧元区、英国、日本的排名此消彼长（见图4-4）。

外国债务工具头寸是指外国非居民持有的本国居民发行的债券工具的头寸，属

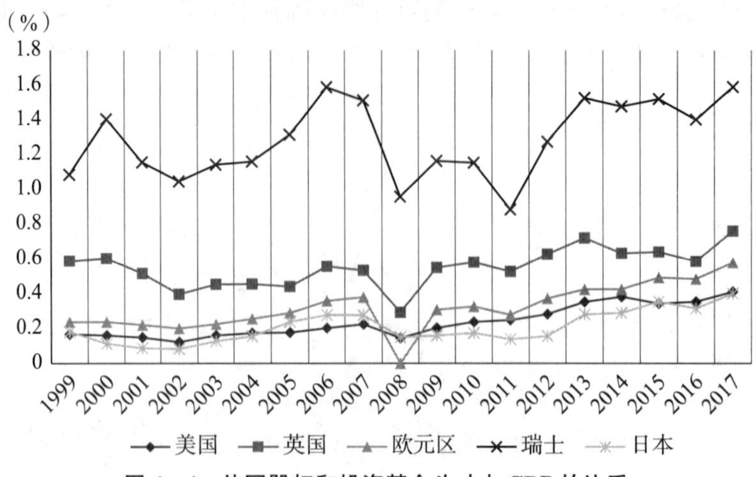


**图 4-4 外国股权和投资基金头寸占 GDP 的比重**

于国际投资头寸账户负债项国际证券投资下，体现了外国对本国的债权持有，反映了对于外国投资者参与本国债券市场的限制程度。在对外负债方面，美国位居第一，英国、欧元区、日本分列第二、三、四位，瑞士最低（见图 4-5）。值得注意的是，在 2008 年金融危机期间，美国、英国、日本的负债水平有所上升，这一方面是因为危机引起经济衰退，GDP 增长放缓甚至负增长，另一方面是因为它们大量发行国债用于筹措资金，以刺激经济。

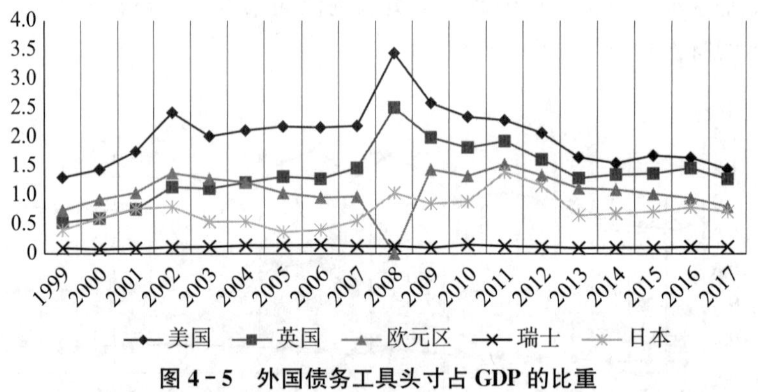


**图 4-5 外国债务工具头寸占 GDP 的比重**

综合来看，瑞士除了最后一项（外国债务工具头寸占 GDP 的比重）较低外，其他三项均远高于其他四个经济体。因为瑞士作为世界上最具竞争力的金融中心之一，长期以来也是作为避税天堂而闻名，金融产业可以说是瑞士的支柱产业。这反映了瑞士金融市场的开放程度之高，也在一定程度上解释了瑞士法郎为何能在 GDP 远远落后于其他三个经济体的情况下，仍能长期成为第五大储备货币。英国在四个项目上基本都排在第二，在对于股票交易的开放程度上优势明显，这是英国自金融大爆炸后奉行开放自由的金融开放政策的结果。而美国唯独在非居民持有的本国发行居民债务证券这一项上，不管是经过 GDP 加权后还是单纯的数量上都远超他国，这反映了美国外债规模较大。

### 4.2.3 金融开放和货币国际化的实证结果：金融市场开放推动货币国际化

我们主要参考 Chinn 和 Frankel（2008）的模型，选取主要货币在官方储备中所占的比例进行 logistic 变换后作为被解释变量，选取货币发行经济主体的 GDP 占世界 GDP 的比重、本地的通货膨胀水平、货币兑 SDR 汇率的变化率、该种货币兑 SDR 汇率的波动率作为控制变量。选取金融市场开放的相关衡量指标作为主要解释变量，主要包括对外直接投资的头寸和流量占 GDP 的比重、证券投资的头寸和流量占 GDP 的比重、国内居民持有的非居民股本债券和债务债券占 GDP 的比重、非居民持有本国居民的股本债券和债务债券占 GDP 的比重。

首先来看直接投资头寸、证券投资头寸对于货币国际化的影响，主要解释变量为国际投资头寸项目中资产项和负债项下的直接投资头寸之和占 GDP 的比重以及国际投资头寸项目中资产项和负债项下的证券投资头寸之和占 GDP 的比重。从表 4－1 的实证结果来看，投资组合的头寸的系数为正，并且在 5%的水平上显著，而直接投资头寸的回归结果则不显著，这说明证券投资头寸在货币国际化中起到了推动作用。这里使用的证券投资头寸相当于本国居民持有的非居民股本、债务债券和非居民持有的本国股本、债务债券的总和，这说明通过股票和债券方式流动的资本是推动货币国际化的关键。

**表 4－1**

| | (1) | (2) | (3) |
|---|---|---|---|
| GDP ratio | 0.986<br>(1.108) | 2.582**<br>(2.163) | 2.849**<br>(2.357) |
| Inflation | −0.009<br>(−0.037) | −0.080<br>(−0.334) | −0.170<br>(−0.685) |
| Depreciation | −0.039<br>(−1.156) | −0.035<br>(−1.056) | −0.029<br>(−0.866) |
| Exrate var | −0.040<br>(−1.468) | −0.021<br>(−0.762) | −0.020<br>(−0.704) |
| FDI position | −0.011<br>(−0.293) | | −0.051<br>(−1.256) |
| Portfolio position | | 0.132*<br>(1.845) | 0.177**<br>(2.217) |
| L. lnshare | 0.623***<br>(7.197) | 0.579***<br>(6.608) | 0.545***<br>(5.959) |

续前表

| | (1) | (2) | (3) |
|---|---|---|---|
| _ cons | −1.041*** (−3.583) | −1.620*** (−3.889) | −1.753*** (−4.092) |
| N | 90 | 90 | 90 |
| $R^2$ | 0.481 | 0.502 | 0.512 |
| Adjusted $R^2$ | 0.416 | 0.439 | 0.443 |
| F | 12.226 | 13.291 | 11.701 |

说明：* $p<0.1$，** $p<0.05$，*** $p<0.01$。

接下来重点讨论证券投资头寸对于货币国际化的具体影响渠道，主要考虑证券投资头寸资产项下的对外股权和投资基金总额、对外债务工具总额，负债项下的外国股权和投资基金总额、外国债务工具总额，同时也加入了外国直接投资的净流量和证券投资的净流量，主要的解释变量为这些项目除以 GDP。

从回归结果来看，负债项下的外国股权和投资基金总额、外国债务工具总额始终是显著的，并且系数始终为正，资产项下的对外债务工具总额在不考虑外国直接投资净流量和证券投资净流量时显著为负，在考虑二者净流量的情况下则不再显著，而外国直接投资和证券投资净流量则始终不显著。这说明与净流量相比，存量数据对于货币国际化的影响更为显著，这一方面可能是因为流量数据波动性强，而且容易出现测量误差，另一方面则是因为净流量的变化不能体现出金融市场上的居民和非居民持有的资产总值，而存量与该国货币的国际地位的关系更为密切。

对于证券投资头寸的各子项目，负债项下的外国股权和投资基金总额、外国债务工具总额体现的是外国对于本国股权和债券的投资情况，体现的是金融市场对于外国资本进入的开放程度，这两项的回归结果显著为正，而对外股权和债券投资的回归结果并不显著，这说明与鼓励对外投资相比，开放金融市场、允许国外非居民参与本国金融市场对于货币国际化更加有效。这可以从两个方面解释。一方面，在货币国际化的过程中，要使外国非居民更多地持有本国货币，除了提高本国货币在大宗商品定价、贸易结算等方面的职能之外，一个极为重要的条件就是能够为他们提供一个本国货币的金融交易平台和交易对象，从而形成本币的循环流动机制。另一方面，国家的外汇储备一般都不是以货币形式持有，而是会到货币发行经济体购买相应的资产，这其中就以债券和基金为主，因此，只有提高金融市场对外开放程度，才能为外国的外汇储备提供投资对象，从而提高外国在外汇储备中持有本币的需求。

## 4.3 更高水平金融开放是人民币国际化的必然要求

虽然货币的国际化是金融开放的重要组成部分，但是金融开放水平也极大地影响着货币国际化的进程。一方面，金融开放可以通过促进经济增长，间接地推动货币国际化进程，另一方面，金融开放本身也对货币的国际化进程具有推动作用，二者相辅相成，相互促进。通过金融开放，可以扩大本国货币在境外的使用范围，提高人民币在贸易结算、大宗商品和金融资产计价中的地位，从而促进本国货币的国际化。本国货币国际化进程的推进也可以为金融开放的深化提供有利的条件。本国货币国际化程度的提高会增加各国对于本国货币作为国际储备的需求，也会使本国金融市场上的资本成为全球金融市场股票指数的必要组成部分，从而推动国际投资机构和证券公司被动地配置以本币计价的金融资产。而随着本国货币国际化水平的加深，其他国家也会有在贸易结算中使用本国货币的意愿，这些也为金融开放的深化打下了基础。

首先，高水平金融开放可以提升以人民币计价的金融资产的吸引力。通过扩大金融对内开放水平，加快利率市场化和汇率市场化进程，推动建成完善的利率和汇率体系，降低以人民币计价的资产的市场风险。通过提升我国的金融对外开放水平，增强国际资本的流动性，降低国际资本流入流出的成本，消除国际资本流动障碍，从而提高人民币资产的吸引力，提高各国央行持有人民币的积极性。在发展、完善境内资本市场的同时，鼓励发展离岸货币市场，保证人民币在境外仍然能够发挥国际货币职能，从而提高国际金融机构持有人民币证券和储备资产的主动性。

其次，高水平金融开放是构建人民币环流体系的必然要求。应通过完善我国的金融市场，提高金融市场深度，增加金融市场的产品种类和数量，从而为全球投资者提供一个稳定、高效的金融投资交易平台，为持有本国货币的境外投资者提供可供投资的资产、债券；通过贸易结算和境外投资等方式实现人民币的输出，使境外投资者和企业可以在我国的金融市场上购买金融产品，实现增值和风险的回避，从而完成人民币的回流；通过打造人民币的国际循环机制，推动人民币的国际化。

最后，高水平金融开放可以扩大人民币在国际市场上的职能范围。金融开放的重要举措是完善适应全球的境外金融基础设施建设，包括完善本国货币的跨境支付系统、跨境清算系统，为境外的本国货币提供完备的金融服务，从而扩大本国货币的职能范围，强化本国货币作为支付货币和投资货币的职能，从而提高国际市场对本国货币的需求，以提高人民币在国际结算、金融交易中的地位。

要继续推进金融开放，一方面要求金融制度的革新，通过推进利率和汇率的市场化改革，以及金融机构的混业经营，建成更有深度的金融市场，另一方面要求完善金融基础设施建设，提高金融服务的效率。通过增大金融对内和对外开放的力度，构建人民币的国际流动体系，提升人民币在国际贸易结算和金融产品定价中的地位，提高人民币的国际化水平。

# 第5章

# 培育高水平开放的微观经济主体

具有创新能力、适应市场发展变化、提供有效供给、富有活力的企业，是确保我国高质量发展和高水平开放的微观基础。本章首先阐述了深化供给侧改革提高企业综合竞争力的必要性和具体路径，指出金融改革开放对实体企业在国际产业链重构中升级具有非常重要的作用；然后强调摆正金融市场与实体经济发展之间的关系，剖析金融“脱实就虚”现象，探讨金融机构如何进行科学治理、运用金融科技来提高服务实体经济的能力；最后分析高水平开放下金融机构面临的新挑战和新风险，提出金融机构加强风险管理的措施和建议。

## 5.1 深化供给侧改革，提高企业综合竞争力

### 5.1.1 供给侧改革是培育高水平开放微观主体的关键

我国经济发展进入了一个崭新的发展阶段，居民收入水平提高、人口红利消失，需践行新发展理念，推动经济发展模式转变和经济结构改革。高水平开放需要强大的微观经济主体作为基础，而强大的微观主体必须具备创新、高效、活力特征，能够拥抱新技术，在全球价值链重构中找准定位，高效配置生产要素，满足国内外不断变化的需求，提高竞争能力和生存发展能力。目前，我国企业的全要素生产率不高，不能满足人民对美好生活的需要，存在资源错配、创新能力弱、活力不旺等问题，必须继续深化供给侧结构性改革，培育强大的微观主体，为保持我国经济中高速稳健发展、高水平开放、实现“两个一百年”奋斗目标夯实微观基础。

*1. 面向市场，满足消费升级需求*

2018年，我国居民人均可支配收入达到28 228元，增速为8.7%，剔除价格因素达到6.5%，快于人均GDP增速。随着工业化、城镇化、信息化的持续推进以及

收入的较快增长，我国进入了消费升级的新阶段，消费层次、消费品质、消费形态发生了显著变化。食品烟酒和衣着等生存类消费占比下降，交通和通信，教育、文化和娱乐，医疗保健等发展、享受类消费占比持续扩大（见图 5－1）。消费需求也从价格敏感型变为质量敏感型。这样的转变导致消费升级与有效供给不足矛盾，突出表现为中低端产品供给大量过剩与高端产品供给严重不足。能否满足消费需求、发挥消费对经济的拉动作用，是直接关系到我国能否跨越“中等收入陷阱”的重要因素。因此，需要进一步深化供给侧结构性改革，使企业生产面向市场，增加有效供给，不断满足城乡居民日益增长的消费需求；通过产业政策、金融支持，促使企业从生产端、供给侧入手，调整供给结构，加大投入，注重品牌建设和创新驱动，实现高质量发展。

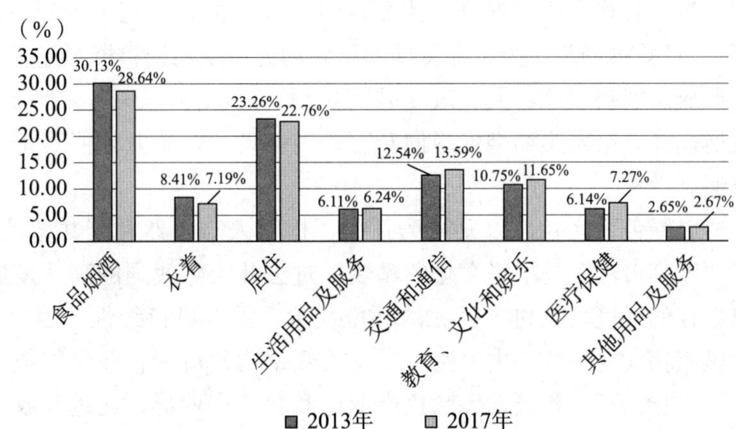


**图 5－1　城乡居民人均消费结构变化**

资料来源：国家统计局。

2. 确立新的比较优势，增强竞争力和活力

加入 WTO 后，中国经济快速发展、“中国制造”在国际上影响力大增很大程度上得益于人口红利。廉价劳动力带来的价廉物美，也是企业主要的竞争力。然而，中国人口结构的变化使企业传统的竞争优势逐渐消失，劳动力成本上涨迫使一些企业倒闭或转移到其他国家。根据 2010 年人口普查资料，一方面，中国劳动力供给日益减少。“80 后”“90 后”“00 后”人口分别为 2.19 亿、1.88 亿、1.47 亿，“00 后”比“90 后”少约4 100万人，“90 后”比“80 后”少约3 100万人。另一方面，中国人口老龄化速度加快，养老负担加重。1970—2015 年中国人口年龄中位数从 19.3 岁快速升至 37.0 岁，截至 2017 年，中国 65 岁以上人口数量约为 1.58 亿，占比约 11.4%。全国老龄工作委员会办公室预计，2020 年中国老龄人口将达到 2.48 亿，占总人口的比例为 17%，而联合国预计中国到 2050 年将有 5 亿人超过 60 岁。劳动力减少、老龄人口增多，不仅给社会经济发展带来巨大压力，还意味着过去 30 年支撑中国经济快速增长的廉价劳动力优势或人口红利逐渐消失。急需深化供给侧改革，

优化要素和资源配置，将资源配置到医疗、养老、高端制造、信息、人工智能等供不应求、有“短板”的领域，通过提高技术贡献率、积累人力资本来提高全要素生产率，确立新的比较优势，提升企业的综合竞争力，不断拓宽企业的生存发展空间，在高水平开放中维持我国经济持续稳定增长。

3. 坚持新发展理念，优化产业结构

科学、合理、协调的产业结构是企业健康发展所必需的外部环境，是供给有效满足需求的必要条件。坚持党的十八大确定的“创新、协调、绿色、开放、共享”五大新发展理念，企业转变发展方式、优化经济结构、转换增长动力就有了正确的道路和方向。

第一，要将创新能力作为新的比较优势。国际金融危机以来，我国面临百年之变局，宏观经济、微观主体都遇到不少新问题、新挑战，也有不少新机会，“苟日新，日日新”，只有将创新作为生存发展的首要动力，主动调整资源配置，加快转换发展动能，形成发展新引擎，彻底改变外需拉动、资源推动、投入带动、政策驱动等粗放型发展模式，培育集约型发展创新驱动内生动力，企业才能真正获得“适者生存”的机遇。

第二，要以绿色为底色、以开放为抓手，构建人与自然和谐共生的产业结构。“天人合一”“顺其自然”是中华文化的精髓，过去几十年我国的高速发展严重破坏了我们赖以生存的环境，支付了巨大的环境代价，没有可持续性。因此，“绿色发展”是中华民族伟大复兴的必由之路。在供给侧结构改革中企业必须强化“绿色生产”，做大“绿色产业”，积极发展绿色产业链和绿色产业群，通过开放推动国际绿色产业链建设，不断引领产业结构的绿色化、集约化、规模化，为高质量开放型经济增添新活力。

第三，要以共享为宗旨，紧密围绕解决民生问题推动产业转型升级。企业要积极响应产业政策，加大投入力度，增加教育、医疗、社保等公共产品供给；充分利用“互联网+”等新信息技术模式，坚持“就业”与“创业”双轮驱动，鼓励创业带动就业，拓宽再就业、灵活就业等渠道，提供更多就业机会。企业在各个产业中组织生产时，尤其要平衡各要素投入，坚持就业优先原则，为建设和谐、共同富裕的美好社会做出更多贡献。

4. 有序推进“三去一降一补”，提高企业效率

供求结构失衡、产能过剩是造成资源浪费、企业低效的重要原因，为了提高企业的资源配置效率，必须完成“去产能”“去库存”“去杠杆”“降成本”“补短板”等供给侧结构性改革任务。国际经验表明，结构性改革是一个非常痛苦、需要久久为功的过程，需要我们有耐心、有壮士断腕的勇气。战略上要坚持稳中求进，审时度势，把握好节奏和力度；战术上要抓住关键点，在重点领域和产业尽快取得成效。

经过政府和企业的努力，“三去一降一补”工作取得了阶段性成效。通过执行环

保标准、安全生产标准、质量标准等，按规则去除不达标产能，工业产能利用率从2016年一季度的72.9%提升至2018年一季度的76.5%。2018年5月末，全国商品房待售面积为5.6亿平方米，相比2016年2月份的库存高点7.4亿平方米，下降了24.3%。BIS数据显示，我国非金融企业杠杆率也从2016年二季度的高点166.8%下降至2017年三季度的162.5%。由于政府大力减税降费、金融机构运用金融科技，企业的税费负担和融资成本明显降低，经济效益回升。

目前，经济仍然存在较大的下行压力，亟须培育、壮大新的经济动力，获得新的国际比较优势，有必要将“补短板”任务上升到更加重要的战略位置，作为未来深化供给侧改革的重点任务，尤其是需要在基础设施、新动能和乡村振兴方面“补短板”。

第一，进一步加强基础设施建设，营造更好的营商环境。通过加快地方政府专项债券的发行和使用进度，盘活财政存量资金，增加国际民生重大项目建设，在铁路、民航、油气、电信等领域鼓励民间资本参与，一方面用基础设施建设带动长期投资，助推产业结构调整；另一方面提供新兴产业发展所需的基础设施，为企业生存和发展营造有国际竞争力的良好环境。

第二，培育经济增长新动能，提高企业的创新能力，使之成为我国新的比较优势。企业要瞄准受制于人的关键核心技术，持续加大研发投入，大力发展高新技术产业，充分利用我国市场规模巨大和社会主义制度能够集中力量办大事的优势，强化市场机制的作用和企业的主体地位，坚持问题导向和目标导向，形成创新成果源源不断推出和持续转化应用的良性循环，使之尽早成为推动经济稳健发展的核心动力。

第三，全面推动乡村振兴，为农业现代化创造有利条件。农民增收难、农业农村投入资金不足、农村生态环境遭到破坏、农村人才短缺等成为制约农村发展和农民幸福的关键问题。乡村振兴是破解城镇化进程中乡村发展困境的根本途径，是城乡协调发展的必然结果。要培育新型农业经营主体，实现小农户和现代农业发展的有机衔接，支持和鼓励农民就业创业，拓宽增收渠道，建立可持续的农民增收长效机制；鼓励城市资金、技术、人才等要素向农村流动，推动城市基础设施和公共服务向农村延伸，补齐农村公共服务建设短板，促进乡村的全面建设，让广大农民学有所教、病有所医、老有所养。

### 5.1.2 以高水平开放助推实体经济转型升级

1. 在开放中促进企业技术进步

技术进步是提高经济发展效率的关键因素。改革开放40年中，我国始终坚持“引进来”战略，对外资开放制造业市场。通过引进先进技术、关键设备以及管理经验，迅速壮大了我国制造业。经过短短几十年的发展，中国不断完善自己的工业体系，取其精华去其糟粕，同时加大自主研发力度，促进生产力的发展，一跃成为世

界重要的工业产品生产国和出口国。我国企业已经在微电子技术、宇航技术、生物工程技术、超导技术等方面具备了国际竞争力，如我国海尔依靠引进全套德国生产线、日本的质量管理体系，经过坎坷的学习和模仿阶段，从濒临破产的青岛冰箱厂发展为世界著名家电品牌。

扩大对外开放意味着更强的鲶鱼效应，国内企业将面临更大的竞争压力。为了生存和发展，企业必须不断加大创新力度，加速从“中国制造”发展成为“中国智造”，助力高质量发展。例如，日本空调曾因掌握变频一拖多的空调技术而抢占中国市场，并且因为想要保持利润率和市场占有率，拒绝将技术出售给中国，迫使格力公司增大研发投入，自主研发，很快突破了一拖四和一拖六的空调技术，现在格力公司已经掌握了一拖两百的领先空调技术，格力也逐渐发展为世界知名品牌。对外开放给国内企业和品牌带来了竞争压力，推动其不断创新，打造中国品牌，其结果是许多企业的市场占有率不断上升，成为行业的领跑者。联想、华为、阿里巴巴、中国移动等均成为全球消费者熟知的品牌。在不断增加的研发经费的支持下，一些自主创新品牌也为中国品牌注入了新鲜的血液，如神舟飞船、北斗导航、中国高铁等都成为中国闪耀的名片。

2. 运用跨国并购发展壮大企业

每一次技术革命都会推动产业升级、国际分工和价值链重构，并购是企业实现资源优化配置速度最快、效率最高的手段。20 世纪 60 年代，随着第三次科技革命的兴起，生产力迅猛发展，第三次并购浪潮达到高峰。据统计，1960—1970 年共发生25 598起并购事件，并且以跨行业并购为主。20 世纪 80 年代，第四次并购浪潮兴起，并且以金融杠杆并购为主。随着经济全球化和一体化的推进，跨国并购与 FDI 成为 1992—2000 年的第五轮并购浪潮的主要特征。据统计，1987 年全球跨国并购额仅有 745 亿美元，1990 年就达到1 510亿美元，2000 年该数额达到11 438亿美元（见图 5 - 2）。

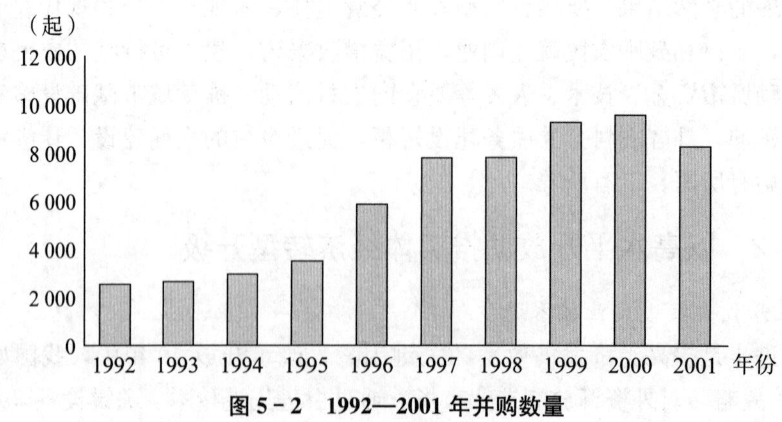


**图 5 - 2　1992—2001 年并购数量**

数据来源：[美] 帕特里克·A. 高根. 兼并、收购与公司重组. 北京：机械工业出版社，2004.

此轮并购浪潮中，并购对象的行业分布相当广泛，其中电信、汽车、医药、化工、石油天然气、银行等进入壁垒高、资产专用性强，并购数量较少，并购金额较大；而竞争激烈、管制放松的行业成为并购最集中的行业。跨国公司的并购动机除了规模扩张外，还包括开拓新市场，提高市场进入效率和控制力，增强协同效应、融资便利和拓展所有权优势等。

在扩大开放进程中，我国企业应该积极运用并购手段，借鉴此前那些追赶型经济体走过的路径，从劳动密集的低成本加工组装，向中间产品、技术密集、资本密集产业升级。近年来，家电、机器人、工业自动化、系统集成，以及新能源汽车、智能物流等领域的企业发起了较多的国内外并购，站在经济全球化视角合理布局产业，并借助并购的协同效应，引进更多的高端自动化、机器人技术，从整体上提升产业价值，争取在全球产业链中占据更高的地位。

3. *在双向开放中优化资源配置*

夯实高质量发展的实体经济基础，提升资源利用的效率至关重要。这就需要充分利用国内外两种资源、两个市场，坚持利用外资和对外投资并重。改革开放之初，我国资本短缺、技术落后、产业竞争力弱，因此特别强调吸引外资，利用国外资金、技术和先进管理经验促进我国自身发展，几乎没有能力进行对外投资。随着我国经济的持续高速发展，出口格局发生了转变，逐渐从以消费品为主转向消费品和资本品并重，促使我国在利用外资时对引进来的外资企业提出了更高的要求，不仅注重资金规模，而且注重引进外资的质量，要求国际投资带来更多的技术创新能力、现金管理经验以及高素质人才。

“走出去”是企业在国际产业链重构中走向中高端的必然要求。在新一轮国际产业链重构中，不少自然资源和劳动力丰富的亚非拉发展中国家非常需要资金、技术和先进的管理，我国与新兴市场国家产能合作的实践表明，企业“走出去”给东道国带来了经济发展的新机遇。尤其是2013年以来，企业加快了“走出去”的步伐，加大了对“一带一路”沿线国家的投资，带动了国内优势产能、优质设备、适用技术输出。对外投资有利于提升企业技术研发和生产制造能力，推动我国产业在全球价值链重构中不断升级，还能产生增加就业、促进贸易、促进经济发展等一系列正外部效应。

贸易规模是衡量开放水平的指标，高质量发展也体现在进出口同步发展上。伴随着生产资料、生活消费结构升级，需要扩大进口规模、提高进口质量。2018年中国成功举办首届中国国际进口博览会，扩大进口范围，大幅降低贸易成本，让更多企业加入国际产业链和价值链中，为企业优化资源配置带来了切实利益。正如拉美社报道所说，在保护主义威胁全球增长之际，规模盛大的中国国际进口博览会为全世界的制造商、服务供应商和生产商打开了巨大的中国市场，中国也借此释放出对自由贸易的信心。

4. 在产业开放中为企业提供均衡、公平的机会

我国的开放是一个渐进的过程，有必要根据经济改革和发展的阶段性需要，确定开放行业、区域和力度，为企业提供均衡、公平的机会，确保高水平开放促进高质量发展。

第一，鼓励外商投资，减少限制，提高制造业开放度。从外资管理的角度看，我国不同行业的开放程度可划分为四类：第一类是禁止外商投资的行业，比如互联网信息、新闻广播、军工等行业；第二类是限制外商投资、限制外资股权比例的行业，比如汽车、金融、电信、能源、电力行业；第三类是对外资限制较少的行业，比如医疗、钢铁行业；第四类是对外开放程度较高、市场充分竞争、参与主体多样化的行业，比如旅游行业。

当前，我国制造业已基本开放，汽车、船舶、飞机等少数行业对外开放仍然受到较大限制，可适当放宽管制，允许外资参与产业中的非敏感环节。军工行业是涉及国家安全与公共服务的重点行业，相关产业基本上由国企控制垄断，禁止外资参与军工相关的武器弹药制造，放射性矿产冶炼、加工，核燃料生产等领域的投资。对此类行业的对外开放均需持谨慎态度，应在保护国家安全和严格监管的条件下，引入先进技术，提升国防水平。

第二，引入国际竞争，提高服务业质量和附加值。受境内外市场规则制度差异、配套法律法规及相关设施建设不到位等的影响，我国服务业对外开放仍处于起步阶段，对外开放程度较低。根据经济合作与发展组织（OECD）发布的服务贸易限制指数，中国快递、商业银行、保险业、电信、广播、电影行业的服务贸易限制水平均显著高于其他OECD成员国，需要加大服务业开放力度，鼓励外资更多进入服务业，通过增加竞争、优化资源配置来提升我国企业开展服务贸易的国际竞争力。

自从加入WTO以来，我国贸易顺差稳步增长，但是服务贸易仍远落后于货物贸易，逆差不断扩大，表明我国服务业的国际竞争力较弱。尽管近年来服务业对外商投资的吸引力有所增加，服务业外资利用规模开始超过第二产业，但是外商在服务业中的投资存在行业、区域结构不合理问题，房地产行业吸引外商投资比例较大，投资多流向东部发达地区。鉴于服务业产值大大超过制造业，已成为我国经济的主要产业和新的经济增长点，需要进一步扩大服务业特别是金融业对外开放，培育一批服务业龙头企业，提升服务业附加值，提高服务质量。

第三，各产业、各地区扩大开放时应坚持内外开放均衡。由于历史原因，我国的市场开放不均衡，突出表现为某些领域对外开放度高于对内开放度。在改革开放初期，某些资本、技术密集型行业，为了以市场换技术，往往选择首先对外开放，以对外开放带动对内开放。例如，在经济特区、保税区、出口加工区，实施招商引资，对外开放程度高于对内开放程度。然而，为了进行高水平开放，必须扭转这种不对等的局面，因为扩大对内开放是扩大对外开放的前提和基础，国内市场规模和一体化程度决定了对国外投资者的吸引力，直接决定了对外开放的效益。当前，我国在汽车、金融、高端服装、能源、建筑设计、医疗、教育、电信、互联网、新闻出版、广电、快递等领域还存在很大的开放空间。在扩大对外开放的过程中，一定要加大对内开放力度。可考虑对内开放优先于对外开放、优先开放市场化行业、慎重开放关键敏感行业。

平衡对内开放与对外开放，还需解决部分国企的非商业垄断优势问题，应坚持国有和民营经济一视同仁，平等对待大、中、小企业，逐渐尝试开放国有企业垄断行业，引入市场化竞争，推动国民经济协调、高质量发展。

### 5.1.3 以金融改革推动企业在国际产业链重构中升级

1. 在国际产业链重构中确定产业升级重点与目标

当前全球正在经历新一轮技术变革，人工智能、清洁能源、机器人、量子信息、虚拟现实以及生物等技术不断迭代升级，并逐渐渗透于经济社会各个领域。这些高新技术不断产业化运用，孕育出新兴产业，同时改造升级传统产业，不断催生出新的业态，新一轮技术变革正在引发新一轮产业革命。随着国际产业分工专业化程度的提高，任何一个国家都很难在产业链上的每一个环节都具有绝对优势。通过国际产业合作实现生产要素在世界范围的自由流动、优化组合，各个国家集中优势生产要素发展具有绝对竞争优势的产业和价值链环节，可以大幅提高劳动生产率。新一代信息通信技术正对全球产业技术和分工格局产生革命性的影响，给中国制造业带来新的挑战。推动经济高质量发展，要把重点放在推动产业结构转型升级上，必须在推动产业结构转型升级方面寻找突破点，做大做强实体经济。要更加重视发展实体经济，把新一代信息技术、高端装备制造、绿色低碳、生物医药、数字经济、新材料、海洋经济等战略性新兴产业发展作为重中之重，构筑产业体系新支柱。

2. 健全金融功能，加速产业升级

金融发展与产业升级相互促进、相辅相成。金融发展通过收入效应和替代效应促进产业发展；产业结构升级通过直接改进金融发展机制和创造巨大的财富推动金融发展（Jeanneneyatel，2006；Greenwood，2013）。众多学者通过研究认为，世界历史上在几次技术革命中崛起的国家都离不开金融体系的支持（Sylla，2002；Bagehot，1873；Hicks，1969）。实体经济的发展离不开金融的支持和保障，金融是实体经济发展的血脉，两者是利益共同体，一荣俱荣，一损俱损。高效的金融市场是产业升级的推动力，能够通过激发企业家精神、提高资源配置效率、促进技术进步（King 和 Levine，1993；Beck，2000；Levine，2000；Levine，2005）等重要功能，从供给端推动产业结构转型（Baumol，1967；Ngai 和 Pissarides，2007；Acemoglu 和 Guerrieri，2008；陈体标，2007，2008）。合理的金融结构是产业升级的加速器，不同的金融产品（市场），如信贷市场、股票市场、债券市场，所承担的功能各有侧重，适应产业发展的不同阶段。健全的金融功能是技术进步的必要条件，制造业的技术创新可分为研发阶段、转化阶段和产业化阶段，企业在这三个阶段均

离不开金融的支持与驱动，而且不同阶段存在的风险和资金需求各不相同，只有健全的金融功能才能满足技术创新不同阶段的需求。

3. 以金融改革开放更好地满足国际产业链重构要求

当前我国经济已由高速增长阶段转向高质量发展阶段，实体经济迈入了转换动能、调整结构和市场变化的新时期，但事实上我国金融业开放程度远远落后于实体经济发展的需要。金融对外开放与对内开放并重是我国金融业发展的必然选择。坚持金融双向开放，促进金融发展服务产业结构转型升级，引导制造业参与全球产业链重构，对于推动经济高质量发展具有重要意义。

第一，建立和完善不同层次的金融市场。第四次技术革命是以人工智能、清洁能源、机器人技术、量子信息技术、虚拟现实以及生物技术为主的全新的技术革命，将会使整个经济社会的产业结构、产品市场、商业模式以及消费方式发生颠覆式的变化。新兴产业企业发展划分为种子期、创业期、成长期、成熟期和退出期。企业在不同发展阶段需要不同的金融支持，不同金融资金对企业所处时期的偏好也有所差异。我们需要健全金融市场，满足新兴产业不同时期的金融需求。种子期的企业正在进行产品的研发和创新，资金需求量较大，投资风险较高。这种不确定性造成了资金需求者和资金供给者之间严重的信息不对称，导致普通社会资本望而却步，不敢投资。如果这一问题得不到有效解决，将导致一个国家的科研成果难以转化成商业优势，产业失去核心竞争力。创业期企业产品产量少，市场定位、客户群体以及市场营销模式都存在极大的不确定性，面临较大的市场风险，因此需要政府的财政支持以及风险资本的投入。成长期企业的市场份额和销售量急剧扩张，财务状况好转，企业此刻需要大量的资金扩大生产，能够比较容易地获得银行贷款支持，同时也可以在资本市场寻求直接投资，如发行债券或直接上市融资。为满足企业不同时期的金融需求，应该不断健全金融市场功能，建立和完善不同层次的金融市场结构。

第二，创新金融产品，解决“轻资产”产业融资难问题。新一代信息技术、高端装备、新材料、生物智能、新能源汽车、节能环保和数字创意等战略新兴产业中的高科技公司大多为中小企业，正处于生命周期中的种子期和创业期，需要大量资金投入公司研发，但是较高的研发风险和产品市场化风险常常使其面临融资难、融资贵等问题。为促进科技型企业的发展，我国需结合间接金融占主导地位的现实情况，注重金融产品与服务等方面的创新；发展完善知识产权质押贷款、投贷联动和供应链金融等新兴金融业态，为新兴产业服务。种子期和创业期的中小企业产品成熟度不够，财务状况较差，难以达到银行平时的贷款要求，知识产权质押贷款为缺乏固定资产但具有一定知识产权优势的科技型中小企业拓宽了融资渠道。我国需尽快完善相关的法律法规，建立起成熟的知识产权交易市场，推动知识产权质押贷款业务的发展。商业银行可自行成立一个具备投资功能的子公司，在向企业投放信贷的同时，通过子公司对企业进行股权投资；商业银行也可寻求专业的风投机构进行

合作，共同开展投贷联动业务。供应链金融主要服务于处于成长期的科技型中小企业，这一阶段的中小企业已经很好地融入一条完整的供应链中，供应链金融可以基于科技型中小企业与核心企业之间的物流、信息流和资金流等信息，减少企业和银行之间的信息不对称，有助于缓解中小企业的融资困境。

第三，加大政府扶持力度，支撑传统产业转型升级。第四次技术革命除了开拓互联网、大数据等新技术领域外，还需运用信息技术改造提升传统产业，即传统领域的信息化、智能化、绿色化改造。信息技术的发展使传统产业从产品到生产方式都发生着深刻变化，传统产业创新驱动、转型升级、迈向中高端迫在眉睫。目前传统产业转型升级缺乏市场动力，当商业性金融机构无法为未上市企业提供融资贷款支持并承担相应风险时，政府性融资将成为促进产业发展的有力杠杆，为企业进行科技创新提供了资金保障，对经济转型起到了积极作用。当国家优先发展某种产业时，政策性融资通过投资工具来调整产业发展中的资金流通数量，为企业成长营造有利环境，并且借助差异化的投资收益，引导社会资本走向、鼓励产业发展。因此应该加大政府扶持力度，发挥政策性融资的引导作用，通过国家开发银行、政府投资基金、国家融资担保基金的作用，实现政府和市场的有效结合，通过直接融资方式、市场化运作，投资于促进工业转型升级的项目和技改工程。

第四，扩大对外开放，加强国际合作。国际产能合作是推动全球产业结构调整升级、优化全球产能空间布局的重要途径。"一带一路"倡议为加强国际区域产业合作提供了千载难逢的机遇与平台，沿线国家资源禀赋不同、产业结构互补，合作发展的潜力巨大。全球产业链的合作要求金融领域也要建立国际协调合作新机制。随着"一带一路"倡议和全球产能合作等的提出，中国企业大规模"走出去"整合全球资源，中国正在积极参与全球治理与金融合作。

推进国际产能合作是保持我国经济中高速增长和迈向中高端水平的重大举措，但是国际产能合作项目大都属于资金密集型行业，投入大、周期长，企业融资能力直接决定国际市场竞争力。国际产能合作的重点国家往往是亚非拉新兴市场国家，优惠的融资条件往往是合作项目成败的关键。在国际产能合作的推进过程中，要发挥金融支持的作用。国际产能合作项目通过吸引专项基金的介入，可以获得稳定的资本金来源，并调动和引导其他渠道的资金，形成多层次的融资支持体系。当前，国内多层次、宽领域的支持国际产能合作基金已经形成，但是推进国际产能合作是产业资本全球化配置的过程，需要利用好全球资源，进行各国间的协调配合。首先是推动人民币国际化，鼓励国际产能合作项目使用人民币结算，充分发挥 CIPS 的作用，发展人民币离岸市场，为国际产能合作提供强有力的货币支持。其次是推进多层次资本市场建设，探索设立国际产能合作版块，鼓励开展国际产能合作的企业进行有针对性的直接融资支持，稳步提升我国企业融资能力。同时，与亚非拉和东欧地区主要国家共同完善当地金融市场，为当地的合作项目提供直接融资支持。

"一带一路"倡议涵盖亚非欧三大洲近 70 个国家和地区，沿线各国的生产要素

和资源禀赋情况各不相同，通过产业合作，可以实现生产要素流通互动、产业链环节有机衔接、产业优势互补，共同提升产业效率和社会福利，完成产业结构从低端到中高端、从规模速度到质量效益的转型，“一带一路”是必经之路。“一带一路”不仅有利于扩大我国传统产业转型的迂回空间，而且可以通过与全球大跨国公司共同开拓第三方市场，培育壮大新兴产业，还可以通过提高有效供给来催生新的需求，改造提升传统产业，实现世界经济再平衡。

## 5.2 提高金融市场服务实体经济的能力

### 5.2.1 摆正金融市场与实体经济发展的关系

1. 明确界定实体经济与金融市场的内涵

“实体经济”通常是指除了金融业之外的生产与服务行业。自次贷危机之后，美联储反复强调“实体经济”的概念，这个概念最初指的是民用普通领域，之后随着研究的进一步深入，除核心能源领域、房地产和金融业之外的领域，都可以被称为“实体经济”。在我国，“实体经济”保留了与国计民生相关联的内涵和外延，不包括要害部门和尖端领域的产业，是国民经济最广泛的构成。房地产由于具有比较显著的金融属性，因而横跨实体经济和金融范畴。

金融市场汇聚了金融机构的所有活动，对实体经济发展具有极其深远的影响。财富的价值、企业的运行以及经济的走势都直接取决于金融市场的表现。作为现代经济的核心领域，金融市场的发展是建立在实体经济的基础上的，脱离了实体经济的金融业繁荣只是泡沫，终会有破灭之时。处理好实体经济与金融业的关系已经成为各个经济体关注的焦点。正确认识实体经济与金融的界限，摆正二者的关系，促使两者协调发展，对经济的健康可持续发展极其重要。

2. 金融是实体经济高效发展的助推器

第一，金融业会对决定实体经济发展的市场环境产生重大影响。实体经济的发展与外部诸多宏观环境和微观因素有关，而这些因素中社会资金总量、资金流通速率、融资困难程度等重要指标都是直接取决于金融市场的发展水平，这些由金融市场决定的外部因素会深刻影响和改变企业的运营发展状况。在健康的金融市场与实体经济关系中，资金流动的情况可以反映实体经济各个主体与部门的实际需求与运行方式，金融市场起到了配置的作用。但金融市场发展到高级阶段后，金融投机也会不可避免地存在，金融投机本质上就是一个将金融市场与实体经济市场主体剥离的过程，这个过程会造成实体经济贫血、发展不良，而金融在投机操作的参与下过度膨胀。在发展以金融为代表的虚拟经济的过程中，各种形式的虚拟资本最终都应该落实到满足实体经济对发展资金的需求上，这样金融才能发挥实现社会资源最优化配置的作用，促进实体经济高效运行。

第二，实体经济的高效发展需要大量的资金作为基础，需要金融市场满足融资需求。实体经济在运转的过程中，资金的流转以及扩大再生产都需要占用大量的资金，如果仅靠自有资金积累会极大地阻碍发展进程，因此金融也是一个重要的资金“输血”手段。常见的途径包括向银行等金融机构贷款，以及发行债券、股票等有价证券进行融资。金融市场中多元化筹措资金的手段和工具，在为实体经济的发展提供强劲续航动力的同时，也在一定程度上分散了实体经济发展过程中的各种潜在风险，利用资金的高效流转促进了实体经济发展速度和效率的提高。

第三，实体经济的发展水平受金融市场发展程度的制约。在闲置货币的资本化、生息资本的社会化、有价证券的市场化、金融市场的国际化、国际金融的集成化这些不同的金融市场阶段，其对实体经济产生的影响不同，发挥影响的内在机制也不同。不同发展程度的金融市场以不同的方式引导实体经济发展的规模、速度甚至走向，实体经济的发展很难超越金融业所处阶段，也就是说金融业每向前发展一步，就会对所在市场的实体经济产生更深远的影响，实体经济在更高一个阶段的金融市场的引导下，通过自身资本流转模式与金融市场的适应，向更高阶段发展。

3. 高质量的实体经济是金融市场健康发展的保障

第一，金融市场发展所需要的一切资本最初的来源都是实体经济。实体经济作为金融业的物质基础，为金融市场发展提供了资金来源以及进一步发展的可能，因此金融市场无法离开实体经济独立发展，脱离实体经济的金融行为是没有意义的虚假繁荣。金融市场本质是由实体经济的发展衍生出来的，因此金融从发展之初就是根植于实体经济，也是面向实体经济进行协调发展。病态膨胀的金融业对于实体经济的负面影响是巨大的，尤其是一些具有巨大的杠杆效应的金融衍生品，其潜在风险以及不确定性都是直接加诸整个经济社会环境的，发挥不了真正支持实体经济的作用，但泡沫破裂带来的社会经济动荡与危机都会直接反馈给实体经济。现代金融业发展到今天，高度的自由化与国际化使金融虚拟化进程进入加速轨道，因此金融市场的风险更容易产生广泛和严重的损害。

第二，实体经济是金融业发展的方向。因为金融业发展的最终目的是满足实体经济的各种资金融通需求。实体经济在向着更高的阶段发展的过程中，对金融市场的需求也在发生着变化，为了适应这种变化，在服务实体经济的过程中使自身得到实质性的发展，金融市场必须在适应以及促进实体经济发展的方向上不断升级。

第三，实体经济是金融市场的发展程度的试金石。金融市场是否存在漏洞、是否成熟、发展程度是否与经济社会发展匹配都是可以通过实体经济检验出来的。金融在为实体经济服务的过程中，通过实体经济的发展，促成了自身的进一步成熟。所有架空实体经济的金融业都会因其巨大的风险最终导致破产甚至更大的危机。

第四，金融开放的前提是中国金融机构的稳健发展，而只有通过服务实体经济，金融机构才能稳健发展。为提升我国经济增长的质量，适应国际经济金融发展的趋势，形成全面开放的新格局，我国有必要深化金融开放，但金融开放的过程中不可

避免地会遇到新的风险和挑战，这就要求国内金融机构具备事先抵御和化解金融风险的能力，能够稳健而高效地发展。实体经济是金融发展的出发点和落脚点，只有通过服务实体经济，金融机构才能稳健发展。

4. 推动实体经济与金融市场和谐发展

第一，统筹兼顾，避免顾此失彼。正是由于实体经济与金融市场彼此独立又相辅相成，因此在处理实体经济与金融市场发展问题的时候两手都要抓，并且要本着一视同仁的态度对两个方面都给予充分的相当的尊重。任何顾此失彼的处理方式都会反馈给另一个主体，最终导致一损俱损的结局，伤害经济社会的良性运行和发展。而金融市场与实体经济的强烈的依存关系，都使得无论是在宏观经济的部署上、战略的规划上、相关资源的配置上还是具体发展举措上，都要做到统筹兼顾，只有站在全局高度进行统筹规划，才能做到有效平衡，和谐统一，相互促进而不是相互制约。

第二，推动实体经济和金融均衡发展。市场长期发展的实践经验已经证明，金融市场与实体经济无论是发展规模、发展速度、发展阶段还是所占比例与相互关系，都只有相互协调均衡发展，才能够最大化地相互促进，因此只有均衡的金融市场和实体经济才有可能共同构成良性健康的经济结构。

第三，妥善解决二者之间的矛盾，防范产生泡沫和金融危机。虽然二者总体上相辅相成，但金融市场和实体经济终究是两种截然不同的经济形态，在很多情况下都会出现两者之间的对立和矛盾，这种对立和矛盾都是局部的、阶段性的。无论是金融市场单方面脱离实体经济畸形膨胀，还是实体经济试图闭门造车独自发展，都会形成泡沫甚至大规模的危机，只有在协调一致的原则下，才能够妥善处理这些局部暂时的矛盾，遏制经济泡沫的产生。

### 5.2.2 金融服务实体经济发展的现状及问题分析

1. 金融服务实体经济的协调性整体评估

如果金融能够满足实体经济发展的要求，也就是两者能够相互协调，那么二者之间相互促进的作用就强。相反，如果金融服务实体经济不到位，二者之间不协调，金融发展落后于实体经济需求，或者金融发展超前于实体经济需求，就可能相互遏制甚至相互损害。通过对金融市场与实体经济的标志性指标进行分析，找出其内在联系的方式及程度，就可以深入分析二者的协调程度。总体上看，现阶段我国金融发展与实体经济处于一个协调性不断上升的过程。

第一，金融市场对实体经济的支撑能力在不断加强。我国的金融业起步较晚，在政策不断完善与变化的过程中，为了防范系统风险对经济造成不可逆转的损害，政策上一直有所限制，由此金融业长期滞后于实体经济的发展，因此在推动实体经济的发展上能力不足。对金融行业的一步步改革和开放，尤其是利率市场化等重大举措的实施，极大地发挥了金融市场的自主性，推动了金融业的进一步发展。金融

业不断放开的过程中，大规模金融波动对我国金融市场的冲击越来越明显，由此也进一步影响到实体经济的发展。但在经历各种金融危机和多次波动的考验后，金融市场泡沫逐渐被挤出，金融和实体经济的协调性得以进一步提高。

第二，从细分的金融行业角度看，我国目前与实体经济发展协调程度最高的是银行业，其原因在于我国的银行业发展较其他金融行业早，虽然在改革开放之后银行业的各种重大限制才不断放开，但事实上我国实体经济市场化改革也是从那时开始，然后才逐渐形成与建立的，因此共同成长的银行业和实体经济之间表现出较为协调的关系。但我国的经济体制改革程度领先于金融市场的改革，在实体经济充分发展的阶段，银行业的发展明显滞后，在某些阶段，比如中国加入 WTO、实体经济快速发展的情况下，银行业与实体经济的协调性增长放缓甚至停滞，但在实体经济发展进入平台期、银行业改革进一步深入的情况下，我国银行业与实体经济总体协调程度较高。而证券业、保险业等行业在我国的起步远远晚于银行业，尤其是证券市场目前还存在大量不规范的状况，对实体经济的支持作用很有限，也不能反映融资实体的运行状况和实际资金需求。保险业的基础薄弱，处于一个比较初级的发展阶段，整体规模与质量都较低，因此无论是证券业还是保险业都与实体经济发展的协调程度较低。

第三，从实体经济产业角度看，金融市场与各产业的协调程度不尽相同，原因在于产业形态的不同导致其融资需求不同，因此金融市场对不同产业的促进程度也不相同。总的说来，我国金融市场与第一产业的协调程度较差，与第二产业的协调程度一般，第三产业由于起步晚、融资需求较小，因此与金融市场有较高的协调程度。我国的第一产业长期处于传统农业的发展模式，其发展主要依赖于自有资金，其扩张能力与速度都有限，因此对于金融业依赖程度不高，而我国的金融业对农业的服务也存在大量的空白和盲区，对农业发展的重视程度不够。因此在金融市场步入发展的快车道时，农业仍然处在从传统农业向现代农业的艰难转型期，第一产业与金融发展的协调程度是很低的。在金融进入现代金融的快车道而农业转型滞后的情况下，这种金融市场与农业经济发展极不协调的状况持续了一段相当长的时间。虽然国家对农业产业化以及农业金融扶持的重视程度在不断加强，但我国的金融经过一个阶段的加速已经出现了过度虚拟化的倾向，而第一产业的利润率提升缓慢，且风险程度较高，因此与金融业之间一直处于一种不协调的状态。第二产业是一个严重依赖于金融市场的产业，我国第二产业在改革开放之后井喷式发展，对于资金的高要求与高回报率，以及几乎一致的发展阶段，使金融市场与第二产业的协调性明显高于与第一产业的协调性。但随着我国近年来过度金融化倾向的加重，以股市和房地产市场为代表的虚拟经济泡沫逐渐增大，大量资金撤离实体行业，导致了实体经济发展受阻甚至产业空心化，因此虽然我国金融市场与第二产业先天协调性较高，但二者的发展由于金融泡沫的存在呈现出协调性降低的趋势。我国第三产业则是在第一二产业发展的基础上产生的，金融服务本身也是第三产业的重要部分，由

于其融资需求较小，而且融资来源较多、渠道灵活，因此金融市场与第三产业有较高的协调性。

2. 金融市场与实体经济发展不协调的原因分析

目前我国金融市场与实体经济整体协调程度不高主要源于金融市场与实体经济两方面，金融市场方面存在过度虚拟化、潜在风险较大以及金融服务体制滞后等问题，而实体经济发展的结构性矛盾以及失衡、转型过程中增长乏力等问题也直接影响了金融市场与实体经济的协调发展。

第一，金融市场存在一定的泡沫，阻碍了资金流入实体经济。我国城镇化的快速发展推动了经济的货币化，导致了一定程度的货币超发，而且过度虚拟化与货币化带来的宏观环境，在挤压实体经济生存空间的同时，也引发了系统性金融风险。在这种形势下，泡沫蔓延到金融行业的各个方面，比如理财产品的泡沫化等，种类繁多、结构复杂、相互渗透的理财产品以及资金池背后，大量金融产品无法实现独立的成本核算及规范管理，也给监管带来了巨大的风险。

金融领域的泡沫也影响到实体经济，比如房地产的金融属性被炒作者过分强调，而自然属性被极大压缩，导致持续的房地产投资过热，住房刚需却难以得到满足，这种金融泡沫已经沉重地打击实体经济的发展，正逐渐成为社会经济运行的重大隐患。

第二，金融市场发展不均衡，不能有效满足实体经济的需要。我国的金融市场目前仍然以银行业为主，而银行业又以国有、集体股份制为主。在银行利率受管制的年代，这种金融结构使私人资本运行与融通比较困难，优质的实体经济产业基本由银行资本参与，而私人投资空间被压缩。虽然以银行业为代表的金融行业占据规模上的优势，但其制度长期滞后于实体经济发展之需，成为二者协调发展的瓶颈。比如我国长期存在的信贷歧视就是信贷市场落后造成的，这导致私营企业与集体企业的融资取得不够畅通，而占绝对比重的国有与集体股份使金融行业受政府的影响较大，市场上的资金融通需求也无法及时、准确地反映到金融市场上。随着金融市场的放开，这种情况得到了一定程度的缓解。但同时，金融市场内部治理不科学、程序及信用制度建立的滞后等问题带来的风险却传递或转嫁到实体经济。加之我国证券市场更加不成熟，从而矛盾表现得更加典型且尖锐，制度供给缺失导致的股市乱象非常严重，以至于股市表现甚至脱离了实体经济的发展。虽然从改革开放之后金融体系与实体经济的改革完善步伐都在不断加快，但整体的金融制度还是落后于实体经济的开放程度。目前，这种由历史原因及外部因素共同造就的金融市场，在促进实体经济的增长上还有很长的路要走，无论是落后于实体经济的信贷市场还是对实体经济已经造成潜在甚至现实危害的证券市场，目前在有效加速实体经济的发展方面均远未达到应有的水平与程度。

第三，实体经济的结构性矛盾、非均衡发展制约了金融市场发展。我国很长一个时期内国有经济、集体经济与私营经济的发展是不平衡的，国有经济总是更容易以低廉的价格获得相对充足的资金，而非国有经济获得融资的门槛则较高，融资成本居高不下，这就导致了国有企业在发展与扩张上更具优势，而非国有企业的资金支持不足。这种非均衡发展的格局不利于经济活力的增强，也对实体经济整体发展造成了损害，对实体经济与金融市场的协调发展是不利的。

由于历史原因，目前我国多数投资仍然采取比较粗放的模式，市场精细化调节的作用并没有完全发挥。比如我国巨额投资多由各级政府主持，这些投资在天然倾向于国有或者集体企业的同时，无法高效发挥市场作用使资金流向效率较高的部门。因此某些部门在获得预期需求与能力不相匹配的资金之后并不能最高效地发挥资金的作用，这就导致经济高速增长而结构性矛盾突出，金融市场的精细调节功能失效，粗放的模式拉低了实体经济运行效率。在金融体制深入改革的今天，民营企业的融资仍然很艰难，尤其是初创阶段的民营企业、个体经济与三资企业。即便是一些能够高效利用资金的实体经济市场主体，也往往要通过缓慢的自有资金积累以及高风险高利率的民间借贷来完成融资，这就导致提供了最多就业岗位的部门无法得到资金支持。

第四，金融市场发展不成熟，优化配置资源的能力较弱。我国金融体系以银行为主导，垄断性较强，无论是资产规模、融资渠道还是存贷款数额，国有银行长期盘踞顶层，与全国性股份制银行以及地方商业银行一起占据了几乎全部金融资源，这就导致了金融资源的市场调节失灵，金融资源的价格偏离市场供求较远。虽然目前金融监管政策较为宽松，利率市场化改革也基本完成，但由于各方面因素的影响，金融改革进程仍然不太令人满意，银行等各类金融机构自身对资源的定价权与定价能力较弱，不能实现资源的优化配置，导致金融资源被大量闲置和浪费，一方面有需求的高效率的实体经济无法得到必要的支持，另一方面金融资源投入产出比不高，意味着真正有效运用于实体经济并促进经济发展的资金规模不足。这一局面的产生，除了有我国金融机构技术性方面的原因外，结构性规模因素也是一个重要原因。最值得投放金融资源的部门和市场主体得不到金融支持或支持力度不够，这与我国金融机构内部治理以及运行的科学、成熟程度密切相关，金融机构治理不科学、经验不足，导致了金融效率低下。金融效率较低、资源配置能力较差，使得金融市场只能通过规模扩张而非质量提高来服务实体经济。

3. 促进金融市场与实体经济协调发展的对策

明确了金融市场与实体经济之间相互促进、对立统一的关系之后，两者的统筹兼顾、协调均衡发展就显得极其重要。进行深入有效的实体经济转型，进行与之配套的金融体系改革，是经济高质量发展的要求。

第一，构建新型监管体系，加强对金融市场的整体监管，维持金融市场平稳运行。目前我国实体经济的市场竞争日趋激烈，不少企业通过主动选择技术升级、产品改造以期在产业链中立足。在竞争压力的推动下，产业更新换代速度已经越来越快，使我国逐渐步入实体经济结构升级的重要阶段。金融市场尤其是资本市场对于

实体产业创新升级起到了重要的支撑作用，以此带动的知识升级、技术改造以及新兴产业的发展对于国家经济结构调整战略具有重要意义。

虽然我国金融市场对于企业创新的支持热情十足，但是由于某些制度限制以及投机行为的出现，大批极具潜力的中小型科技企业资金缺口较大且融资困难，极小部分新兴企业在资本的推动下偏离创新发展的轨道，这在一定程度上对我国实体经济的创新活力产生了负面影响。在某些高风险高回报或者需要长周期持续投入的实体产业领域，金融市场的作用是双面的。因此在积极利用金融工具推动创业与产业升级的同时，也要对金融市场天生的风险与缺陷给予足够重视，避免“热钱”进入带来的巨大泡沫拖垮原本具备发展潜力的产业创新。因此实体经济产业要加强对金融市场主体的审核与甄别，监管部门等第三方也要对金融市场进行更专业化更深入的监管，以期在加强金融创新的同时，维持金融市场平稳运行。

第二，深化金融体制改革，提高金融的包容性，满足多元实体经济主体的需求。我国金融行业目前存在服务能力有限、信贷管理能力较弱、金融服务不均衡、配套服务跟不上等诸多问题。金融工具在某些实体经济领域出现了薄弱环节，金融资源匮乏，因此有针对性地对这些领域的金融服务进行调控和强化很有必要。除了对金融市场中多元化的主体进行深入改革，对金融服务质量进行持续提升外，对制度进行因地制宜、符合实体经济特定产业发展规律的完善很有必要。同时，除了既有的金融机构外，还可以探索其他资金融通机制，拓展资金来源，通过政策性引导与发展，建立覆盖实体经济各个行业和领域的金融机制，并且逐步形成针对实体经济全行业的金融风险管控与转移分担机制。

无论是实体经济还是金融体系，都有随着对方变化而适应的能力，只有在实体经济与金融市场动态均衡发展、相互适应的条件下，才会有实体经济与金融市场的协调发展。目前金融体系不够完善，无法满足实体经济发展需求，在两者的互动关系中，不够协调的发展会相互制约。金融市场的任何创新也是为了解决实体经济运行过程中产生的问题和需求，超越现阶段实体经济发展水平的金融形式在风险控制上会存在较大难度，有可能引起实体经济发展的波动，从而产生难以估量的负面影响。因此有制约、有监管的金融市场创新才对实体经济有实质性帮助。

第三，实体产业是金融发展的出发点和落脚点，应从技术、结构调整着手，筑牢实体经济根基，为金融市场健康发展创造必要条件。剖析国内外众多金融灾难事件以及金融危机，不难得出一个深刻的教训，即失衡的实体经济是导致金融市场不稳定、非理性的重要原因。因此，在实体经济发展遇到困难的情况下，一定要从根源上解决矛盾，使实体经济的发展能够跟上外界形势的变化，从技术升级、结构调整等根源性的角度寻找问题并寻求金融市场的帮助，而不仅仅是通过金融杠杆掩盖发展中的问题。放任金融资本过度追求利润，就会导致不可控的风险，也会使实体经济向虚，产生虚拟经济超越实体经济的病态局面。

第四，金融创新支持下的实体经济发展需要适应整体的经济发展环境。为了满足实体经济对于金融服务的更多元化需求而产生的金融创新，必须与整体的经济发展环境相匹配，脱离了整体发展阶段的实体经济即便与金融市场的协调程度较高，也会导致风险的累积，最终导致危机的爆发。实体经济所采用的金融服务必须与发展阶段相匹配的原因在于，超过发展阶段的金融服务本身尚未得到有效的风险控制，在自由化市场的引导下监管难度极大，这也是我国实行渐进式金融体系改革的重要原因。某些金融手段本身并没有错，也能够高效地配置资源，但站在为实体经济发展服务的角度，其监管有效性不足，因此需要进行限制。推动金融与实体经济协调发展的改革是一个长期的过程，在实体经济与金融市场不断创新机制协调发展的过程中要快速适应经济环境以及具体国情，针对例如供给侧改革、产业结构调整、绿色可持续发展、民生建设等国家级战略进行配合，无论是实体经济还是金融市场，都只有与整体经济发展战略相适应，才能够在各自改革进入深水区、进一步市场化的过程中控制风险，不偏离发展的主题。

第五，金融要适应实体经济对外开放的步伐，扩大对外开放，推动人民币国际化。过去的金融危机对我国实体经济产生了巨大影响，使实体经济对于人民币国际化以及开放程度更高的金融服务有了进一步的要求，这可以间接扩大人民币的结算范围，减少对美元的依赖。这是金融市场中降低外汇市场对外向型实体经济影响的重要手段。在当前美元阶段体系中，我国实体经济需要依靠国家的巨额外汇储备来实现稳定发展，但在这个过程中由于我国也承受了别国金融市场波动转嫁而来的风险及损失，因此在人民币无法广泛结算的情况下签订一系列的货币互换协议也是金融市场满足我国实体经济发展的现实选择。

总之，在金融市场的发展过程中，一定要以提高金融市场服务实体经济发展的能力为出发点。金融市场与实体经济的深入改革与发展都不是放任自流，尤其是金融市场，在进一步发展完善的过程中，一定要针对服务实体经济过程中出现的问题以及失败的教训，步步紧跟，建立有效的风险控制机制。随着实体经济的多元化发展，在信息产业革命的大背景下，金融市场也会随之出现多元化发展格局，越来越多的新型金融手段、工具与产品会大量涌现。无论是依托于什么形式，都只有积极完善信息披露、信用记录等多种机制，减少金融市场的盲目性与投机性，才会通过降低金融市场风险，保障实体经济的稳定运行。因此，必须促进金融市场与实体经济的均衡、协调发展，有控制、有条件地进行金融创新，让金融市场更好地为实体经济服务。

### 5.2.3 提升金融机构服务实体经济的能力

#### 1. 改善金融机构经营理念，强化金融服务实体经济意识

近年来，我国的金融和实体经济之间出现了发展不协调的问题，金融服务实体经济的效率不高，金融逐渐在偏离服务实体经济的本源，经济发展中的“脱实向虚”的趋势较为明显。在金融服务实体经济的过程中，信息的不对称和金融资源分配不

均导致金融服务效率低下、金融产品因缺乏创新等问题而不能很好地满足实体经济不断变化的需求等，都是造成金融脱离服务实体经济本源的重要原因。

长期以来，一般是我国的大企业掌握着较多的金融资源，许多小微企业在金融资源分配中处于弱势地位。为了解决这一问题，对于金融机构而言，首先要从思想上转变传统的看法，改善自身的经营理念，让金融回归服务的本质，摒弃盲目求大图快的粗放式发展模式，坚持质量优先的内涵发展理念，牢固树立以客户为导向的服务意识，努力寻找差异化的市场定位和竞争优势，强化金融服务实体经济的意识。

商业银行作为我国金融体系中最重要的组成部分，更应重视其服务实体经济的能力。实体经济是商业银行赖以生存和发展的基础，随着我国供给侧改革的推进，一批如钢铁、水泥等产能过剩的企业将不可避免地被淘汰，实体经济逐步由资本和资源密集型的传统产业向技术密集型高端产业和服务业转变，实体经济对金融产品和服务的需求也会发生相应转变，因此，作为金融服务的提供者，商业银行也应及时转变经营理念，配合实体经济进行结构性改革，使信贷资源由低效部门向高效部门转移，经营模式向“轻资产、重服务”方向转变，推动我国经济转型和产业结构的优化。

2. 加强产品和流程创新

我国金融机构服务实体经济的效率不高的一个重要表现在于融资渠道仍相对较窄，金融产品同质化现象严重。根据中国人民银行发布的统计数据，如图 5-3 所示，2015—2018 年 11 月，社会融资规模存量逐年提升，由 2015 年的 138.14 万亿元增长至 2018 年 11 月的 199.30 万亿元，增长了约 44.27%，其中人民币贷款在所有存量社会融资规模中占比最大，人民币贷款余额由 2015 年的 92.75 万亿元增长到 2018 年 11 月的 133.76 万亿元，增长了约 44.21%，占社会融资规模存量的比例保持在 67%～69%。在直接融资方式中，企业债券存量规模由 2015 年的 14.63 万亿元增长到 2018 年 11 月的 19.79 万亿元，增长了约 35.27%，占社会融资规模存量的比例保持在 10%～12%。总体来看，随着经济的发展，我国的社会融资规模在不断扩大，但融资结构仍是以银行信贷等间接融资为主，直接融资占比低，融资方式较为单一。对于众多小微企业而言，受自身规模的限制，很难从传统的大型商业银行贷款融资。此外，由于门槛太高，部分小微企业很难有效利用中小企业板或创业板等资本市场工具进行融资。

因此，提升金融机构服务实体经济的能力，一种途径就是要为企业，尤其是为小微企业提供更加多样化的、更加高效的融资方式，而要提供更加丰富的融资方式和渠道，就需要加强金融产品和流程的创新。金融机构要以服务实体经济为宗旨，开发多样化的产品和服务。除了传统的信贷需求外，实体经济还催生了对金融服务的新需求，金融机构提供服务必须从实体经济的供给和需求入手，在合法合规的前提下开展金融创新，例如运用私募股权基金、产业投资基金、Pre-ABS（资产证券

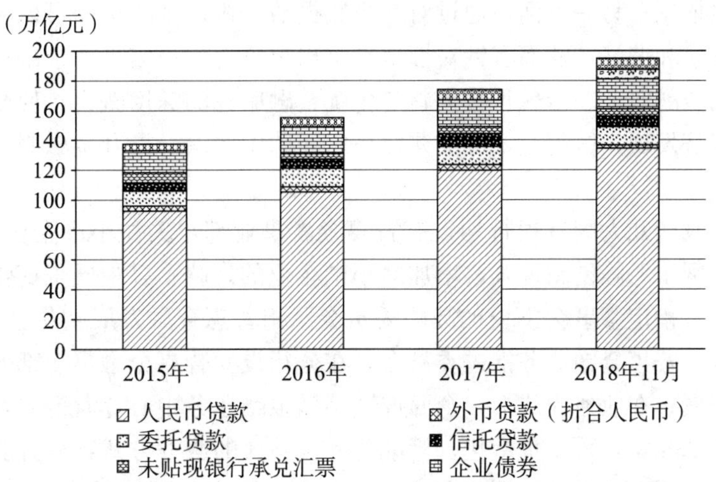


**图5-3 2015—2018年11月不同类型社会融资存量情况**

资料来源：中国人民银行。

化前端的融资业务）、房地产投资信托基金、订单质押融资等多种产品和方式，丰富实体企业的融资方式。同时，可以将金融科技运用于金融服务流程的创新，利用人工智能、大数据等技术手段将烦琐的交易环节进行简化，节省金融机构和实体企业的交易成本和时间。以商业银行为例，在发展传统的“存贷汇”业务的同时，商业银行应以客户的需求为导向，提供综合的金融服务，例如并购、理财咨询规划和风险管理方案等。

3. *充分利用新技术发展普惠金融*

李克强总理在考察中国银行、中国工商银行和中国建设银行时曾说，稳就业主要靠千千万万小微企业，小微企业的发展离不开普惠金融的支持。而金融科技的发展正好为普惠金融提供了强有力的技术武器。随着信息技术的发展，人工智能、大数据、云计算、区块链等数字化技术被运用到金融领域，这些技术的运用将有效提高金融服务实体经济的效率、拓宽其范围。金融科技将互联网技术和金融产品服务相结合，重点关注传统金融机构例如大型商业银行所忽视和排斥的中小微企业、农户等普惠群体，使金融资源更多地配置到实体经济发展中的重点领域和薄弱环节，以更低的成本提供更高效率的服务，从而引导资金回流到实体经济，使金融逐渐回归服务实体经济的本源。

具体而言，金融科技中的大数据分析和区块链等数字技术，能够有效整合客户信息，例如对客户的平均消费额、采用现金或信用卡付款的比例、贷款记录等数据进行分析，进一步利用大数据，更多地了解用户，比如用户行为、消费方式等，并借此帮助企业分析客户趋势。一方面，金融机构可以借助该技术在法律允许的范围内收集并整理小微企业、低收入人群等资金需求方的信用数据，通过大数据建模等方式计算出客户的违约概率，缓解金融产品供需双方信息不对称问题，为金融机构

贷款等提供依据；另一方面，通过对客户数据的分析，金融机构可以更加准确地了解客户的需求和偏好，从而有针对性地制定出更符合用户需求的金融产品，提供更加个性化的金融服务。金融科技创新与传统金融服务的深度融合，使金融能更好地推动实体经济发展，缓解金融与实体经济之间的不协调，提升金融服务实体经济的效率。

目前，我国几大国有银行均设有普惠金融事业部，关注小微企业的融资难点，运用“互联网＋”等创新模式，增加对小微企业的贷款。以中国工商银行为例，在组织结构上，指定董事会下设的战略委员会承担普惠金融发展委员会的相关职能，在高管层成立普惠金融业务推进委员会，在分行设立普惠金融事业部，推动普惠金融业务的开展；在业务模式上，全面推广小微金融业务中心专营模式，成立小微金融业务中心 234 家，采用批量化、标准化、一站式的服务方式，提升服务效率和水平；在产品内容上，依托互联网加强产品创新，丰富基于场景的风控和授信模式，实现审批的线上化、智能化，研发推出网上质押贷款、网上小额贷款产品，为小微企业等提供多样化的金融服务。①

*4. 营造金融机构服务实体经济的政策环境*

提高金融机构服务实体经济的能力，不能忽视众多小型金融机构在其中发挥的作用，然而，准入门槛高、资金规模小、监管同质化等因素制约了小型金融机构的发展。首先，民间资本在政策上被允许以设立或者参与贷款公司、村镇银行等多种方式进入金融市场，但是政府的相关监管部门并没有出台具体详细的引导政策，使民间资本在进入金融领域时处处碰壁，难以正常发展。其次，由于大中型金融机构成立时间早、规模大、资金雄厚、品牌和声誉好，更多投资者愿意选择大中型金融机构的产品和服务。相比之下，小型金融机构在经验、规模和品牌声誉方面则远远不如大中型金融机构，因此资金来源就相对较窄，当前，资金规模小已成为阻碍小额信贷公司及其他小型金融机构发展的主要障碍。此外，我国针对大中型金融机构和小型金融机构的监管政策大多大同小异，但由于在资金实力、资金来源、业务环境等方面存在较大客观差异，“一刀切”的监管政策往往会使小型金融机构更容易触碰监管红线，从而将它们置于一个更加不利的竞争位置。处于大中型金融机构和监管政策的夹缝之间，小型金融机构很难提升其经营水平，更不用说为小微企业带来高质高效的金融服务了。

因此，在提升金融机构服务实体经济的能力时，政府需要在政策方面对相关金融机构予以支持和引导，为金融机构服务实体经济营造良好的政策环境。

在财税政策方面，要加大财税政策对小型金融机构的扶持力度，例如，2019 年 1 月 9 日，国务院总理李克强主持召开国务院常务会议，决定再推出一批针对小微企业的普惠性减税措施，部署加快发行和用好地方政府专项债券，支持在建工程及

① 参见中国工商银行 2017 年年报。

补短板项目建设并带动消费扩大。具体而言，对银行符合条件的小微企业贷款利息免征增值税、对贷款合同免征印花税，准予贷款损失准备金税前扣除，延续中小企业融资（信用）担保机构有关准备金税前扣除政策，扩大自主核销权等。

在货币政策方面，为小型金融机构的发展创造良好的货币金融环境，综合运用多种工具维护流动性基本稳定，实行定向降准政策，继续落实并完善对各类中小金融服务机构的优惠存款准备金率政策，发挥支农、支小再贷款、再贴现对资金投向、利率的传导功能，创设扶贫再贷款，同时发挥宏观审慎工具的激励引导作用等。

在监管方面，实施差异化、有针对性的监管政策，例如在前期小微企业贷款、涉农贷款增速、户数等监管考核目标的基础上，原银监会于 2018 年重点针对单户授信1 000万元以下（含）的小微企业贷款提出“两增两控”的新目标，针对单户授信 500 万元以下（含）的普惠型农户经营性贷款和1 000万元以下(含）的普惠型涉农小微企业贷款、扶贫小额信贷和精准产业扶贫贷款等提出增速等新目标；建立差别化的监管指标体系，小微企业贷款适用优惠风险权重，将银行业金融机构开展小微企业、“三农”、扶贫等普惠金融服务情况纳入监管评价体系，适当提高小微企业、“三农”等贷款不良容忍度；支持银行发行小微、“三农”专项金融债，拓宽普惠金融信贷资金来源。稳步推进小微企业贷款资产证券化、信贷资产流转和收益权转让等业务创新，加速资金流转。拓宽不良资产处置渠道，鼓励试点金融机构发行小微企业不良贷款资产支持证券，鼓励通过银行业信贷资产登记流转中心合规开展小微企业不良资产收益权转让试点等。①

## 5.3 提高金融机构的风险管理能力

### 5.3.1 金融开放进程中机构面临更多风险

近年来，随着经济全球化的趋势日益增强，金融全球化的趋势也越发明显，国际金融市场的迅猛发展为各国金融机构在全球范围内拓展业务提供了良好的机遇和广阔的发展空间。一方面，国内金融机构纷纷在国外设立分支机构，以拓展国际业务，寻找新的利润增长点，提高金融服务的质量和水平；另一方面，外资金融机构也瞄准中国市场，来中国开展业务。以银行业为例，据国际金融协会（IIF）的统计，2017 年，中国银行业总计在 63 个国家和地区拥有分支机构 1 350 个。截至 2017 年，我国四大国有银行在境外的分支机构合计 1 011 个，其中中国银行境外机构数量最多，为 545 个，占其机构总数的 4.70%，其次为中国工商银行，境外机构共计 419 个（见

① 银保监会有关部门负责人就首次发布普惠金融白皮书答记者问. http://www.cbrc.gov.cn/chinese/home/docView/85F9D5782ECA4C24818CA2EDD5B28C99.html.

表 5－1）。我国跨境贷款规模位列全球第八，达 6 300 亿美元，较 2010 年增长了 5 倍。①

表 5－1　　2017 年我国四大国有银行境外分支机构统计

| 名称 | 境外机构（个） | 机构总数（个） | 境外机构占比 |
| --- | --- | --- | --- |
| 中国工商银行 | 419 | 16 888 | 2.48% |
| 中国建设银行 | 30 | 14 920 | 0.20% |
| 中国银行 | 545 | 11 605 | 4.70% |
| 中国农业银行 | 17 | 23 661 | 0.07% |

资料来源：相关银行 2017 年年报。

但是在金融开放和提升机构的国际竞争力的过程中，金融机构也面临着更加复杂多变的风险。跨国金融机构不仅要面对国内传统业务所面临的风险，还要面对跨境业务所处的不同的政治、法律和文化环境带来的其他风险，主要包括国别风险、信用风险、结算风险、合规风险。

国别风险是指由不同国家或地区的政治、经济、文化等社会环境因素的差异带来的风险。根据 2010 年 8 月银监会印发的《银行业金融机构国别风险管理指引》，国别风险是指"由于某一国家或地区经济、政治、社会变化及事件，导致该国家或地区借款人或债务人没有能力或者拒绝偿付银行业金融机构债务，或使银行业金融机构在该国家或地区的商业存在遭受损失，或使银行业金融机构遭受其他损失的风险。"银监会将国别风险具体分为七大类，包括转移风险、主权风险、传染风险、货币风险、宏观经济风险、政治风险和间接国别风险。"国别风险可能由一国或地区经济状况恶化、政治和社会动荡、资产被国有化或被征用、政府拒付对外债务、外汇管制或货币贬值等情况引发。"② 在金融开放的背景下，经济全球化和机构国际化使风险跨国传染，例如英国脱欧，美国特朗普政府上台，法国、意大利、西班牙大选中民粹主义政党崛起等事件都可能对我国金融机构的国际化业务造成不利影响。以汇丰银行的阿根廷危机为例，汇丰银行因出于全球性战略布局的需要及对阿根廷罗伯茨银行盈利能力的看好，于 1997 年 8 月收购了阿根廷罗伯茨银行，可就在一年之后，俄罗斯政府债务发生违约，牵连了全球范围内新兴市场的经济发展，当然也包括阿根廷，各国资本开始纷纷撤离阿根廷，汇丰银行在阿根廷的业务也受到了重大影响，亏损金额高达 2 000 多万美元。

信用风险，也被称为违约风险，是指交易对手违约带来损失的风险。例如跨境交易中，借款人因无力偿还贷款而造成损失、外汇交易中交易对手未能支付相应的货币金额等。我国金融机构在"走出去"时面对的是更加国际化、更加多样化的客

① 资料来源于国际金融协会。

② 资料来源于银监会 2010 年 8 月发布的《银行业金融机构国别风险管理指引》。

户，相比在国内开展业务，信息更加不对称，对客户的信息掌握和偿债能力进行评估的时候容易出现偏差，从而造成信用风险。

结算风险是指在国际贸易中由于时差以及国家间结算系统运行时间的差异，金融机构经常需要在它们收到对方支付的货币之前先向对方支付相应的货币时面临的风险。[①] 一个典型的例子是赫斯塔特银行倒闭事件：1974 年 6 月，德国的赫斯塔特银行因遭受外汇损失被德国政府要求清算关闭，而当时它有 6.2 亿美元的外汇现货交易业务尚未完成，继而导致日本、意大利等国的商业银行遭受了巨大的资金损失。此后，许多国家开始越来越关注结算风险，其中，CLSServices 银团提出了建立连续关联结算银行专门处理外汇交易的连续结算的方案，十国集团的国际收支与清算体系委员会也在《阿索普报告》中讨论提出了降低结算风险的方案。

合规风险是指金融机构由于牵涉法律诉讼而可能蒙受的损失。金融机构在海外开展业务时，由于法律体系、法制发展程度以及金融监管法律的不同，可能会面临更多的法律约束和合规风险。例如我国商业银行海外分支机构在开展跨境融资业务时，尽管业务和东道国并无直接联系，但大量存量离岸交易资产可能会引起业务所在地监管的高度关注。例如中国银行意大利米兰分行、中国工商银行西班牙马德里分行、中国银行纽约分行、中国农业银行纽约分行四家中资银行海外分支机构曾就合规问题受到过国际反洗钱调查。根据英国金融行为监管局（FCA）的调查结果，中资银行主要存在以下三方面的合规风险："一是未对国内客户按照反洗钱的规定开展客户尽职调查，未充分调查客户业务性质、与中资银行交易的原因、资金来源等；二是未对国企客户中政治公众人物进行加强型尽职调查，委托独立可靠的渠道了解其个人身份情况、个人信誉、公共岗位工作情况、个人资金合法性以及与境外交易对象受益关系等问题；三是未能有效提供贸易融资产品与军工产业无关的相关证明。"[②]

除了上述提到的在跨境业务中可能遇到的风险，流动性风险也是各金融机构，尤其是商业银行，不管在境内还是在境外开展业务时都需要重点防范的对象。流动性风险是指"金融机构无法以合理成本及时获得充足资金，用于偿付到期债务、履行其他支付义务和满足正常业务开展的其他资金需求的风险"[③]。2008 年美国次贷危机席卷全球，引发了世界性的金融危机，不少银行在此期间面临严重的流动性风险，例如英国北岩银行挤兑事件。此次危机后，国际社会更加重视对流动性风险的监管，尤其是跨国经营机构的流动性管理。巴塞尔委员会在总结金融危机的教训的基础上，于 2010 年发布了《流动性风险计量、标准和监测的国际框架》，提出了流动性覆盖率和净稳定资金比率两个流动性监管指标，又于 2013 年发布了银行业流动性覆盖率新规，对流动性覆盖率达标时间和银行储备资产的范围做了一定修改。结合国际监

① 庄毓敏．商业银行业务与经营：第 4 版．北京：中国人民大学出版社，2014：252.

② 新时代商业银行国际化面临的风险及应对．http：//www.sohu.com/a/225565877_467315.

③ 参见中国银保监会发布的《商业银行流动性风险管理办法》。

管改革成果与我国商业银行的特点，我国银监会于2014年发布《商业银行流动性风险管理办法（试行）》，以加强对商业银行流动性风险的管理，2015年9月，根据《商业银行法》修订进展，也对《商业银行流动性风险管理办法（试行）》（简称《流动性办法》）进行了相应修订，修订后的《流动性办法》于2018年7月1日起生效。

此外，由于我国目前处于经济高质量发展、供给侧改革的重要阶段，金融机构还面临着特定阶段性风险，一方面，金融供给侧改革提升了金融服务实体经济的能力，另一方面，高质量发展和高水平开放也会带来新的风险。随着实体经济端供给侧改革的推进，在去产能、去杠杆的过程中，一些产能过剩的行业将面临被淘汰的风险，而这些行业大多是资本密集型产业，信用风险会逐步暴露出来，商业银行等金融机构的资金需求端将减少，并且会对其风险管理能力提出更大的挑战。此外，在实体经济调结构、转变发展方式的同时，实体经济对金融产品和服务的需求也会发生相应转变，商业银行等金融机构也应对其提供的产品和服务进行创新以适应新的需求，这个创新的过程中也可能存在风险。

因此，在金融开放的大背景下，金融机构等微观主体要加强自身的风险管理能力，共同维持金融市场的秩序和良性发展。

## 5.3.2 提高金融机构风险管理能力的途径

1. 加强对跨境金融业务的风险管理能力

在跨国发展中，我国金融机构面临着诸多挑战和困难。在对外经营上，需要关注市场需求，推出创新产品，提升服务水平，防范各种风险；同时，境外分支机构的发展既要符合国内总部的发展战略，又受到当地的特殊文化背景的影响，可能会产生跨文化管理的矛盾和风险。针对上文提到的各种风险挑战，金融机构有必要重视风险管理能力的提升。第一，在开展跨境金融业务之前，需要科学分析业务所在国家或地区的政治、经济、文化、法律等社会环境的特征，提前了解国别间的差异，做好风险评估；第二，金融机构要改进自身内部系统的建设，探索更有效率的风险管理技术以监测和管理风险；第三，重视文化差异，针对不同的文化背景进行差异化管理；第四，采用合理的激励机制，参考巴塞尔委员会发布的《稳健薪酬监管指引》，建立风险与激励匹配的薪酬机制，如利用延迟支付、追回机制等方式，强化风险责任在薪酬分配中的重要性；第五，重视金融科技在跨境风险管理中的运用，金融机构可利用大数据、云计算以及人工智能等技术获取海量数据信息，模拟金融活动场景，测算可能存在的金融风险，提前做好对风险的监控和管理。

2. 从全球视野提升合规管理能力

金融机构在"走出去"时，需要严格遵守相关法律法规，合规经营。首先，金融机构可设置专门的涉外法律部门或者聘请专业的法律顾问，提前了解并熟悉业务开展国的行业法律、法规及行业惯例，持续关注国内外法律、法规的最新发展，为合规开展业务做好准备。其次，建立制度化、可操作的风险管理和常规检查机制，早发现并尽可能避免高风险业务和违规行为的发生，并对常规检查时发现的问题及时进行整改、防微杜渐。最后，明确各级人员的风险责任，建立责任追究制度，对疏于管控、突破底线、违规违法等情况，严格执行风险责任追究制度，确保风险责任落实到位。

2019 年 1 月，银保监会办公厅下发的《关于加强中资商业银行境外机构合规管理长效机制建设的指导意见》就对银行业金融机构在开展跨境业务时如何进行合规管理提出了意见，要求中资商业银行在境外开展业务时要健全合规责任机制，明确各层级主要负责人的责任，严格违规问责机制；优化合规管控机制，明确操作流程和关键控制点，加强对金融犯罪防范的统筹管理，实现合规管理对业务领域、操作流程的全覆盖，实施差异化的机构管理；强化合规保障机制，改进境外机构负责人及重要岗位人员管理，优先选聘熟悉东道国（地区）金融监管环境、监管机构认可度高的合规官，通过培训、述职、审计等方式，提高合规官的职业归属感和履职有效性，完善合规激励约束；加强监管沟通机制，总部应加强与境外监管机构的沟通，增进双方理解，有效回应监管关注事项；完善跨境监管机制，加强与东道国（地区）监管机构的沟通与互访，及时掌握境外机构合规管理情况，增进监管互信，提高跨境监管有效性。[①]

以汇丰银行为例，汇丰银行的业务遍布全球几十个国家和地区，国际化业务开展时间长，业务范围广泛，经验较为丰富。在国际化进程中，汇丰银行建立了组织严密的风险管理体系，其中，汇丰银行的董事会对整个集团的风险管理负有最终责任，董事会下设审计委员会以及专门的风险管理委员会等。在风险、审计委员会下还设有债务委员会、运营风险管理、信贷风险委员会和内部审计等细分管理的部门，对各项风险进行细分管理。汇丰银行设有专门的风险管理部门，并自上而下地制定相应层级的风险管理目标、政策和程序。整个集团中重要的风险管理部门包括风险管理体系中的信贷审核部门和审计部门等。集团风险部门重点监控主权国家、同行业以及其他金融机构的贷款风险。各分支机构和部门要将零售产品销售表现、高风险组合类别和各级客户群减值准备定期形成风险报告上报集团风险管理委员会、风险检查委员会以及董事会。这些制度安排有助于防止集团的风险集中度超过集团所能承担的最大限度和监管部门所规定的限度，保障各类信用风险保持在可控范围之内。

3. 稳健推进机构的国际化进程

在金融开放的背景下，不少金融机构都开始谋求全球化布局，力图在国际竞争中占据优势地位，但是，金融机构的国际化进程并不是一蹴而就的，考虑到资本实力和复杂的国际环境，金融机构也需要在做好充分准备的情况下稳健推进其业务的国际化进程。金融机构需要从自身发展战略的角度，理性选择国际化发展路径。以美林证券的国际化进程为例，美林证券先在英国、加拿大等国家设立办事处，通过

① 参见中国银保监会办公厅发布的《关于加强中资商业银行境外机构合规管理长效机制建设的指导意见》。

代理制的形式与当地的金融机构开展合作，熟悉当地的市场情况；接着，根据当地市场的监管和准入政策，在对市场环境有一定了解后，在伦敦以子公司的形式设立了它的第一家国际业务分支机构；然后由境外设立分支机构转变为直接并购海外公司以开展境外业务，最后实现全球整合。

4. 塑造国际性风险管理文化

金融机构多是通过在海外设立分支机构的方式进行国际化业务的拓展，由于海内外分支机构所在国家、地区的法律条例、人文环境不同，金融机构若是一味地将国内机构的风险管理文化套用于海外分支机构，将不利于海外机构融入当地的市场环境，因此金融机构需要因地制宜进行风险管理，并与国内的风险管理体系相互衔接和配合，塑造国际性风险管理文化。目前，我国金融机构对其海外分支机构基本上是实行垂直管理，国内外派人员在海外分支机构的占比较大，以我国四大国有银行为例（如表 5－2 所示），2017 年我国四大国有银行境外雇员占总员工总数的比例最高的是中国银行，为 7.37%，随后依次是中国工商银行、中国建设银行和中国农业银行，比例依次为 3.31%、0.20%和 0.17%，境外雇员比例远远低于其他国际性大商业银行，例如渣打银行、汇丰银行等。此外，我国金融机构的境外风险管理机制大多是沿用国内总部的管理体系，可能会与当地的法律和文化等产生冲突，因此在设计风险管理体系时，还要考虑到文化因素，适当提升当地员工的比例，加强本国员工和外国员工的交流，避免产生文化冲突；对于风险管理体系的建立，可参考借鉴其他优秀跨国企业的经验，结合自身的战略目标和实际经营情况，根据地区特点建立差异化的、有针对性的风险管理体系。

**表 5－2　　2017 年主要中外资银行境外雇员情况**

| 名称 | 境外雇员（人） | 员工总数（人） | 境外雇员占比 |
|---|---|---|---|
| 渣打银行 | 81 554 | 84 864 | 96.10% |
| 汇丰银行 | 208 000 | 264 295 | 78.70% |
| 花旗银行 | 155 157 | 237 971 | 65.20% |
| 瑞士联合 | 38 861 | 60 063 | 64.70% |
| 德意志银行 | 55 347 | 105 826 | 52.30% |
| 三菱日联 | 46 035 | 103 217 | 44.60% |
| 中国银行 | 22 927 | 311 133 | 7.37% |
| 中国工商银行 | 15 012 | 453 048 | 3.31% |
| 中国建设银行 | 715 | 352 621 | 0.20% |
| 中国农业银行 | 812 | 487 307 | 0.17% |

资料来源：各大银行 2017 年年报。

# 第6章

# 推动金融市场高水平开放

2018年4月，习近平主席在博鳌宣布金融服务业方面要加大开放力度，中国人民银行随后宣布了金融开放时间表，对11项具体措施给出了具体时间，绝大部分措施已经落地。金融开放应坚持稳中求进的基本原则，与国内经济相辅相成，深化金融供给侧改革，协调推进金融市场对内改革和对外开放。针对我国金融市场发展及开放中存在的突出问题，笔者认为，应将货币市场、债券市场、外汇市场、股票市场作为金融市场开放的重点，扩大跨境投融资的渠道，完善相关制度安排。在金融市场开放进程中，还应不断完善与开放相适应的金融机构防控体系，加强内控机制建设，运用金融科技，提高金融机构的风险管理能力，为金融市场的稳健发展提供保障。

## 6.1 统筹协调扩大金融开放

金融是经济的命脉，金融在国家经济体系中占有重要地位。无论是改革开放初期中央提出的经济体制改革，还是改革发展到全面深化阶段后中央提出的供给侧结构改革都包含着金融改革问题。积极稳妥、稳中求进，不断推进金融市场对内对外改革，既是多年来中国经济持续健康发展的宝贵经验，又是中国未来始终坚持的基本原则。改革开放40年来，中国金融领域改革大刀阔斧，不断前进，金融机构体系不断优化，金融市场体系不断完善，金融监管体系不断加强，金融服务从单一到多样，金融工具从简单到复杂，取得了令人瞩目的成绩。

站在新的历史起点上，新的时代赋予我们新的使命，督促我们有新的作为。在当前的国内外经济形势下，金融市场改革开放应坚持稳中求进的基本原则，与国内经济相辅相成，构建适应市场经济发展要求的中国特色社会主义现代化金融体系；立足于本国实际，走符合本国国情的金融改革和发展道路，同时借鉴国外金融业发

展的成功经验，吸取国际金融危机的深刻教训，进一步扩大金融市场的对外开放。

### 6.1.1 深化金融改革保障金融开放

过去若干次国际金融危机大都暴露了危机国家经济高速增长中隐含的结构性问题、宏观政策的偏差和金融体制的缺陷。完善国内金融体制、提高金融风险防范能力、确保金融市场安全有序运行成为各国危机后政策应对和监管的重点。历史经验告诉我们，只有深化金融改革，尤其是深化对内改革，努力提高我国银行业、证券业以及保险业的市场竞争力，才能帮助其在未来激烈的市场竞争中争取到主动权，才能抵抗全面对外开放可能带来的风险，才能为实现更高水平的对外开放奠定基础，当前我国国内金融对内改革重点涉及几个方面。

1. 完善国内金融机构体系，增强机构竞争力

一是从金融功能和金融业务两个维度统筹安排、相互补充，将商业金融、开发性金融、政策性金融和合作性金融与存贷款金融机构、证券机构和保险机构形成相互融合的金融机构体系，更好地发挥在不同领域不同机构的功能，加大对重点领域的支持力度，补足金融服务“短板”。二是继续发展民营金融机构，扩大民间资本进入银行业的途径。民营资本和国有资本在金融机构的产权关系上，要构建产权协调、混合所有、有效竞争的金融服务体系，进一步发挥民间资本的积极作用，拓宽民间资本投资渠道。在坚持金融监管改革的前提下降低准入门槛，鼓励民间资本等各类市场主体依法平等进入银行业。三是规范互联网金融，鼓励金融平台健康、有序发展。规范包括第三方支付、众筹和P2P等在内的互联网金融发展，进一步落实网贷“1＋3”制度框架，推进各类金融机构大数据平台建设；统一金融租赁、商业保理等融资服务平台标准，解决中小企业部分融资问题，多方面提供精准化融资服务。

2. 进一步建立多层次资本市场，改善融资结构

一是改善间接融资结构，推动国有大银行战略转型，发展中小银行和民营金融机构，丰富我国资本市场参与主体。二是大力发展直接融资，充分利用债券市场，降低公司债务成本。扩大熊猫债发行主体范围及规模，进一步发展香港与内地债券市场互联互通合作机制；大力发展股票市场，降低股东权益融资成本。在国内的股票市场结构化改革方面，要在股票市场加速推动新三板市场制度创新，并规范发展区域性股权交易市场，促进区域经济协调发展；同时加快发展国际板市场，提高上海证券市场的国际化水平，深入研究并规范引领资产证券化等金融衍生业务的发展。

3. 回归金融服务实体本源，降低金融风险

金融起源于实体经济，服务实体经济是金融的本质。脱离实体经济，金融业将最终走向衰败。过去几年，在过分追求财富快速增长的过程中，金融市场的杠杆作用不断放大，资金流入与实体经济需求出现错配。一是大量资金流入非实体经济领域，进行投机套利活动，追逐短期高收益资本回报，导致房地产业、债券市场以及

相关资本市场的资金价格高涨，融资成本大幅上涨。二是涉足房地产的企业越来越多，依赖于金融投资等非主营业务收入的上市企业越来越多，导致主业实体经济发展出现停滞，在经济下行期间，"脱实向虚"问题日渐暴露。近几年来商业银行不良贷款总额和不良率持续攀升，截至2018年年末，商业银行不良贷款余额达2万亿元人民币，不良贷款率达1.89%，为2010年以来的最高水平。尤其是民营企业民间借贷负债率高，地方性担保圈风险频发，破产、清算甚至企业家跑路的问题近几年层出不穷，导致地区性金融形势恶化，许多金融机构深陷其中，不良贷款率攀升成为各银行机构面临的突出问题。遏制"脱实向虚"，回归服务实体经济的本源，成为近年来国内金融改革的重点。

4. 健全国内金融监管体系，提高风险防范能力

一是明确新时代我国金融监管框架，进入金融监管新阶段。2018年国务院机构改革方案确定，中国金融监管框架由原先的"一行三会"调整为"一委一行两会"(即国务院金融稳定发展委员会、中国人民银行、中国银保监会和中国证监会)，"一委一行两会"的监管格局就此形成。至此，既实现了对各类金融行为监管的全覆盖，及时纠正各类准金融机构和非金融机构的金融交易行为，纠正金融乱象，又实现了对金融市场运行态势的穿透式监控，有利于防范各种监管套利及违法违规行为，密切跟踪市场动态，适时采取监管举措。二是搭建宏观审慎和货币政策的"双支柱"调控体系，未来金融监管体系改革的方向是机构监管与功能监管并重、行为监管与审慎监管共举，同时增强监管政策的协调性，更合理地配置监管资源，提高监管有效性。

### 6.1.2 扩大金融开放促进金融改革

习近平总书记在庆祝改革开放40周年大会上指出，"必须坚持扩大开放，不断推动共建人类命运共同体。改革开放40年的实践启示我们：开放带来进步，封闭必然落后。中国的发展离不开世界，世界的繁荣也需要中国。我们统筹国内国际两个大局，坚持对外开放的基本国策，实行积极主动的开放政策，形成全方位、多层次、宽领域的全面开放新格局，为我国创造了良好国际环境、开拓了广阔发展空间"，"我们要支持开放、透明、包容、非歧视性的多边贸易体制，促进贸易投资自由化便利化，推动经济全球化朝着更加开放、包容、普惠、平衡、共赢的方向发展"。回顾金融业改革开放40年的历程，中国金融业的快速发展很大程度上得益于以对外开放来推动国内改革，对外开放意味着更高程度的市场化和国际化，对外开放意味着充分竞争及创新，对外开放完善了我国金融体系制度。

1. 对外开放推动了我国汇率市场化

在改革开放初期，我们实行的是单一的汇率制，1994年汇率机制改革，人民币官方汇率与外汇调剂价格正式并轨，开始实行以市场供求为基础的、单一的、有管理的浮动汇率制度。2005年，我国废除单一钉住美元的汇率制度，改为以市场供求

为基础、参考一篮子货币进行调节、有管理的浮动汇率制度，汇率市场化程度进一步提高，释放了人民币升值压力，为金融业对外开放奠定了良好基础。2015 年 8 月 11 日，我国再度调整人民币对美元汇率中间价报价机制，做市商参考上一日银行间外汇市场收盘汇率，向中国外汇交易中心提供中间价报价，汇率形成的规则性、透明度和市场化水平进一步提升。

2. 对外开放提升了金融机构的竞争力和稳健性

开放意味着引入新的竞争者和竞争机制，竞争的到来会促使包括金融机构在内的各类企业面临优胜劣汰的新前景。竞争性的市场经济环境能促使金融企业产权和公司治理结构改革向纵深推进。在亚洲金融危机爆发时，我国大型国有商业银行通过果断引入外部战略投资者、财务重组、股改上市等方式，提升了竞争力和稳健性。

3. 对外开放改善了金融效率

对外开放促进了金融市场的结构优化和产品创新，服务实体经济的效率得到明显提升。不同类型的非居民均可以在银行间市场发债融资。股票市场在 2002 年就先于债券市场引入合格境外机构投资者（QFII），且逐步扩大至人民币合格境外机构投资者（RQFII）、“沪港通”、“深港通”等方式。银行间债券市场已完全对合格境外机构投资者开放，境外机构入市与境内机构实行统一的准入标准，没有额度限制。离岸市场的规模和地域不断拓展。人民币资本项目可兑换有序推进。

4. 对外开放完善了金融体系制度并优化了资源配置

改革开放以来特别是党的十八大以来，我国货币政策和金融监管制度立足国情，与国际标准接轨，探索构建宏观审慎政策框架，建立存款保险制度，股市、债市、衍生品和各类金融市场基础设施等“四梁八柱”都已搭建完成。同时，完善的金融体系制度使市场得以在配置资源的过程中发挥决定性作用，金融通过资金的融通传递信息、决定资产的价格、提供资产的流动性，从而优化资源配置，提高国内国外两种资源的配置效率。

## 6.2 扩大金融开放的重点

金融业开放是我国对外开放格局的重要组成部分，扩大金融业对外开放是我国的自主选择，这既是金融业自身发展的需要，又是深化金融供给侧结构性改革、实现经济高质量发展的内在要求。金融业本质上是竞争性服务业，金融业和金融市场有促进资金配置、管理风险、提供金融服务三大功能，中国按照国际标准，持续推动银行间市场、债券市场、股票市场、外汇市场的发展，更好地实现金融功能。

### 6.2.1 银行间货币市场

货币市场通常是指存续期在一年以内的短期资金交易市场，货币市场提升了金

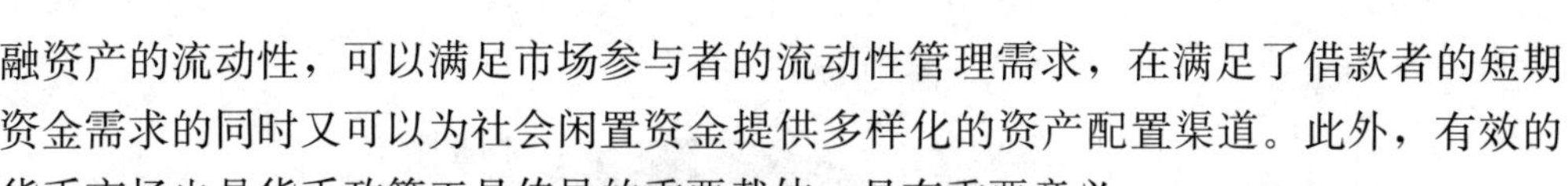

融资产的流动性，可以满足市场参与者的流动性管理需求，在满足了借款者的短期资金需求的同时又可以为社会闲置资金提供多样化的资产配置渠道。此外，有效的货币市场也是货币政策工具传导的重要载体，具有重要意义。

1. 我国银行间货币市场的发展现状

我国的货币市场业务起步于 1984 年，2007 年《同业拆借管理办法》颁布后，同业拆借市场确立了更加开放、透明、市场化的管理框架，引入更多市场化的事中、事后管理手段，逐步取代严格的事前管制措施，实现管理手段的市场化转型，以同业拆借为主的货币市场进入了快速发展阶段。发展至今，我国的本币货币市场形成了以银行间市场为主，依托于全国银行间同业拆借中心的平台簿记交易的市场体系。根据交易产品的不同，我国的本币货币市场又可以分为银行间同业拆借市场、质押式回购市场和买断式回购市场。

第一，市场成员不断扩充，参与者类型不断丰富。截至 2018 年年末，同业拆借市场共有成员2 056家，比 2007 年增加了1 339家。同业拆借市场成员共包含 19 大类金融机构，其中大型商业银行 19 家，股份制商业银行 41 家，城市商业银行 133 家，政策性银行 3 家，农村商业银行和合作银行 896 家，外资银行 115 家，农村信用联社 292 家，财务公司 229 家，证券公司 101 家，保险公司 49 家，信托投资公司 64 家，金融租赁公司 57 家，资产管理公司 4 家，汽车金融公司 22 家，民营银行 6 家，保险公司的资产管理公司 5 家，消费金融公司 9 家，其他类型会员 1 家，另外为配合跨境贸易人民币结算的开展，2009 年中银香港和中银澳门两家境外清算行获批进入同业拆借市场以来，至今共有 10 家人民币清算行成为拆借市场成员。

第二，货币市场成交规模快速增长。2018 年，货币市场成交金额达 861.97 万亿元人民币，较 2017 年增长 23.96%。其中银行间市场同业拆借累计成交 139.30 万亿元人民币，较 2017 年同比增长 76.37%，日均成交约 5 500 亿元人民币；银行间市场债券质押式回购成交 708.67 万亿元人民币，同比增长 20.47%，日均成交约 2.83 万亿元人民币；买断式回购成交 14 万亿元人民币，同比下降 50.18%。图 6-1 展示了 2018 年银行间货币市场主要产品交易占比。

从期限结构上看，银行间货币市场继续保持短期化特征，期限结构以短期限为主，其中 1 天和 7 天的同业拆借和回购交易量占比为 94.31%，较 2017 年上升 0.5 个百分点（见表 6-1）。

第三，交易品种不断丰富。一是在本币市场上开启同业拆借夜盘交易。为进一步支持人民币国际化和金融市场开放，满足 CIPS 直接参与者的流动性管理需要，中国外汇交易中心自 2018 年 5 月 1 日起为 CIPS 直接参与者提供同业拆借夜盘交易服务。参与机构可在 20 时 30 分至次日 8 时 30 分开展隔夜交易，融入资金用于自身 CIPS 账户注资。二是延长买断式回购交易期限。为进一步满足市场成员的交易需求，中国外汇交易中心于 2018 年 5 月 21 日起延长买断式回购最长期限至 365 天，延长后，市场成员可对 1 至 365 天之间的任意期限开展买断式回购。

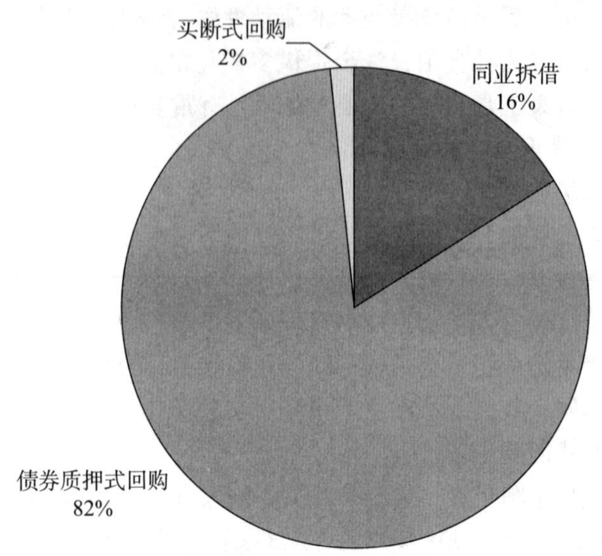


图 6-1　2018 年银行间货币市场主要产品交易占比（万亿元人民币）

表 6-1　银行间货币市场分期限成交量及同比变化

| 期限 | 2017 年成交金额（亿元） | 2017 年成交金额占比 | 2018 年成交金额（亿元） | 2018 年成交金额占比 | 同比增长（下降） |
|---|---|---|---|---|---|
| 1 天 | 5 639 839.10 | 81.11% | 7 149 546.13 | 82.94% | 26.77% |
| 7 天 | 883 759.04 | 12.71% | 980 111.64 | 11.37% | 10.90% |
| 14 天 | 264 841.77 | 3.81% | 263 399.25 | 3.06% | −0.54% |
| 21 天 | 64 199.63 | 0.92% | 131 402.25 | 1.52% | 104.68% |
| 1 个月 | 45 201.31 | 0.65% | 48 022.69 | 0.56% | 6.24% |
| 2 个月 | 36 852.38 | 0.53% | 27 099.71 | 0.31% | −26.46% |
| 3 个月 | 11 203.79 | 0.16% | 13 176.12 | 0.15% | 17.60% |
| 4 个月 | 4 008.06 | 0.06% | 4 116.29 | 0.05% | 2.70% |
| 6 个月 | 2 070.80 | 0.03% | 1 654.71 | 0.02% | −20.09% |
| 9 个月 | 880.94 | 0.01% | 483.48 | 0.01% | −45.12% |
| 1 年 | 637.50 | 0.01% | 735.81 | 0.01% | 15.42% |
| 合计 | 6 953 494.24 | 100.00% | 8 619 748.10 | 100.00% | 23.96% |

资料来源：中国外汇交易中心网站。

第四，各类型机构交易占比持续优化。随着市场参与者数量不断增多，市场参与者种类不断丰富，近年来银行间货币市场交易集中度持续下降。表 6-2 和表 6-3 分别列出了分机构类别统计的货币市场成交量情况和货币市场余额情况。

表 6-2　　分机构类别统计的货币市场成交量情况

| 机构类型 | 2018 年成交金额（亿元） | 2018 年占比 | 2017 年成交金额（亿元） | 2017 年占比 | 同比增长 |
|---|---|---|---|---|---|
| 大型商业银行 | 2 121 763.94 | 12.31% | 1 542 138.74 | 11.09% | 37.59% |
| 股份制商业银行 | 3 749 607.83 | 21.75% | 2 290 832.61 | 16.47% | 63.68% |
| 城市商业银行 | 3 470 638.25 | 20.13% | 3 108 120.41 | 22.35% | 11.66% |
| 外资机构 | 384 724.59 | 2.23% | 588 710.89 | 4.23% | −34.65% |
| 农村商业银行和合作银行 | 1 684 715.64 | 9.77% | 1 739 085.69 | 12.51% | −3.13% |
| 证券公司 | 549 374.70 | 3.19% | — | 0.00% | — |
| 其他 | 5 278 671.22 | 30.62% | 4 638 100.13 | 33.35% | 13.81% |
| 合计 | 17 239 496.17 | 100.00% | 13 906 988.54 | 100.00% | 23.96% |

资料来源：中国外汇交易中心网站。

表 6-3　　分机构类别统计的货币市场余额情况

| 机构类型 | 2018 年余额（亿元） | 2018 年占比 | 2017 年余额（亿元） | 2017 年占比 | 同比增长 |
|---|---|---|---|---|---|
| 大型商业银行 | 205 920.58 | 12.62% | 189 884.30 | 12.60% | 8.45% |
| 股份制商业银行 | 132 216.73 | 8.10% | 110 314.48 | 7.32% | 19.85% |
| 城市商业银行 | 188 474.10 | 11.55% | 207 772.49 | 13.79% | −9.29% |
| 外资机构 | 52 283.41 | 3.20% | 83 307.94 | 5.53% | −37.24% |
| 农村商业银行和合作银行 | 151 692.80 | 9.30% | 165 053.53 | 10.95% | −8.09% |
| 证券公司 | 49 959.20 | 3.06% | — | 0.00% | — |
| 其他 | 851 413.17 | 52.17% | 750 535.30 | 49.81% | 13.44% |
| 合计 | 1 631 959.88 | 100.00% | 1 506 868.03 | 100.00% | 8.30% |

资料来源：中国外汇交易中心网站。

2. 境内银行间货币市场对外开放的重要意义

货币市场是金融市场发展的基石，是市场参与者负债端的重要来源，稳定、高效的货币市场可以为市场参与者提供融资的渠道，合理进行资产配置，近年来境外机构通过 QDII、“债券通”等渠道参与境内市场，并在境内银行间市场进行人民币资金融入，减少了对离岸人民币资金池的扰动，提升了人民币资产的国际吸引力。

首先，境内银行间货币市场开放可以为离岸人民币市场健康发展提供支撑。离岸人民币市场自 2009 年开始经历了快速发展以后，2015 年随着国际国内环境变化，

发展进入了平稳期，香港人民币存款自最高点 1 万亿元下降至 6 000 亿元，人民币国际化也进入了调整期。离岸人民币市场缺乏最终流动性提供者角色，虽然理论上可以将在岸人民币市场一概视为离岸人民币市场的央行，但是在宏观审慎政策趋紧的阶段，离岸人民币市场无法及时获取足够的人民币以满足市场需求，容易造成离岸人民币市场短期流动性骤紧骤松的情况，市场参与者在考虑市场风险之外还要额外关注潜在的流动性风险，降低了离岸人民币市场对国际投资者的吸引力。稳定的人民币融资来源以及稳定的短端人民币利率水平是离岸人民币市场发展的基础，即期、远期、掉期、期权、交叉货币互换、人民币点心债等产品的发展在一定程度上都依赖于相对稳定的离岸人民币货币市场，境内银行间货币市场的对外开放可以有效增加离岸人民币市场参与者获取人民币稳定资金的渠道，符合一定条件的机构进入境内银行间市场并成为会员，可以为满足条件的人民币资产直接进行融资，减小融资需求对离岸人民币市场产生的冲击，进而稳定离岸人民币市场的预期，促进离岸人民币市场持续健康发展。

其次，境内银行间货币市场开放可以为央行实施货币政策提供更全面的依据。央行施行有效的货币政策需要参考一系列中介指标，以隔夜、7 天回购利率和 Shibor 曲线为代表的利率指标是央行决策的重要参考，随着人民币国际化的推进和离岸人民币市场的不断深化，人民币离岸市场和在岸市场之间的边界逐渐相互融合，人民币资金的跨境流动对境内货币政策的实施效果产生了越来越显著的影响，境内货币政策的实施会对离岸人民币市场利率水平造成影响，离岸人民币市场也会反过来影响在岸市场。境内银行间货币市场的对外开放可以更全面地反映全球人民币供需情况，通过增加境外会员数量，可以更全面地反映全球人民币金融体系资金的交易状况和流动性情况，为央行提供更加全面的资金市场信息，如交易量、交易价格、交易机构等，使决策者更全面、客观地评估政策传导路径和实施效果，提升政策执行效率。

最后，境内银行间货币市场开放可以有效促进资本项目开放。稳定的人民币融资来源是提升人民币资产吸引力的重要保障，近年来以 RQFII、“债券通”、“港股通”为通道的资本项目开放持续推进，监管机构也根据市场需求不断拓展人民币购售范围以及利用境内银行间货币市场进行融资的方式，为境外机构进入境内市场提供汇率、利率保值对冲工具。目前，境外参加行既可以通过境外清算行或境内代理行间接进入境内银行间外汇市场，也可以申请成为中国外汇交易中心会员直接进入境内银行间外汇市场，但只能在两个渠道中选择其一，除境外央行类机构、境外清算行和境外参加行以外的其他主体暂时通过境外参加行间接进入境内银行间外汇市场。2018 年 5 月，中国人民银行办公厅发布《关于进一步完善跨境资金流动管理 支持金融市场开放有关事宜的通知》，指出境外人民币业务清算行和境外人民币业务参加行可在现行政策框架之内开展同业拆借、跨境账户融资、银行间债券市场债券回购交易等业务，同时还进一步完善了“沪港通”“深港通”资金汇兑机制，便利境外投资者选择使用人民币或者外币进行投资，放宽境外经营人民币业务的机构准入。2018 年 6 月，中国人民银行发布了《关于完善人民币购售业务管理有关问题的通知》，指出境内代理行、境外清算行和境外参加行可为经常项下和直接投资、经批准的证券投资等资本和金融项下的跨境人民币结算需求办理人民币购售业务，交易品种包括即期、远期、外汇掉期、货币掉期和期权等。国家外汇管理局持续对 QFII 制度相关外汇管理进行重大改革，包括完善审慎管理，取消汇出比例限制，取消有关锁定期要求，允许 QFII 持有的证券资产在境内开展外汇套期保值等，极大地便利了境外投资者通过 QFII 渠道投资境内金融市场。2019 年 1 月，将 QFII 额度由1 500亿美元提升至3 000亿美元，提升了资本项目开放的潜在规模。因此，境内银行货币市场的对外开放可以有效提升资本项目开放水平，提升人民币资产的国际吸引力。

### 6.2.2 债券市场

1. 债券市场对外开放的历程

我国债券市场对外开放大致可以分为三个阶段，第一阶段是 2005—2009 年，泛亚基金、亚债中国基金进入银行间市场，开启了我国债券市场开放的历程，这一阶段进展较为缓慢；第二阶段是 2010—2017 年，我国从投资主体和投资市场两方面放开债市，允许境外央行和货币当局、境外人民币清算行和跨境贸易结算参加行、QFII 与 RQFII 投资于我国银行间和交易所债券市场，相继开放回购、利率远期和互换等多种产品，并由审核制改为备案制，取消额度限制，债券市场对外开放进入新阶段；第三阶段是 2017 年至今，以“债券通”的开启为标志，债券市场的对外开放进入了新阶段，“债券通”为开展内地与香港债券市场互联互通合作的全新计划，让中国内地与境外投资者通过在香港建立的基础设施连接，在对方市场买卖债券。买卖两个市场交易流通债券的机制安排，包括“北向通”及“南向通”，“北向通”已于 2017 年 7 月 3 日开通，这一机制安排使香港及其他国家与地区的境外投资者可以经由香港与中国内地基础设施机构之间在交易、托管、结算等方面实现互联互通，投资于内地银行间债券市场。未来将适时研究扩展至“南向通”。

2. 债券市场的对外开放现状

截至 2018 年年末，来自 24 个国家和地区的 503 家境外机构投资者通过“债券通”进入境内银行间债券市场，类型涵盖商业银行、基金公司、资产管理公司、证券公司、保险公司及基金和资管产品等，交易券种以国债、政策性金融债、同业存单为主，2018 年全年交易总量达 8 841 亿元人民币，日均成交 35.8 亿元人民币，持有人民币债券余额1 729.9亿元，市场交易活跃度不断提升，“债券通”已成为国际投资者参与中国债券市场的一条重要渠道。图 6-2 列出了 2017 年 1 月至 2018 年 9 月境外主体持有境内债券余额情况。

以“债券通”为代表的债券市场对外开放有重要意义：

第一，人民币国际化需要债券市场开放的持续推动。主要国际货币发展的历史

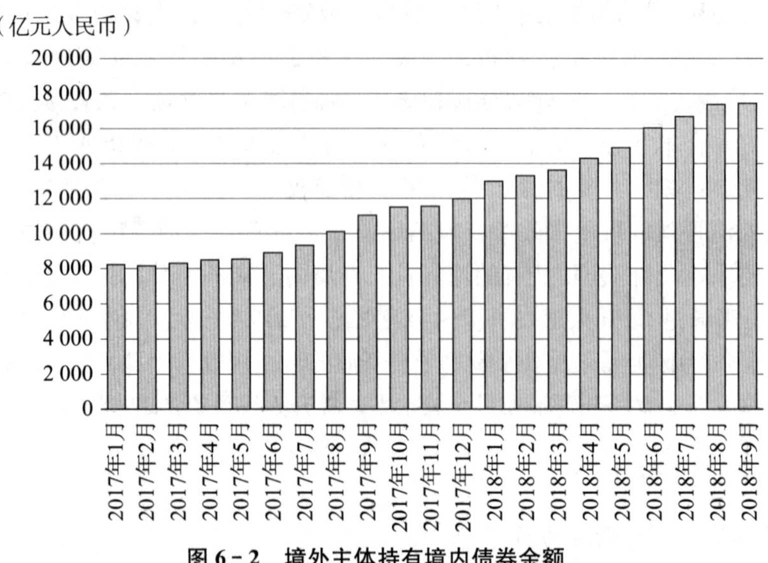


**图 6-2　境外主体持有境内债券余额**

经验表明，一国货币国际化的成功离不开其强大的经济规模与国际贸易量，更需要稳健有序的金融市场支撑，尤其是人民币加入 SDR 货币篮子后，人民币国际化正式进入主场驱动期，提升国际储备货币职能需要离岸金融市场和成熟的境内资本市场的双重支撑，能够为国际投资者提供更多的在岸金融资产选择、更顺畅的交易渠道、更充沛的市场流动性。

第二，"一带一路"为内地债券市场进一步开放提供了新机遇。部分"一带一路"沿线国家存在国民储蓄率低、金融市场不发达等制约因素，原有的融资模式无法承担推动经济发展的重任。因此，需要推动"一带一路"沿线国家加快发展金融市场，完善"一带一路"金融大动脉，亚投行、丝路基金等机构已为沿线国家的项目提供融资支持，债券市场发达程度亦是推动沿线资金融通使用的关键。"债券通"为境外持有人民币的国家和投资者提供了更为便捷的投资渠道和更加友好的制度环境，有助于提高"一带一路"沿线国家使用人民币进行结算的积极性。

第三，"债券通"的启动有助于巩固香港的国际金融中心地位。在人民币国际化进程中，香港作为离岸人民币试验田发挥了不可替代的作用，许多重大政策均在香港起步，从中国人民银行与香港金管局签署双边本币互换协定，到 RQFII 试点，再到"沪港通""深港通"和两地基金互认的推出，均通过香港为境外投资进入中国市场提供新管道，"债券通"亦突出体现了香港作为内地与世界之间的超级联系人的优势地位和离岸人民币试验田的历史定位。"债券通"开启后，香港与内地资本市场互联互通、合作发展迈上新台阶，香港金融市场再添新功能，可促进各国投资者在香港集聚，加快香港债券市场的发展，有助于改善香港资本市场"股强债弱"的局面，进而增强香港对全球金融机构和国际资本的吸引力，进一步巩固香港作为境外离岸人民币中心的地位，保持和增强香港在全球金融中心中的竞争力。

第四，债券市场的对外开放有助于提高我国债券市场的活力与效率。“债券通”的启动将促进我国债券市场被更多国际债券指数所接纳，从而引入更多国际投资者。外资的进入可有效提高我国债券市场投资结构的多元化程度，提高债券市场流动性水平。“债券通”也将进一步促进我国债券市场基础设施与国际接轨，如信用评级、信息披露、风险管理与法律法规等，将随着国外机构投资者的进入而更加成熟与活跃。

第五，“债券通”的实施在制度上也有很多突破，交易采用国际成熟市场较为流行的做市商交易机制，境外投资者可通过“北向通”直接参与银行间债券市场发行认购，采用多级托管模式，同时“债券通”投资者可使用自有人民币或外汇投资，使用外汇投资的，可通过债券持有人在香港人民币业务清算行及香港地区经批准可进入境内银行间外汇市场进行交易的境外人民币业务参加行办理外汇资金兑换，香港结算行由此所产生的头寸可到境内银行间外汇市场平盘，“北向通”下的资金兑换纳入人民币购售业务管理，这一制度设计跨越了香港离岸人民币存款不足的障碍，有助于吸引更多境外资金通过“债券通”进入我国银行间债券市场。

3. 债券市场对外开放存在的问题

目前债券市场对外开放过程中还存在一些问题，如债券市场开放政策的连续性不足，债券市场流动性相对较低，投资债券市场的便利性有待加强，境内市场同国际市场规则对接还存在差距，评级机构的公信力不足，相关风险对冲手段不足等。

第一，债券市场开放政策的连续性不足。我国资本账户仍未开放，资本账户管制仍然存在，这导致外资投资于我国资本市场后，如遇突发性金融风险或者需要变现撤出资金时较难实现。虽然国家外汇管理局 2016 年 2 月发布规定：合格投资者的投资本金锁定期从 1 年缩短至 3 个月，但是仍保留了投资本金和收益分批、分期汇出的要求，而且合格投资者每月累计净汇出资金不能超过上年年底境内总资产的 20%，资本账户管制也成为外资投资我国市场的主要顾虑。另外，2015 年下半年以来，随着我国经济增速放缓，市场逐渐形成人民币贬值预期，引发了大规模的资本外流，我国外汇储备从 4 万亿美元快速下降，甚至一度跌破 3 万亿美元关口。为限制资本外流，监管层出台了一系列措施进行管制，但资本管制扭曲市场定价，加剧了境外机构对于我国监管层过度干预金融市场的担忧，对境外机构投资我国资本市场产生了负面影响。

第二，债券市场流动性相对较低。债券市场的流动性体现在债券变现的难易程度以及折价造成的损失。在流动性较好的市场中，债券持有者能够很快地找到买主并完成交易，债券可以较为合理的价格成交，而在流动性不足的市场中，债券持有者卖出债券所花费的时间更长，可能需要较大幅度的折价才能在短时间内完成交易，卖出者将会遭受较大的损失。境外投资者投资于一国债券市场时，缺乏对当地金融市场的认知，因此要求所投资的标的有较高的流动性，这样在风险发生时可以及时抛售止损。就我国债市而言，虽然流动性逐年提高，但是由于市场起步时间晚，参

与机构相对单一，长期以商业银行、保险公司等持有至到期的投资者为主，市场交易的活跃度相对较低。债券市场流动性不足限制了境外机构投资我国债券市场后的变现速度，导致境外投资者参与热情下降。

第三，债券市场的便利性还有待提高。债券市场的便利性还有待提高，存在部分程序和规定烦琐、不透明，对市场参与者不友好等问题。境外投资者在不同账户（如 QFII 账户、RQFII 账户、银行间债券市场投资账户）之间的头寸无法进行转换，影响了资金使用效率；目前我国银行间债券市场采用扁平化的一级托管架构，投资者均需在中央托管机构办理开户。而国际上往往采用多级托管架构，效率更高，客户交易成本更低，交易方式更加市场化，结算方式简捷高效，市场运行机制的灵活性也更高；在银行间债券市场承销方面，目前外资机构可以参与承销，但无法开展主承销业务，导致外资机构业务不断收缩，离相关资质要求的差距越来越大，更加难以与国内金融机构竞争；目前非央行类境外机构投资者只能签署 NAFMII（中国银行间市场交易商协会）衍生品主协议，但 NAFMII 主协议和 ISDA 协议在法律条文上仍存在差异，增加了境外机构投资者的法律成本；交易所债券市场较银行间债券市场更加封闭、开放程度更低。目前，境外投资者要想投资交易所债券市场，只能通过 QFII 和 RQFII 这两种渠道。

第四，境外机构境内发债在会计、审计政策适用方面仍有诸多不便。根据现行规定，境外机构在境内发行债券所披露的财务报告，应按照中国会计准则或者财政部认可等效的准则编制，在审计方面也应由具有中国证券期货资格的会计师事务所进行审计，除非所在国或地区与财政部签署了注册会计师审计公共监管等效协议。目前同时符合上述会计、审计要求的国家或地区仅有中国香港，其他国家或地区的发行主体在境内发债需要重新编制符合要求的财务报告，制约了市场的发展。

第五，我国评级业公信力不足，无法满足国际投资者需求。由于时间短、起步晚，缺乏违约率检验，我国评级行业总体存在信用评级登记虚高、等级区分度不足以及评级机构“以价定级、以级定价”的问题，且问题较突出，我国债券评级结果中高评级企业占比明显偏高，“AA－”级以上等级的企业占比高达 97.13%，远高于美国、日本等其他国家，同时低等级企业比例较低，呈现“一头大一头小”的分布特征。由于获得高评级的企业增多，同一级别里的企业具有不同的风险水平差异，评级区分度低。在债券开放过程中，国际投资者在全球范围内配置资产，其基于全球标准建立的风控体系与国内评级机构使用的中国评级系统存在“错位”，加之国际投资者对国内评级机构的评级质量还存在疑虑，可能对投资债券市场构成一定障碍。而对于债券发行人而言，由于境外发行人多是国际市场上成熟的发行主体，要求其聘请并不熟悉的国内评级机构重新评级，会增加发行成本。

第六，与债券投资相关的风险对冲产品不足。对于境外投资者来说，投资我国债券市场的风险主要包括信用风险、利率风险与汇率风险。境外机构投资人民币债券缺乏汇率、利率风险的对冲工具，加之我国衍生品市场仍不发达，市场广度和深

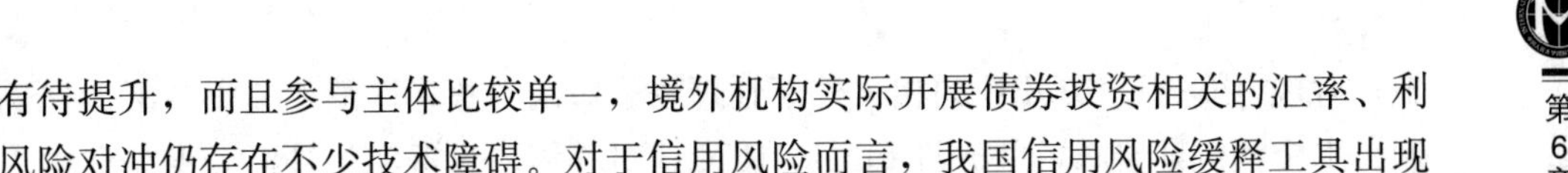

度有待提升，而且参与主体比较单一，境外机构实际开展债券投资相关的汇率、利率风险对冲仍存在不少技术障碍。对于信用风险而言，我国信用风险缓释工具出现较迟、发展较慢、参与门槛高，难以被境外投资者所使用。境外机构投资者进行固定收益产品交易时，常常将固定收益、商品、货币产品作为一个整体制定交易策略，但是国内确实对不同的产品有不同的开放程度安排，如债券市场的开放领先于衍生品市场和外汇市场，导致境外投资者无法有效地利用衍生品和外汇市场的工具制定投资策略。

### 6.2.3 股票市场

改革开放以来，中国证券市场在金融改革中迅速发展，从无到有、从小到大，规模已经在世界名列前茅。但中国证券市场开放程度较低，诸多结构性问题凸显了与发达国家成熟市场存在的较大差距。展望未来，中国将继续扩大资本市场对外开放，提升直接融资比重，推动市场化改革和资本市场健康稳健发展。

1. 股票市场发展现状

中国股票市场对外开放始于 20 世纪 90 年代初，1992 年 B 股市场正式成立，1993 年 7 月青岛啤酒成功发行 H 股股票，并在香港联交所挂牌上市，两大事件标志着我国股票市场对外开放起步。伴随着资本项目的逐步开放，我国 2002—2014 年先后引入 QFII、QDII、RQFII 和 RQDII 制度，为境内外投资者打通相互投资的渠道。为进一步促进中国内地与香港资本市场双向开放和健康发展，同时在与国际市场更深度的融合中，不断提升对外开放的层次和水平，自 2014 年起，中国证监会与香港证监会又先后启动“沪港通”、“深港通”、基金互认等机制。

经过近 30 年的努力，我国在股票市场对外开放方面取得了一定的成果。一级市场上，B 股的设立以及国内企业赴香港发行 H 股，为境内企业募集境外资金提供了通道，同时也便利了境外投资者投资国内公司股权；二级市场上，建立了促进资金流入的 QFII 和 RQFII 机制，促进资金流出的 QDII 和 RQDII 机制，促进资金双向流动的“沪港通”、“深港通”、基金互认等机制，可以在一定程度上满足不同类型投资者的需求。

2018 年 3 月 26 日，我国第一个对外开放的期货品种原油期货在上海期货交易所顺利上市，交易和持仓规模稳步增长，功能初步显现。同时，大连商品交易所的铁矿石期货开始引入境外交易者业务，为期货市场现有品种的国际化积累了宝贵经验，我国更多期货品种的国际化正在扎实推进中。

我国首次允许外方在合资证券公司和基金公司中占有 51%的股份，使国际投行能以业务条线垂直管理模式，将中国业务纳入全球业务统一经营管理。同时，允许外方在合资期货公司中占有 51%的股份。与此相应，外国投资者参与 A 股的交易范围进一步放开。

为了更好地对外开放资本市场，中国人民银行、国家外汇管理局也发布了新措

施，对现行QFII、RQFII的相关外汇管理政策做出调整，取消相关资金汇出比例限制、本金锁定期要求，并允许QFII、RQFII对其境内投资实行外汇套保。业内人士表示，此次QFII、RQFII改革比较彻底，除了对额度的宏观审慎管理外，其他基本都已放开。同时，允许境外投资者实行外汇套保，从而引入更多机构参与，发展外汇市场，这些措施的出台将有利于外资进一步投资中国市场。

纳入国际主流指数是我国资本市场开放的又一标志性事件，它表明经过不断改革和完善，A股市场制度建设也逐步得到国际主流投资者的认可。2017年6月，美国明晟公司（MSCI）宣布于2018年将A股纳入新兴市场指数，2018年9月下旬，MSCI公布就“进一步提高A股在MSCI指数中的权重”展开咨询，建议将A股大盘股纳入因子从5%提高至20%。

2. 股票市场对外开放中存在的问题

第一，股票市场的对外开放程度有限。一是股票市场的一级市场尚未准许非居民在境内发行股票类证券。二是市场开放深度不足，股票市场的开放仍然以“管道式开放”为主，并未形成系统性的开放。“管道式开放”是指境外机构投资者投资国内市场要通过QFII和RQFII的渠道，境内机构投资者投资境外市场要通过QDII和RQDII的渠道，个人投资者投资境外市场要通过“沪港通”和“深港通”的渠道，但在这些渠道之外，境内外股票市场仍是不连通的。这种“管道式开放”仍属起步阶段的开放模式，行政审批色彩较浓，开放程度较低。三是双向跨境融资发展不平衡。

第二，我国证券市场监管制度不够健全。健全的证券市场监管制度是证券市场交易的基础，也是建立高效、公平、公正的有序市场的根本出发点，目前我国证券市场的信息系统相对来说不够透明，缺乏有效的支持，造成了维护公平权益运作的困难，阻碍了信息披露制度的公开化，也将不利于保护投资者的收益，严重损害了投资者的交易信心，严重打击了投资者的热情，使投资者面临巨大的市场交易风险，从证券机构来看，一些企业缺乏外部约束，也面临国际化程度较低的问题，上市公司则由于内部结构的缺陷，经常出现投机自己公司股票的情况，操纵股票价格，不能有效保护股东投资者的利益。此外，上市公司的内部监督和外部监督也缺乏有效的协调。

第三，投资者专业化程度不高。目前我国证券市场的投资者专业化程度不足，缺乏正确的投资理念，虽然投资者的数量巨大，但是投资者的人群、年龄等方面的层次相对较为复杂，在质量上也有其缺点，很多投资者不能正确认识投资与投机的本质区别，不能正视投资的收益和风险，处于投资和投机失衡的状态，在交易的过程中过于盲目，从众心理较为浓厚，特别是当投资者利益受到损害的时候不能够正视自己的缺陷，往往将责任推卸给监管当局。

### 6.2.4 外汇市场及衍生品市场

外汇市场是金融市场对外开放的重要方面，是市场参与者进行货币兑换、汇率

风险管理的重要手段，有效的外汇市场与货币市场是金融市场发展的前提。对外开放也是我国外汇市场发展的必由之路，以银行间外汇市场为代表的人民币外汇市场近年来因势利导，加快对内改革和对外开放，不断丰富开放内涵，提高开放水平，对促进国内国际金融要素有序流动和深度融合有重要意义。

1. 人民币外汇市场发展现状

当前的人民币汇率制度是以市场供求为基础、参考一篮子货币、有管理的浮动汇率制。按照 IMF 的定义，有管理的浮动是指货币当局在不事先指明或承诺汇率目标的情况下，通过积极外汇市场干预来影响汇率。有管理的浮动汇率制度的范围很广，在积极汇率政策的作用下，其实际汇率运行可以涵盖从水平区间钉住到独立浮动之间的任何一种汇率类型，因此目前的人民币汇率制度也为未来人民币真正实现清洁浮动预留了政策空间和改革伏笔。

第一，主动性、渐进性、可控性改革持续推进。现有的汇率制度是多年汇率制度改革成果的延续，是对之前若干次改革的继承和发展。汇率制度改革的目标是为经济的稳健发展创造条件，同时最大限度避免对微观经济主体产生负面效应，需要同经济发展阶段及国内金融体系改革配套，是综合统筹内部均衡和外部均衡的结果。浮动汇率制度的实现有两个重要的前提条件，一是金融市场的完善和有效；二是利率由市场供求决定。从中国的实际情况来看，不完善的金融市场和非市场化的利率水平决定了这两个条件的实现还需要较长的时间。因此，若短期内贸然实行完全自由浮动的汇率制度，很有可能无法享受到浮动汇率制度带来的好处，而且可能要承担在浮动汇率制下汇率波动剧烈所造成的负面影响。

第二，银行间外汇市场参与者不断丰富。银行间外汇市场在引入传统大型金融机构外，还持续拓展中小金融机构会员，农村金融机构、财务公司等会员数量增长明显，非银行金融机构和非金融机构会员数量也持续增加。2015 年 1 月，国泰君安证券和嘉实基金进入银行间外汇市场，更多类型的非银行机构投资者获得直接进入银行间外汇市场的机会；同时银行间外汇市场也吸纳非金融企业会员进入，2016 年 9 月，华为技术有限公司获国家外汇管理局备案同意进入银行间人民币外汇市场，成为银行间人民币外汇市场第二家非金融企业类型即期会员。截至 2018 年年末，银行间人民币外汇市场会员数量达到 661 家，人民币外汇远期会员 200 家，人民币外汇掉期会员 198 家，人民币外汇货币掉期会员 166 家，人民币外汇期权会员 116 家，“债券通”香港结算行 22 家。外汇市场加快对内改革，拓展各类机构入市覆盖面，进一步丰富了银行间外汇市场主体类型。在普惠原则下，市场参与各方共享发展机遇，有利于金融服务实体经济，对支持市场主体完善汇率风险管理等具有积极意义。

第三，银行间外汇市场对外开放范围不断扩大。银行间外汇市场开放的范围不断扩大，开放的程度持续加深，境外参与者的便利程度显著提高。

一是银行间外汇市场境外主体参与者类型不断丰富。在向境外人民币清算行开放的基础上，2015 年 9 月银行间外汇市场向境外央行（货币当局）和其他官方储备

管理机构、国际金融组织、主权财富基金等境外央行类机构直接开放，2016 年 1 月银行间外汇市场向符合条件的人民币购售业务境外参加行开放，2016 年 9 月银行间外币拆借市场也开始向境外机构开放，截至目前，银行间外汇市场的各个子市场、各类产品都已向境外机构开放。

二是银行间市场境外主体数量不断增长，截至 2018 年年末，参与境内银行间外汇市场的境外机构总数达 94 家，同比增长 16.1%，其中境外清算行 21 家，境外参加行 34 家，境外央行类机构 39 家，较 2017 年分别增加了 1 家、6 家和 6 家，既丰富了银行间外汇市场交易主体类型，又为增进市场流动性和市场融合贡献了重要力量。

三是随着银行间外汇市场开放程度的同步加深，境外投资者参与银行间外汇市场的便利程度也不断提高。境外央行类机构在银行间外汇市场的交易已不受交易额度、交易品种、交易方式、清算方式等的限制。外汇市场提供直连、代理等多种交易渠道供选择，对参与者而言便利程度显著提高。

四是区域交易开放程度不断提升。2018 年 1 月 5 日，为积极配合国家“一带一路”倡议，促进银行间外汇市场区域交易发展，提高双边本币结算效率，根据中国人民银行批复和中国外汇交易中心市场准入相关规定，银行间外汇市场区域交易开放扩大。经核准成为银行间外汇市场会员、通过交易中心交易系统在银行间外汇市场仅开展人民币外汇区域交易的境外参加行和清算行，不再通过境内代理行模式开展该货币对的人民币购售业务。

第四，银行间外汇市场不断强化“走出去”战略。在“引进来”的同时，银行间外汇市场稳步推进“走出去”战略，与国际主流机构开展合作，构建利益共同体，有序布局全球金融市场，“引进来”和“走出去”均衡发展。2015 年 9 月、10 月，中国外汇交易中心分别与美国芝加哥商业交易所集团、德意志交易所集团签署合作协议，明确了实现中美、中欧金融市场基础设施及产品的互联互通、发展人民币创新产品的合作目标，具体落实“中美经济与战略对话”和中德两国领导人会谈成果，促进中外市场互联互通。同时，银行间外汇市场积极推进业务国际化战略，建设全球服务网络，完善国际金融服务基础设施，建设更高层次的开放型市场，各类市场服务支持时间也相应延长，锻炼和提升了银行间外汇市场对全球的服务能力。自 2016 年 1 月起，银行间市场外汇交易时间延长至北京时间 23：30，覆盖了欧洲交易时段和美洲部分交易时段。

第五，人民币外汇市场基础设施建设持续加强。一是在制度建设方面不断加强。中国人民银行、国家外汇管理局等部门制定了一系列开放外汇市场的宏观法规制度和部门规章，确立了一系列交易规则，汇率市场化和外汇管理体制改革的核心是让市场在汇率形成中发挥更大作用，赋予外汇市场参与者更多权利。二是自律机制不断完善。2016 年外汇市场自律机制开始推出，2017 年 4 月，为了提供管理部门与市场参与者之间更为便捷、畅通的沟通平台，我国成立了外汇市场指导委员会，构建

起了“指导委员会+自律机制”双层架构的中国外汇市场自律体系，在完善人民币汇率形成机制、推动和规范外汇市场发展以及人民币国际化方面发挥了积极的作用。截至 2018 年 8 月末，外汇市场自律机制成员达 553 家，其中已经有 30 家签署了遵守外汇市场准则的承诺声明，16 家签署了跨境人民币业务自律公约，14 家签署了银行外汇业务展业公约。外汇市场指导委员会还于 2017 年 5 月作为创始成员加入了全球外汇市场委员会，代表中国外汇市场深度参与全球外汇市场治理，贡献中国经验、中国方案和中国智慧。三是在基础设施建设方面，境外债券交易平台与外汇交易中心已经实现了连接，系统功能不断完善，2019 年 1 月，中国外汇交易中心与彭博联合宣布，彭博与旗下全球分支机构开始向合格投资者提供接入中国银行间债券市场的渠道，并同时提供代理模式和“债券通”模式两种接入渠道，境外投资者可高效、便捷地投资银行间债券市场。

2. 人民币外汇市场开放存在的问题

虽然人民币外汇市场在对外开放过程中取得了一定的成就，但是仍然存在一些问题。

第一，外汇市场对货币政策的影响逐渐加大。根据不可能三角理论，现行人民币汇率制度属于追求货币政策的独立性并坚持相对固定的汇率制度，同时限制资本自由流动的制度安排。该制度安排基本上适应了当前中国经济的发展需要，对促进经济增长发挥了重要作用。但是，这种汇率制度安排也存在一些缺陷，如汇率的形成机制不完善，汇率缺乏抵御外来冲击的灵活性，汇率的调整缺乏理论依据等。虽然短期不适宜对人民币汇率进行剧烈调整，但从长期来看，在金融全球化不断深化的大背景下，中国如果继续维持这种制度安排，将不仅面临着运行成本和风险递增的约束，而且会使货币政策的有效性不断降低，人民币汇率体制仍不可避免地要进行改革。

第二，市场的参与主体及产品多样化不足。银行间市场参与主体类型和数量仍有限，目前银行间市场参与者主要为商业银行和部分财务公司，其他非银行金融机构参与少，导致了市场参与主体较单一，风险偏好相同，容易形成单边市场；市场交易品种方面，由于目前我国外汇市场仍严格遵循实需原则，导致人民币外汇期货等产品迟迟不能推出，投机性的衍生产品交易仍被抑制，不利于汇率弹性的保持以及外汇市场有效性的充分发挥；人民币保证金外汇杠杆交易的绝对禁止，也让市场主体缺乏在境内的有效投资渠道，从而加大了其对境外资产配置的需求，也增大了跨境资金流出风险。

第三，人民币汇率的弹性依然不足。虽然多次汇率改革后，人民币汇率的双边弹性明显增强，双向浮动的特征越发明显，在引入逆周期因子后定价机制不断完善，但与 SDR 篮子货币相比，双向波动弹性依然较小，只相当于美元、欧元等货币的波动幅度的 1/3 左右。市场对人民币汇率的“浮动恐惧”依然存在，受非理性因素影响较大，使得人民币容易出现超调，从而导致市场出现较大震荡。

第四，市场主体风险管理能力不足。在开放的条件下，由于我国跨境贸易投资活动规模大，形式多样，极易受到国际金融市场上各种因素的影响，市场预期容易反转，加上市场主体的“羊群效应”仍较强，跨境资金特别是短期资金具有逐利性、顺周期、易超调的特征，极易冲击我国经济金融稳定与安全。外汇市场开放背景下资本大进大出、汇率冲击、外债杠杆等都可能给宏观经济和金融市场带来重大风险，而目前我国宏观审慎管理手段仍然较少，对资金流入流出的均衡管理仍不完善，风险管理工具箱不丰富，外汇市场风险监测、识别、处置的能力不强。

## 6.3 扩大金融开放所需的改革措施

过去中国开放的经验表明，凡是中国对外开放的领域，竞争力都变得更强，提供的服务也更优质，而未开放的领域效率要相对低一些，这说明金融开放对中国是有利的。下面围绕重点领域金融开放中存在的一些问题，采取有针对性的改革措施，实现高水平金融开放。

### 6.3.1 丰富交易主体，推动利率市场化

第一，扩大市场准入范围，丰富交易主体。数量众多、类型多样的市场参与者是市场发展的基础，可以形成市场化的价格水平，为市场参与者调整自身决策提供依据。2016年，国务院决定取消进入全国银行间同业拆借市场行政许可，随后中国外汇交易中心暨全国银行间同业拆借中心发布了《全国银行间同业拆借市场业务操作细则》，明确了金融机构进入全国银行间同业拆借市场相关流程和事中事后监管要求。根据中国外汇交易中心数据，截至2018年12月末，共有503家境外主体通过“债券通”渠道进入境内银行间债券市场，“债券通”市场交易活跃，同期境外机构在我国债券市场合计托管债券规模超过1.5万亿元人民币。下一步可借鉴美国联邦基金市场的发展经验，进一步放宽信用拆借市场成员的准入资格，打通各货币子市场间的屏障，使货币市场参与主体和交易客体多元化发展，为发挥基准利率的作用夯实更广泛的市场基础。

第二，完善同业拆借市场的法律法规。国内人民币市场的规范发展是对外开放的前提。货币市场作为我国金融机构之间进行资金融通和配置的市场，对于完善金融市场和健全金融体制具有重要意义。同时，货币市场也是我国央行货币政策的一条重要传导渠道，在实现国家货币政策目标方面具有关键的、不可替代的作用。随着我国货币市场的发展，国内货币市场在交易主体、交易币种、交易金额和相关规章制度或者法律法规方面有了大幅的新变革和新发展。在这一过程中，应完善相应的法律法规来保障我国货币市场的稳定和交易的安全，尽快制定实施具有系统性、完整性、规范性、科学性和前瞻性的法律法规，对我国货币市场发展相关的准入资格和退出条件、资金来源和主要用途、拆借期限和拆借限额、交易程序和清算办法、

风险控制和信息披露、运行体系和会员管理、监管主体和自身约束、监督管理和处罚规定等予以明确，使各个市场交易主体在同业拆借交易中有章可循，并加强对自身的管理和约束。

第三，加强短端利率挂钩衍生产品的开发，牢牢掌握人民币利率定价权。金融衍生品的定价与基准利率和风险紧密相关，因此基准利率变化会直接影响金融衍生品的价格，如债券远期、利率互换、利率期货、利率期权等衍生产品的定价基础都离不开货币市场基准利率曲线。随着货币市场交易规模的快速扩大，以回购利率和Shibor为浮动端基准的产品就具备了报价交易的条件。另外，开发基于短端利率的各种利率衍生产品也是极为必要的，以代表性短端利率为浮动定价基准的衍生产品有利于市场参与者规避利率风险和进行资产负债管理，特别是解决银行利率结构错配问题，同时为市场提供可用于预测货币政策变化的敏感参数。从央行角度看，也可通过衍生品价格了解市场预期，提高货币政策操作效率。未来可以借鉴发达国家经验，进一步推广隔夜指数互换，因为隔夜指数互换标准化程度高、交易简单、流动性较好，主要在银行间市场进行交易，完全跟踪了隔夜利率，隔夜指数互换的价格量化了市场对远期利率的期望，从而可以提供更为精准的货币市场利率曲线。

第四，加快利率市场化改革，建立货币市场金融创新机制。货币市场是一个具有高度流动性的市场，资金剩余者和资金需求者都在这一瞬息万变及竞争激烈的市场中相互作用，尽力寻求最有利的市场工具和交易条件，而利率作为资金的使用成本，就是市场供求关系的“晴雨表”。由此可见，货币市场有效运行的必要条件是实现利率市场化。我国需要借鉴一些发达国家的科学经验，对资金分配以及资金的用途加强分析，促进市场统一发展；加快货币市场利率化的速度，向国际标准看齐，通过利率市场化实现我国货币市场的有机统一。利率的最大作用就是调整市场的资金供需，保障资金在满足货币市场稳定发展和有机统一的条件下上下浮动。因此，应适度放开大额存款利率，在适当放松管制的情况下实现利率调节，真正做到利率市场化。同时，我国货币市场的进一步发展必须依靠金融创新，借鉴发达国家经验，在宏观上对金融创新进行规范，创造宽松的环境，正确引导金融机构的创新机制，同时，限制或禁止引用、运用尚不具备条件的金融工具或比较落后的金融工具。作为货币市场发展的基础，应努力进行支付结算体系的创新。要结合计算机技术和网络技术的发展及普及，大力提高我国货币市场支付结算体系的电子化程度，从而为防范货币市场风险创造技术条件。

### 6.3.2 完善政策和制度安排，激发债券市场活力

“债券通”的开启以及更多国际投资者的介入，对我国债券市场建设提出了更高的要求。同时随着“债券通”的推进，“债券通”制度设计也在逐步优化。未来“债券通”要保持蓬勃发展的态势，需要有更加成熟的债券市场支持，也需要有更加全

面的“债券通”制度安排。

1. 放松政策限制，释放金融机构和金融市场活力

应尽快解决境外投资者在不同账户之间的头寸转换问题，提升资金使用效率；引入境外机构分层托管，逐步与国际托管结算的主流做法接轨，建立多级托管模式和名义持有人账户；统筹考虑外资银行的整体实力和规模，包括全球网络、在特定产品和业务领域的专长等，在给予某些业务资格和发放某些业务牌照时，适当考虑给予外资银行一定的差异化对待；与国际接轨，允许境外投资机构自主选择签署NAFMII（中国银行间市场交易商协会）或ISDA（国际掉期与衍生工具协会）衍生交易主协议；尽快明确对境外机构投资银行间债券市场的税收政策细则，可考虑在一定时期内实施税收优惠政策，优惠程度尽可能向国际上较低的税率靠拢，以吸引更多的境外机构投资。

2. 完善制度安排和金融基础设施建设

境外投资者投资于一国金融市场时，首先考虑的便是当地的制度环境是否规范透明、投资是否便利，因此，完善相关的金融基础设施建设，形成合理的制度安排是我国债券市场开放的基础。一方面，我国应当着力完善与债券市场相关的法律规则，加强信息披露制度建设，努力营造规则清晰、信息透明的市场环境。例如，完善公司破产涉及的法律规则，明确信用风险发生时投资者的权利、义务以及信用风险处置流程，给投资者准确、合理的预期。细化审计、税收制度，明确境外机构投资过程中所涉及的增值税、所得税缴纳细则。另一方面，我国应当继续完善债券市场基础设施建设，推动交易、清算、托管系统与国际接轨，在“债券通”顺利运行的经验基础上，继续探索与境外金融市场、交易平台、托管机构的合作模式，为跨境投资提供更多便利。

3. 进一步扩大可交易产品范围

不论是在西方发达国家的成熟债券市场，还是在新兴国家的债券市场，国债等主权类债券都是国际投资者青睐、持仓比例最高的投资品种。纵观我国债券市场开放过程，国际投资者出于对投资安全性和流动性的考虑，主要购买的也是我国国债和政策性金融债，两者合计持仓比例常年保持在80%以上，可见外资对主权类债券的偏好。因此，在我国债券市场开放初期，应当重点培育国债、政策性金融债市场，增加一级市场发行规模、完善做市商制度、丰富投资者结构、着力提升市场流动性，打造具有国际竞争力的主权类债券市场，吸引更多的境外投资者进入我国债券市场，推动债券市场国际化。另外，从现有境外投资者投资境内资本市场渠道对比来看，CIBM（中国银行间债券市场）的交易品种最为广泛，QFII和RQFII不能进行债券回购，而“债券通”的投资者目前仅可投资在内地银行间债券市场交易流通的所有券种，无法进行债券远期、远期利率协议和利率互换的交易，这样的交易安排限制了境外投资者投资组合策略的实施，加大了境外投资者风险管理的难度，对“债券通”的规模造成了影响。

4. 完善信用评级体系，推动评级机构国际化

随着金融市场开放，资本跨境流动将更加频繁，境外投资者“引进来”与境内融资者“走出去”都对本土评级机构建设和完善全球评级体系有迫切需求。因此，我国评级机构应当把握这样的历史时机，借鉴国际同行的先进技术和经验，努力提升对信用风险的识别和判断能力，为市场提供更加可靠、及时的信用评级结果，在我国力图打破刚性兑付的大环境下，充分认识到信用评级在未来债券市场中发挥的基础性和决定性作用，努力推动信用债市场依据信用风险进行合理定价，这不仅符合债券市场发展的客观要求，也有利于提升信用评级机构的市场认同度，提高评级结果的投资参考价值，促进信用评级行业良性发展。另外，我国评级机构长期服务于本地市场，对国内监管规则、行业特征和企业信用状况的掌握更为全面深刻，应当充分整合已有资源和数据，形成核心竞争力，积极服务外资机构投资我国信用债市场以及中资企业境外发债，提高评级结果的国际接受度，推动评级机构国际化。

5. 防范金融风险，加强监管的国际合作

债券市场开放不是一蹴而就的，而是循序渐进、稳步放开的过程。在债券市场开放的过程中，我们应当充分认识到国际资本的流入与流出对我国金融市场的影响，借鉴他国债券市场开放的经验，在宏观审慎的监管框架下，统筹安排我国债券市场开放的次序和速度，加强监管协调和信息共享，建立债券市场风险防范和处置机制，为可能发生的金融风险做好预案。另外，随着投资、融资的国际化，金融监管的国际合作越来越重要，我们应当加强与国际同行的交流沟通，借鉴其对于国际资本的监管经验，共同应对资本跨境流动给全球金融市场稳定带来的风险，为实体经济发展创造良好的金融环境。

### 6.3.3 在风险可控前提下有序推动股票市场对外开放

1. 遵循自主、渐进、可控的原则稳步推进对外开放

我国股票市场对外开放是一个重大事项，它关系到我国资本市场由封闭走向开放的问题，将会直接影响到我国经济金融的稳定与发展。所以，我们必须稳妥、审慎、有步骤、有计划地推进我国股票市场对外开放，不能急躁，要循序推进，稳扎稳打，统筹协调人民币国际化、资本项目开放、国内监管水平等多种因素，科学合理地推进我国股票市场对外开放。在外资全面进入之前，我们要完善制度，避免外资操控股市。第一，适当保留对境外机构投资者的资格审查制度，防止不良境外机构投资者进入我国股票市场。第二，应通过税收制度而非外汇管制来控制外资的大进大出，更关键的是规定外资投资者在不同行业的合计持股上限。第三，有节奏地放开包括股指期货在内的衍生品交易及人民币汇率套期保值产品的市场准入，通过不断完善制度来保证我国股票市场对外开放的秩序与稳定。

2. 加强事前评估，严防可能的外部风险

我国股票市场对外开放，本外币资金跨境流动的规模和数量将显著增大，在这

种情况下，境内外资金的流通量随时处于变化之中，货币冲击的风险加大。截至2019年1月底，“陆港通”北上资金累计净买入7 265亿元人民币，南向资金累计净买入8 075亿元人民币（见图6-3）。国际金融环境的变化将对人民币汇率和国内股票市场产生越发显著的影响，尤其是在累积了巨大的存量交易之后，国际市场的突发事件有可能引发股票市场存量向流量的转换，对人民币汇率形成较大的冲击。

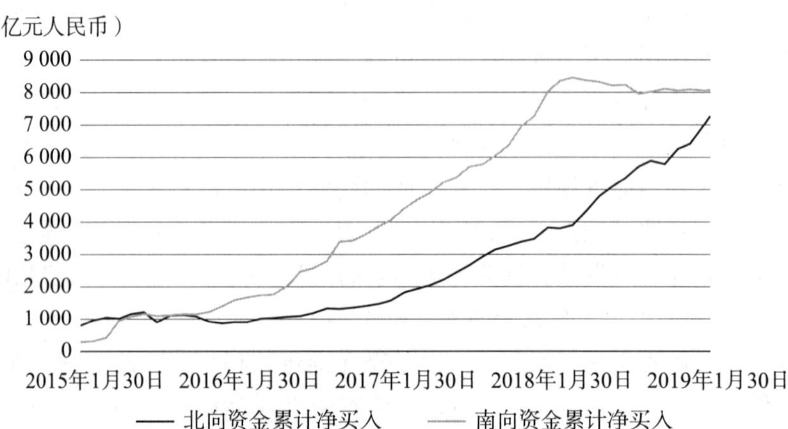


**图6-3　“陆港通”双向累计净买入金额**

资料来源：Wind数据库。

因此，在我国股票市场对外开放过程中，要切实加强对我国股票市场的监管，注意防范金融风险，维护我国经济金融的安全。国内证券监管机构要加大对股票市场的监管力度，建立健全预警机制，加强对我国股票市场的研究和预测，对往返境内外的本外币资金进行实时监控，对股票市场资金流动和交易等情况全面跟踪，发现问题及时处置，防止股票市场大起大落。同时要监管好市场各类主体、交易所和中介机构，严惩市场失信与违法行为，培养和保护市场的良性与可持续生态。要加大相关法规、制度的执行力度。另外，国内证券监管机构要加强与境外证券监管机构的联络与配合，互通情报，共同监视国际资本的流动，合作打击违法违规的资本流动，维护我国股票市场对外开放的顺利推进和人民币国际化走向新的历史阶段，以便最终实现人民币自由兑换这一目标。

3. 大力推进资本项目开放和人民币国际化以及其他相关方面的配套改革

从总体层面看，我国股票市场对外开放是我国资本项目开放和人民币国际化的一个重要组成部分，因此，我国股票市场要实现对外开放的战略目标，还需要我国资本项目开放和人民币国际化的进一步深入配合以及其他相关方面的改革配合，放宽对证券公司在持股比例、设立形式、股东资质、业务范围、牌照数量等方面的限制，为外资进入中国市场提供公平、公正的环境，如按照内外资同等对待的原则，进一步放宽证券业的外资持股比例限制，并允许设立外商独资证券公司；取消对合资证券公司中方股东必须有一家是证券公司的限制。完善“沪港通”“深港通”机

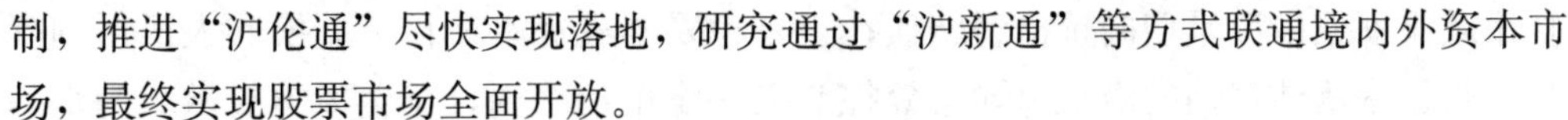
制，推进“沪伦通”尽快实现落地，研究通过“沪新通”等方式联通境内外资本市场，最终实现股票市场全面开放。

### 6.3.4 提高外汇市场透明度，完善配套机制建设

市场化导向是人民币外汇市场发展的重要原则，人民币汇率最终自由浮动是汇率改革的目标，外汇市场的对外开放可以更好地促进人民币外汇市场的市场化改革。改革和调控的历史经验表明，中国作为一个大国，货币政策必然以国内情况为优先考量，在此前提下汇率制度趋向清洁浮动可以最大限度释放货币政策的操作空间。清洁浮动制度的核心是人民币兑美元等其他货币汇率实行自由浮动，完全由外汇市场供求决定人民币汇率，央行退出常态式的外汇市场干预，不再设定汇率中间价和浮动区间。在人民币汇率对外开放的路径选择上，需要借鉴国际经验、结合中国国情，科学规划、统筹设计。

1. 以渐进性作为对外开放的路径

外汇市场的开放是以国内金融自由化、市场化为前提的，目前我国外汇市场开放虽具备了一定的基础和条件，但与完全开放外汇市场特别是资本项目的完全开放还存在一定的差距，必须坚持渐进式的开放模式，着重于深化金融体制改革，完善金融体系建设，强化金融监管，审时度势地开放外汇市场中尚未开放的项目，同时保持必要的跨境资金流动风险管理措施。

2. 继续坚持当前的人民币汇率市场化改革目标

2017年以来，央行明确了“收盘汇率＋一篮子货币汇率＋逆周期因子”的美元兑人民币汇率中间价形成机制，从实施情况看，这一机制对于提高汇率政策的规则性、透明性、可溯性发挥了重要作用，在当前有管理的浮动汇率制度下，不失为一种较为稳妥的过渡政策。未来一段时间，实现清洁浮动的各项条件短期内可能还难以实现，因而在既要增强人民币汇率弹性，又要体现有管理的情况下，可以继续坚持和完善当前的市场改革措施。

3. 待条件成熟时，宣布人民币清洁浮动时间表和路线图

该举措可以有效提升人民币汇率市场化改革公信力，激发市场对改革的期待，形成对改革的促进。从国际经验看，汇率制度实现清洁浮动大都经历了固定汇率、爬行钉住、爬行钉住篮子、扩大爬行区间、清洁浮动的过程。总结其成功经验，一是要加速扩大浮动区间，二是引入一篮子货币作为过渡，在增加汇率弹性的同时保持一定的价格锚；三是最终实现清洁浮动的时机最好在本国经济较为稳健、外部条件较为均衡的时期，最小化汇率制度变动对经济活动的冲击。

4. 完善外汇市场对外开放的相关体制机制配套措施

一是进一步发展外汇衍生品市场，为机构和个人有效管理其外汇风险敞口提供工具，减轻汇率波动对微观主体造成的负面影响，缓解相关金融风险；二是推动国内金融体系市场化改革，完善金融基础设施，加快利率市场化形成机制建设，推动

货币政策框架由数量型向价格型转换；三是稳妥推进资本项目可兑换和人民币国际化，将汇率清洁浮动的潜在风险有效控制在一定范围之内，避免风险扩散，为汇率制度改革创造良好的内外部环境；四是拓展市场参与者类型，进一步完善对外开放的制度规则建设，适当降低市场准入门槛，引入更多交易主体，审慎适时放开实需原则，允许交易者进行适度的投机交易，加快衍生产品的创新和发展，增强市场的深度和广度，借鉴国外经验，研究开放人民币保证金外汇杠杆交易。

5. 完善外汇市场信息收集和监控体系

及时、有效的外汇市场信息监控体系对于防范对外开放中的潜在风险有重要意义，可以为政策优化提供依据。应加强外汇市场长效的流入流出双向均衡管理的制度建设，坚持政策稳定中性原则，同时保留可弹性操作、危机时能快速响应的政策框架，充实短期资本管理的法规政策，操存短期资本管理的逆周期管理手段。对外汇市场开放将仍然保持一定比例的风险管理措施，以提高外汇市场开放后的资源配置效率和风险防控能力。此外，还应完善银行间市场的一系列制度规则，如信息披露规则、会计审计规则、税收规则和争议解决相关的司法制度等。

## 6.4 防范金融开放风险

易纲表示，金融业开放本身并不是风险产生的根源，但开放过程可能提高金融风险防范的复杂性，需要不断完善同开放相适应的金融风险防控体系。尤其是在当前中美贸易摩擦的背景下，金融开放中面临的不确定性增加，资本流动对国内金融市场以及外汇市场的影响更加显著，在扩大金融市场开放的同时需要防止外部风险事件的扰动，不断完善金融监管，提升金融市场数据统计的时效性和准确性，使监管能力与开放程度匹配。

### 6.4.1 防范外部风险

2018年以来，美国不顾国际贸易规则，单方面采取了一系列贸易保护措施，先后针对金额高达2 500亿美元的中国商品加征10%～25%的关税，特朗普总统经贸团队在贸易摩擦谈判中出尔反尔，层层加码，政策阴晴不定，增加了双方沟通的难度，导致贸易摩擦加速升级到贸易战阶段。中美贸易摩擦标志着全球贸易保护主义回潮，在冲击双边贸易的同时，使国际贸易领域积聚系统性风险，引发国际金融市场的剧烈动荡，导致全球经济增长面临大范围失速的风险。

1. 中美贸易摩擦的背景

中美贸易结构存在明显的特异性，导致关税边际影响收敛，贸易反制措施的非关税政策选择空间狭小，并蕴含较大风险。显然，中美的贸易摩擦从关税入手，逐渐扩展到国际资本流动，知识产权、技术转让，甚至产业政策，都越来越表现出多重性和复杂性。美国加征关税后，主要贸易对手陆续采取反制措施，国际贸易壁垒

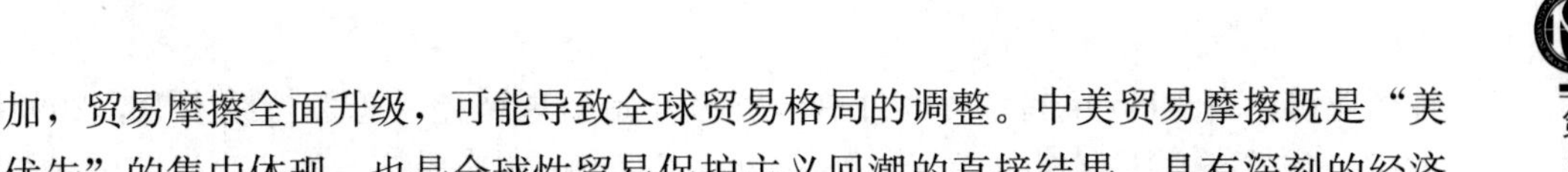

增加，贸易摩擦全面升级，可能导致全球贸易格局的调整。中美贸易摩擦既是“美国优先”的集中体现，也是全球性贸易保护主义回潮的直接结果，具有深刻的经济和社会根源，进而可能表现出长期性特征，在一个相当长的时间段内持续发酵。

全球性低增长长期化是贸易保护主义回潮的根源。美国总统特朗普在其竞选阶段提出了“美国优先”的主张，把贸易保护作为吸引选民支持的重要策略。其成功当选表明民粹主义和反全球化在美国有着深厚的民意土壤，这是2008年全球金融危机后美国经济长期低增长的结果。统计数据显示，2007—2016年，美国GDP年均增长1.33%，而在大萧条后的1930—1939年，美国的GDP年均增长也是1.33%。从这个意义上说，2008年发轫于美国的全球金融危机与大萧条具有同样的破坏力，其对全球经济的影响具有长期性和持续性。观察年度数据可以发现，20世纪30年代的10年中有4年美国GDP增长超过8%，复苏强劲，而在2007—2016年，美国推出了超出常规的量化宽松货币政策，但其对实体经济的刺激并不明显，美国GDP增长率最高仅为2.6%，始终处于复苏乏力状态。经济长期低速增长直接导致社会收入差距加大、普通民众整体福利无法改善，由此引发了美国反建制力量抬头和反全球化趋势性回潮，为劳工保障与民粹主义和贸易保护提供了土壤。

*2. 贸易不平衡长期无解加剧贸易保护主义倾向*

特朗普把解决巨额贸易逆差问题作为发起贸易调查的借口，提出把中美贸易逆差缩减1 000亿美元，减幅接近三分之一。事实上，美国巨额贸易赤字由来已久，从20世纪70年代以来，在一个相当长的时期内的多数年份，美国始终面临巨额贸易赤字的困扰。根据美国统计，2017年，美国贸易赤字上升到8 100亿美元，其中约47%来自中美贸易。从美国贸易赤字的主要构成看，从20世纪70年代到2008年之前，日本是美国的主要贸易逆差国，年度逆差额介于400亿美元到1 000亿美元之间。

在这段时间里，美国和日本经常爆发各种形式的贸易战，包括纺织品争端、钢铁争端、汽车争端和半导体争端。在贸易战初期，美国启动进口配额法制化程序，要求日本自主限制对美国的出口增长，以保护美国国内的制造业。20世纪80年代到90年代，美国先后与日本签订了市场重视型个别行业协议（MOSS协议）和日美结构协议及日美综合经济协议，要求日本开放市场，扩大进口，提出改变日本独特的经济增长方式等目标。从实际执行效果看，美国对日本贸易逆差占美国名义GDP的比率从1.2%左右逐渐收缩到0.3%上下。同时，美元兑日元汇率经历了1971年和1985年两次大幅度的贬值，从1971年7月到1978年10月，日元升值100%，从1美元兑360日元升至1美元兑180日元，持续时间为87个月。从1985年2月到1995年4月，日元升值208%，从1美元兑259日元升至1美元兑84日元，持续时间为122个月。在日元汇率大幅升值的同时，美国和日本共同推动了日元的国际化进程。为了规避与美国的贸易冲突，日本加快推进国内的产业结构调整，提出扩大内需、开放市场、推进金融自由化等措施。日本企业则加快海外投资，构建其全球

性产业链。自 1985 年起，美国对中国贸易开始呈现逆差，总额持续上升，2008 年前后，贸易逆差达2 500亿美元，经过 2009 年的短暂下调后，该逆差额再度攀升到 4 000亿美元上下。相应地，美国对日本的逆差额则由 900 亿美元收缩到 700 亿美元左右。

从日本经验看，贸易战只能减少日本对美国的双边贸易差额，无法解决美国总体性的巨额贸易不平衡，因此，可以说，美国对外贸易不平衡是现行国际经济体系下，全球贸易循环和资本流动平衡的产物。美国巨额贸易逆差更多地反映了美国经济内部存在的严重的不均衡问题。从历史上看，美国的净储蓄率长期低于全球其他经济体，2017 年前三季度，美国净储蓄率分别为 1.9%、1.7%、2.2%。储蓄率低迷是美国对外保持大规模贸易赤字的根本原因。因此，缩减中美贸易逆差表面上是增加中国进口，扩大美国出口，实质上是双方尤其是美国经济结构需要做出重大调整，其过程注定是漫长且痛苦的，其影响也将通过贸易渠道作用于资本流动并影响国内经济结构，打破内外经济均衡，寻找新的平衡点。

3. 贸易摩擦加剧中国经济面临的外部风险

受中美贸易摩擦持续及内外部金融市场波动的影响，中国经济增速略有放缓，2018 年中国经济同比增速为 6.6%，虽然保持在 6.5%的目标增速附近，但未来仍面临较大的外部压力。根据海关总署的数据，2018 年中美双边贸易进出口总值为 6 335.2亿美元，同比增长 8.5%，其中，出口4 784.2亿美元，增长 11.3%；进口 1 551亿美元，增长 0.7%；贸易顺差3 233.2亿美元，同比扩大 17.2%。中美贸易摩擦对中国出口的影响未来还将继续发酵，可能导致中国经济在未来出现增长放缓的局面。

贸易摩擦迟迟得不到最终解决，给市场带来了较大的不确定性，有关贸易摩擦的新闻引起了金融市场的动荡。中美双方曾于 2018 年 5 月达成暂停贸易战的共识，并发表联合声明寻求和解，但美国贸易代表办公室于 6 月 16 日公布对华加征关税清单，中国国务院关税税则委员会随后做出对等报复，中国商务部亦重启对美输华多项产品的反倾销调查。

2018 年 7 月 6 日，特朗普政府正式对来自中国的价值 340 亿美元的商品加征 25%关税，标志着特朗普对华关税政策正式实施，中国商务部其后在声明中指出，美国违反世贸规则，发动了迄今为止经济史上规模最大的贸易战。中国海关总署发表声明，表示中方的报复措施已在美方加征关税措施生效后即行实施。人民币兑美元汇率在 6 月和 7 月出现明显贬值走势，自 6.39 附近贬值至 6.82 附近，贬值幅度达 6%以上，虽然与这一期间美元指数走强也有一定关系，但贸易摩擦带来的不确定性所产生的影响也不可忽视。

4. 采取积极应对措施

第一，短期内密切监控贸易战的发展及其对贸易商及各类出口企业的冲击程度，针对美方不断出台征税清单的行为，沉着冷静，理性应对，详尽分析数量型和质量型措施的优缺点，形成不同的政策组合，提升反制力度，有效应对，并避免贸易摩擦扩大到资本及金融领域；动态评估相关影响，了解业界需求，及时提供出口信用保险及其他各类支持措施，提升抵御贸易战和相关金融风险冲击的能力。

第二，继续发挥 WTO 多边贸易仲裁的作用，联合受到美国贸易制裁的其他 WTO 成员，向 WTO 投诉贸易战的不利影响，要求美国撤回贸易保护措施。

第三，在中长期内，从全球产业链的角度，加快全球供应链整合。美国跨国企业在中国的投资金额远远超过中国企业在美国的投资规模，中国可以加快推进中国企业“走出去”，从全球范畴构筑供应链、产业链和价值链体系，加强规避贸易冲突的能力建设；积极拓展东盟及“一带一路”沿线新兴市场，通过设立多种形式的工业园区等，带动更多的中小企业“走出去”，降低贸易战的负面影响。

第四，从全球战略角度，寻找中美贸易平衡的解决之道，中国应加快推进多边贸易发展，减少双边贸易不平衡，增加从美国进口高科技产品及石油等大宗商品。在中期内，中国应继续提升对外贸易多元化程度，适时调整进出口的规模及结构，推进“一带一路”倡议，增加与新兴市场国家的贸易和投资往来。

第五，通盘考虑贸易金融的交叉影响，摆脱就贸易谈贸易的思维定式，把贸易战与美国加快加息的可能影响结合在一起，整体应对潜在的金融风险，做好维护金融机构稳健运行和保持金融市场基本稳定的相关预案。在 1998 年亚洲金融危机和 2008 年全球金融危机的双重洗礼之后，我国经济实力不断增强，金融监管能力和金融机构的管理水平均有提高，但是防控金融风险永远在路上，需要随时做好准备，积极采取短中长期结合的有效措施，控制相关金融风险可能带来的负面影响，稳步推进金融去杠杆，防范化解潜在金融风险，保持国内金融市场的稳定发展。

第六，发挥香港“一国两制”的独特优势，充分利用香港数十年近百年所形成的贸易关系网络，寻找空间，协助中美双方加强沟通、妥善解决贸易争端。香港各类智库亦可以发挥国际舆论引导和与美各层面沟通等作用，为中美贸易政策协调建言献策，从全球战略角度，寻找中美贸易平衡的解决之道。

### 6.4.2 全方位、多渠道防范金融开放风险

金融对内改革和对外开放是一个有机整体，不能割裂发展，亦不能一蹴而就，应一切从中国实际出发，统筹国际和国内两个大局，探索适合我国国情、具有中国特色的金融发展道路，必须加强党对金融工作的领导，坚持稳中求进的工作总基调，遵循金融发展规律，紧紧围绕服务实体经济、防控金融风险、深化金融改革三项任务，创新和完善金融调控，健全现代金融企业制度，完善金融市场体系，推进构建现代金融监管框架，加快转变金融发展方式，健全金融法制，保障国家金融安全，促进经济和金融良性循环、健康发展。

1. 制定金融业开放时间表和路线图

首先，金融业应遵循准入前国民待遇和负面清单原则。继续放宽市场准入，对

各种市场主体一视同仁，在有效提升金融服务质量的前提下，鼓励内资外资依法平等地进入，在同等条件下竞争；进一步放宽对外资持股比例、业务范围、股东资质等方面的限制。其次，金融业对外开放必须与汇率形成机制改革和资本项目可兑换进程相互配合、共同推进。灵活的汇率机制是整个经济的稳定器，也是国际收支调节和跨境资金流动的稳定器和调节器，其中不少金融风险可以通过该机制不断释放，因此在对外开放过程中，需要进行汇率市场化改革。同时，人民币国际化也要求资本项目可兑换。最后，金融的开放程度要与金融监管能力相匹配。随着金融的开放，会出现跨市场、跨地域、跨国界的资本流动，因此提高金融开放水平，必须提高金融监管能力，做好风险防范准备。

2. 完善金融供给侧改革

与成熟的市场经济国家相比，中国金融市场还存在显著的结构性问题，主要体现在以下方面：一是直接融资比重过低；二是影子银行挤压债券市场；三是债券市场自身的结构有待改善；四是股权融资不足，投资者以散户为主；五是衍生品发展不够。未来，应继续尊重并适应国际市场规则和惯例，在开放和完善金融监管框架的基础上，深化国内金融市场改革，实现直接融资与间接融资、股权融资与债务融资、基础产品与衍生品协调发展，建成与大国经济地位相适应、种类齐全、结构合理、服务高效、安全稳健、更具包容性和竞争性、支持实体经济可持续发展的现代金融市场体系。

3. 稳妥有序地实现人民币资本项目开放

作为开放型经济的重要内容，资本项目开放要坚持服务国家经济发展和对外开放战略的宗旨，应当与经济发展阶段、金融市场状况、金融稳定性等相适应。要把握好改革方向、节奏和重点，稳妥有序地推进；抓住重点领域和关键环节推进改革，重点是推动少数不可兑换项目的开放，坚持交易环节和汇兑环节联动，提高可兑换项目的便利化程度。推动资本项目可兑换和推进资本市场双向开放互为一体，下一步将按照“成熟一项、推出一项”的思路逐步扩大开放。推动金融市场双向开放，改革完善合格机构投资者（QFII、RQFII、QDII、RQDII 等）外汇管理制度，债券市场方面应便利并规范境外机构境内发行债券及货币市场工具（熊猫债），衍生品市场方面应支持扩大境内商品期货市场对外开放。此外，还应逐步扩大互联互通的覆盖范围，完善“债券通”，推动“沪伦通”落地，继续扩大基金互认产品范围。

4. 健全调控框架，落实改革措施和稳健标准

要在货币政策和宏观审慎政策双支柱调控框架下，扩大金融业对内对外开放，落实金融监管改革措施和稳健标准；借鉴发达市场发展的经验教训，并根据我国国情，守住不发生系统性和区域性风险的底线，完善监管协调机制，完善金融机构市场化退出机制；主动参与国际金融监管改革和标准制定，加强国际合作；研究系统重要性金融机构的认定标准和评估框架，积极稳妥地推进新巴塞尔协议，提高银行抗风险能力；健全证券市场制度，完善以净资本为核心的风险控制指标体系；健全

保险业偿付能力监管体系；丰富针对企业、个人和银行等各类交易主体的全覆盖宏观审慎管理政策工具箱，加强本外币政策协调配合，综合运用风险准备金、类托宾税、全口径跨境融资宏观审慎等政策工具；建立和完善跨境资本流动宏观审慎管理的监测、预警和响应机制；建立健全包括企业、银行在内的系统重要性跨境投融资机构外汇监管制度，从维护全局稳定的角度加强对企业跨境投融资行为的监测监管力度，研究银行外汇业务微观合规与宏观审慎评估框架，通过对宏观风险和业务合规性的评估，强化跨境资本流动失衡情况下的调节作用。

5. 要加强对投资者的教育和对消费者的保护

内资和外资金融机构要严格秉承为消费者负责任的金融服务理念，将金融产品和服务的信息准确传达给消费者，明确告知消费者所要承担的风险与后果，不断提升金融服务的有效性及精准度，制定切合消费者需求的产品与服务。同时，要加强对金融投资者的教育和保护，关注对境内投资者在境外投资的保护，探索构建涉外投资者保护体系。投资者要树立收益自享、风险自担的理念，加强风险意识，在选择金融产品及服务时，注意维护自身的合法权益。金融管理部门要完善相关的法律法规，加强投资者适当性管理，推进金融知识的普及教育，完善个人信息的保护，严格依法监管，严格执行金融市场的纪律。

6. 加强金融基础设施建设

为保障市场安全、高效运行和整体稳定，必须加快完善支付结算基础设施，完善金融企业财务制度以及税收、法律等制度环境，缩小与国际标准的差距，同时做好金融业综合统计，运用现代科技手段和支付清算机制，动态监管线上线下、国际国内的资金流向和流量。

# 第 7 章

# 完善金融基础设施建设

金融供给侧改革、金融高水平开放、人民币国际化都需要高质量的金融基础设施。金融基础设施不仅包括金融交易设施，还包括金融标准及其制定。本章阐明了国际金融深刻变革、我国进一步改革开放对金融基础设施建设的更高要求，认为应该以 CIPS 为核心完善金融基础设施，为高水平开放和人民币国际化保驾护航，同时积极进行国际协调，以增强中国在国际金融标准制定中的话语权。

## 7.1 高水平开放需要高质量的金融基础设施

### 7.1.1 明确金融基础设施的定义和范围

1. 金融市场基础设施

金融市场基础设施（简称金融基础设施）是“金融的管道”（financial plumbing），用于支持交易、支付、清算和结算，实现金融机构间的相互联系和相互作用（Bernanke，2009）。在金融监管实践中，我们普遍采用 2012 年国际清算银行支付结算体系委员会［CPSS，现更名为支付和市场基础设施委员会（CPMI）］和国际证监会组织（IOSCO）联合发布的《金融市场基础设施原则》（Principles for Financial Market Infrastructures，PFMI）中对金融市场基础设施的定义，即金融市场基础设施（Financial Market Infrastructures，FMI）为参与机构（包括系统运行机构）之间用于清算、结算或记录支付、证券、衍生品或其他金融交易的多边系统，主要包括支付系统、中央证券托管、证券结算系统、中央对手方以及交易报告库。支付系统通常基于参与者和运营商之间的双边或多边协议，使用商定的运营基础设施进行资金转账，包括大额支付系统和小额支付系统等。大额支付系统主要用于办理跨行公司的对公账户以及交易金额大的账户，包括汇兑、委托收款划回等，仅工作日可用；小额支付系

统用于办理跨行、跨地区的个人账户，每笔金额不能超过5万元，全天24小时连续不间断运行。中央证券托管提供证券保管服务，它允许证券交易由簿记系统处理，在确保证券发行完整性方面发挥了重要作用。证券结算系统指通过事先约定的多边规则支持证券进行转账和结算，并通过簿记进行结算的系统。中央对手方又称共同对手方或共同交收对手方，指结算过程中，介入证券交易买卖双方之间，成为“买方的卖方”和“卖方的买方”以确保履行所有敞口合同的机构。

交易报告库集中收集和保存交易数据电子记录的工具。TR在提高衍生品市场的透明度和减少金融风险方面发挥着核心作用。

以上五种类型的FMI没有明显的边界。由于法律及制度的不同，在某些国家或地区，某类机构可能同时承担五类系统中某几种系统的角色。

2. 金融制度

金融制度是一个国家以法律形式建立的金融体系结构以及构成该体系的各银行和非银行金融机构之间的责任分工和相互联系。它属于金融市场基础设施规则的一部分，完善的金融制度是金融基础设施能够有条不紊地运行的前提。

在不同的社会制度和不同的经济管理制度下，虽然各国金融管理制度存在不同程度的差异，但是，鉴于各国经济体制具有商品经济的共性，其金融制度也具有一些共同特征，主要包括四个方面：（1）以银行为主体的多种形式的金融机构并存；（2）中央银行是金融体系和宏观调控机构的核心机构（一些国家使用相应的政府机构履行中央银行的部分职能）；（3）中央银行垄断货币发行权；（4）各国家对金融机构的设置以及金融活动的开展进行比较严格的管理，把本国国民经济的宏观效益作为管理和调控的基本目标。

在中央银行与其他金融机构的关系方面，有的国家如中国的中央银行对各种金融机构具有领导、管理和监督权；有的国家如法国、日本对金融机构的管理、监督权名义上属于政府其他机构，而实质上中央银行仍在很大程度上参与。美国的中央银行比较特殊，是一个由多种管理和调控机构组成的体系，联邦储备银行（中央银行）只是这个体系中的一个组成部分。美国对其他金融机构的管理分属美国联邦储备系统的各有关机构，对州银行的管理则属于州政府。

3. 我国金融制度不断完善

我国金融体系中的金融调控机构是中国人民银行，金融监管机构是中国银行保险监督管理委员会（中国银保监会）。改革开放40年来，我国逐步形成了市场化、高效、安全的金融制度，在维护金融稳定、支持经济发展方面发挥了重要作用。

第一，建立了统一、健全的货币体系。货币是金融体系最基本的要素。在现代货币经济中，货物交换和生产要素流动是通过货币进行的。货币稳定性与投资意愿和资源配置效率直接相关，进而影响金融体系的安全性和金融市场的功能。通过一系列汇率制度改革，人民币币值稳定，已成为世界上相对稳定的货币，获得了良好的国际声誉。

第二，央行货币政策调控更加灵活精准。主要包括创设临时流动性便利（TLF）、常备借贷便利（SLF）、中期借贷便利（MLF）等流动性调节工具，保持市场流动性稳定；将差别准备金动态调整机制升级为宏观审慎评估（MPA），从资本和杠杆、资产负债、资产质量等七个方面引导银行业加强自我约束和自律管理。

第三，金融监管体制改革深入推进，格局重塑。主要包括成立国务院金融稳定发展委员会，统筹负责金融改革发展与监管，研究系统性金融风险防范处置和维护金融稳定的重大政策；组建中国银行保险监督管理委员会，集中整合监管资源，提高监管质量和效率；强化功能监管、综合监管和行为监管，推动建立更为规范的资产管理产品标准规制，形成金融发展和监管强大合力；发挥金融监管协调部际联席会议作用，构建跨市场金融风险监测分析框架，健全金融监管部门之间的风险通报机制。

第四，金融市场体系建设日趋完善。国务院印发《关于进一步促进资本市场健康发展的若干意见》（“新国九条”），出台上市公司退市制度，开展优先股试点；提高全国中小企业股份转让系统企业挂牌、股票发行和并购重组的审查效率；启动运行连接香港与内地的“沪港通”“深港通”“债券通”，有效推进多层次资本市场建设。

中国作为新兴市场，金融市场的法律体系、监管制度还亟待完善。金融制度需要不断修正，这是一个持续的过程，当金融发展到一定阶段后，一些曾经适用的规则会逐步凸显出局限性，需要进行相应的调整。良好的金融制度可以平衡效率与风险，这就要求金融制度更加市场化、便利化、透明化。适当放开金融管制，加快利率、汇率市场化改革，减少市场的扭曲，更好地发挥市场配置资源的基础性功能。同时，加强各类市场主体的自律能力，夯实市场化基础。深化金融服务体系和金融市场改革，促进竞争，改善服务，使社会不同方面能够公平合理地享受金融服务的便利。加强金融治理和透明度建设，努力做到程序公平和决策科学，增强社会对金融发展的信心。

### 7.1.2 金融标准在金融基础设施中具有重要地位

1. 金融标准为金融基础设施建设指明方向

金融行业标准是针对没有国家标准但需要在金融行业范围内统一的技术要求所制定的标准。金融行业标准不得与国家标准相抵触，金融标准内部各标准之间应保持协调、统一，避免重复。金融标准在规范经济金融发展秩序和加强社会管理等方面都发挥着重要作用。它们是政府管理和市场自律的重要手段。金融标准化工作旨在提供金融监管和支持，为金融业的发展创造基准，不断完善金融行业标准体系。

金融标准的制定和推行对金融基础设施建设有重大意义，金融市场不仅要全面、快速地发展，而且要有规则、健康地发展。制定金融标准，就是为金融基础设施建

设提出具体要求，为金融发展指明大方向。制定金融标准，必须根据我国的具体国情，与时俱进、与国际接轨，要得到市场的认可。金融标准越完善、越先进，金融基础设施建设就越有序、越健康。发达国家金融市场发展的经验表明，必须要有统一、规范的标准进行监督管理，金融市场才能做到有规可依、有据可查，金融基础设施建设才能更加稳健地发展。

2. 国际金融标准的主要制定者

为制定国际通用的金融标准，促进国际货币合作，保持成员的就业、生产资源的发展、实际收入水平而成立的世界金融机构包括国际货币基金组织（International Monetary Fund，IMF）、环球同业银行金融电讯协会（SWIFT）、国际标准化组织（International Organization for Standardization，ISO）等。

国际货币基金组织于1945年12月27日在华盛顿成立，其职责是维护国际货币体系的稳定，提供技术和资金协助，确保全球金融制度运作正常。其宗旨是通过一个常设机构来为国际货币问题的磋商和协作提供方法；稳定国际汇率，在成员国之间保持有秩序的汇价安排，避免竞争性的汇价贬值；协助成员国建立经常性交易的多边支付制度，消除妨碍世界贸易的外汇管制；在有适当保证的条件下，基金组织向成员临时提供普通资金，使其有信心利用此机会纠正国际收支的失调，而不采取危害本国或国际繁荣的措施；按照以上目的，缩短成员国际收支不平衡的时间，减轻不平衡的程度等。

环球同业银行金融电讯协会是国际银行间非营利的国际合作组织，为国际金融业务提供快捷、准确、优良的服务，运营世界级的金融电文网络，银行和其他金融机构通过它与同业交换电文，从而完成金融交易。环球同业银行金融电讯协会的目标是为全体成员的共同利益服务，为了确保安全、准确地完成对私有的、保密的、专利的金融电文的通讯、传输以及路由等行为，研究、创造一切必要的方法，并且将其付诸使用和操作。

国际标准化组织（ISO）制定金融行业标准体系，为国际金融机构之间的沟通提供标准。尽管绝大部分金融机构都拥有自己的内部标准和编码规范，但要与外部沟通，就需要转换成国际认可的一套标准。目前，ISO20022标准开创了崭新的业务流程和概念，提供独立于语法结构的逻辑报文，而且拥有资源丰富的数据仓库和数据词典。ISO 20022标准被广泛应用于端到端的支付链、投资基金和贸易服务等多个领域，对金融行业的自动化和标准化产生了重要影响。

3. 中国高度重视金融标准

为了加强金融标准建设，我国成立了全国金融标准化技术委员会（SAC/TC180）（以下简称“金标委”），负责金融业标准化技术、国际金融业务标准化技术委员会（ISO/TC68、TC222）的归口管理工作，由中国人民银行领导和管理。例如，中国是SWIFT会员国，中国银行、中国工商银行、中国农业银行、中国建设银行、交通银行等银行均开通了SWIFT网络系统。

金标委下设证券、保险、印制三个分技术委员会，分别负责开展证券、保险、印制专业标准化工作。截至 2018 年 11 月，金标委制定了 5 大类标准，其中推荐性金融国家标准 67 项、金融行业标准 242 项，包括通用基础标准、产品与服务标准、基础设施（信息技术）标准、统计标准、监管与风险防控标准。金标委还先后成立了法定数字货币、绿色金融、金融 IT 基础设施等专项工作组。这些金融标准的颁布实施，促进了金融业技术与管理进步，对金融业发展产生了重大影响，为金融业的健康发展奠定了坚实的基础，取得了显著的社会效益和经济效益。尤其是，在我国金融对外开放的进程中，金融监管标准更具公正性、权威性和国际性，为我国金融业规范化、现代化、国际化发展奠定了坚实的基础。

今年是改革开放 40 周年，中国已初步形成了适应新时代金融发展需要的新型标准体系，金融标准正从政府单一供给向“政府＋市场”多元供给转变。金融标准化在显著推进了金融信息化建设的同时，又有效促进了金融业务和相关产业的发展并有力地保障了金融业安全、稳定运行，不仅对宏观审慎管理发挥着越来越重要的作用，还缩小了我国金融业与国际同行的差距。展望未来，金融标准化工作应坚持“引进来”和“走出去”并重，在积极引进国际先进标准的同时，把我国的优势标准、特色标准，特别是一些亟须被国际接受的标准推广出去。一方面要加大对国际标准制定的参与，另一方面要大力推动我国金融标准在“一带一路”沿线国家和地区的应用。

### 7.1.3 金融基础设施建设的必要性及面临的机遇和挑战

货币的国际化是一国综合经济实力发展到一定阶段的产物，它是一国货币从不可兑换到完全可兑换的过程。金融全球化使各国金融市场紧密地联系在一起，也增加了潜伏在各国金融市场基础设施间的隐性系统风险。因此，我国在人民币国际化的过程中，尤其是在金融基础设施建设的过程中必然面对更多的机遇和挑战，而经济要高质量发展、金融市场要更加开放必须满足三大要求：效率、稳定（安全）、包容（联通），这三大要求与金融基础设施的建设目标高度一致。目前我国在基础设施、金融制度、金融标准三个方面尚存在一些突出问题和“短板”，要建设高质量金融基础设施，就必须克服发展过程中各方面的主要障碍。

金融基础设施对于保障金融市场的安全、稳定至关重要。在金融全球化的背景下，随着人民币国际化进程的加快，各国的金融基础设施之间存在明显的相互依存关系，协调机制非常重要。G30（三十国集团）、国际清算银行支付结算体系委员会（CPSS）以及国际证监会组织（IOSCO）相继出台了一系列措施来促进全球金融基础设施的协调，使各方能够系统认识和了解国际支付结算的实践做法和相关监管要求，以促进《金融市场基础设施原则》在国内更有效地落实，促使我国金融市场基础设施更加安全、高效地发展。效率与风险之间需要实现平衡，更要加强金融监管。习近平总书记在主持中共中央政治局第四十次集体学习会议时强调，金融安全是国家安全的重要组成部分，要加强金融监管，确保金融系统良性运转。

我国应尽可能协调金融市场基础设施，通过创建人民币跨境支付系统解决代理制度的弊端，为跨境人民币支付提供便利。未来还应加强对金融科技（FinTech）的监管，特别是对比特币等加密货币，要求坚持信用货币基本职能、电子货币狭义属性以及不去中心化。相信经过各国的不懈努力，全球的基础设施一定能够在更深的层次上实现互联互通，全球金融市场因此也会更加安全。

当前金融改革及创新带来的收益初见成效，其风险也成为社会不可忽视的关注焦点。安全、高效、联通的金融基础设施能够为清算、结算以及记录证券和衍生品合约等提供便利，是拓宽普惠金融渠道体系、巩固服务市场、增强金融稳定的重要基础。金融监管既要鼓励创新、提高效率，又要做好风险防范。过激的金融创新可能会造成金融市场的失灵，造成金融风险甚至是危机。金融创新包括金融组织创新和金融工具创新。金融组织创新可以改变传统金融市场的委托—代理关系；金融工具创新可以放大杠杆率。这些创新既可能完善当前市场，也可能加速市场的失灵。相关部门应重视金融风险，防范“黑天鹅”“灰犀牛”事件发生；应建立健全的法律制度，严格执法，确保市场的公平、公正、公开。

在2018年4月举行的博鳌亚洲论坛上，习近平总书记在“金融开放11条”里所涉及的内容均和金融基础设施建设相关，主要目的是大幅放开金融业对外开放，提升国际竞争力。通过遵循以下三条原则推进金融业对外开放：一是准入前国民待遇和负面清单原则；二是金融业对外开放将与汇率形成机制改革和资本项目可兑换进程相互配合，共同推进；三是在开放的同时，要重视防范金融风险，要使金融监管能力与金融开放度相匹配。具体开放政策包括：(1) 取消银行和金融资产管理公司的外资持股比例限制，内外资一视同仁；允许外国银行在我国境内同时设立分行和子行；(2) 将证券公司、基金管理公司、期货公司、人身险公司的外资持股比例上限放宽至51%，三年后不再设限；(3) 不再要求合资证券公司境内股东至少有一家是证券公司；(4) 为进一步完善内地与香港两地股票市场互联互通机制，从5月1日起把互联互通每日额度扩大四倍，即“沪股通”及“深股通”每日额度从130亿元人民币调整为520亿元人民币，“港股通”每日额度从105亿元人民币调整为420亿元人民币；(5) 允许符合条件的外国投资者来华经营保险代理业务和保险公估业务；(6) 放开外资保险经纪公司经营范围，与中资机构一致；(7) 鼓励在信托、金融租赁、汽车金融、货币经纪、消费金融等银行业金融领域引入外资；(8) 对商业银行新发起设立的金融资产投资公司和理财公司的外资持股比例不设上限；(9) 大幅扩大外资银行业务范围；(10) 不再对合资证券公司业务范围单独设限，内外资一致；(11) 全面取消外资保险公司设立前需开设2年代表处的要求。

此外，经中英双方共同努力，目前“沪伦通”准备工作进展顺利，将争取于2018年内开通。目前，我国已经放开了银行卡清算机构和非银行支付机构的市场准入限制，放宽了外资金融服务公司开展信用评级服务的限制，对外商投资征信机构

实行国民待遇。为促进金融业开放相关工作顺利实施，还将做好配套措施建设，在扩大金融业开放的同时加强金融监管。在放宽外资准入和业务范围的时候，依然要按照相关法规对各类所有制企业进行一视同仁的审慎监管。通过加强金融监管，可以有效防范和化解金融风险，维护金融稳定。

综上所述，建设金融基础设施无论是在金融制度、金融标准等方面，还是作为货币国际化基础方面，甚至在构建整个完善的现代金融体系方面的重要性都应得到更高层面的理解和重视。随着“一带一路”倡议的推进和人民币国际化的加快，金融基础设施建设不仅与人民币清算结算体系联系更加密切，而且国际上金融基础设施的协调也变得越来越重要。在已经明确建设金融基础设施对于高层次高质量发展和金融开放的重要性和意义的前提下，还要明确金融基础设施与更多关键功能体系之间的关系和意义，包括人民币清算结算体系、国际金融基础设施的协调等。

## 7.2 以人民币清算支付体系为核心建设金融基础设施

### 7.2.1 人民币清算支付体系存在的不足

1. 缺乏法制化的跨境支付结算纠纷处理机制

由于现有的关于支付系统的法律规范性文件位阶偏低，会增加法律使用的不确定性，也增加了支付结算运行环境的不确定性，导致制度方法的执行和后果无法预见。结算最终性的法律基础没有确立，目前我国仅在证券结算领域在法律层面规定了结算最终性，而在企业破产法规定中对结算支付指令的溯源会导致支付系统的稳定性下降，净额结算也存在当企业主体破产结算时被视为无效的风险。人民币清算结算体系法律制度不完善还表现在以下方面：

首先，人民币清算结算体系法律制度的不完善表现为对参与银行间支付结算系统的金融机构在法律上没有明确的准入要求。因此，如何确定参加该制度的银行机构的准入标准，对已加入金融机构的监管，对已加入金融机构违规或不合格的惩戒、调整和清除，以及参与的金融机构的数量和质量的法律调控等问题上，缺乏必要的法律依据。

其次，人民币支付清算体系缺乏具体的法律规范。我国支付结算体系主要是相关部委、金融监管机构或央行的规范性文件或政策指导，分散在各种行政法规、规章和意见中，没有上升到可执行的法规层面进而形成统一有序的体系。立法层次过低可能导致一系列不良后果，如法律规定缺乏权威性、制度稳定性较差、立法的科学性和民主性无法保证。这些不良后果严重制约了人民币支付体系立法的完善以及金融体制改革的推进，导致人民币支付体系在国际竞争中处于弱势地位，无法形成与人民币国际化目标相辅相成的法律制度。

最后，建立人民币支付清算系统的法律制度必须考虑相关的纠纷解决机制和制度。跨境支付的显著特征之一是纠纷解决机制的国际性和复杂性，同时又受到执行因素的干扰。支付手段本身具有其特殊性，具有无形且无法直观对其进行评价和价值预估、专业性和风险性等特征，使支付者和金融支付机构长期处在信息不对称的常态中。因此，必须建立并不断优化减少信息不对称的机制，通过建立结算纠纷解决长效机制，平衡双方在信息收集、处理、分析等方面的能力，从而营造公平、公正的市场环境，从真正意义上制定完善的人民币清算结算体系法律制度和规范。

2. 支付系统的国际竞争力需要提升

金融市场基础设施的国际化水平不高，大部分基础设施未明确国际投资者的接入方式，也未与国际金融市场基础设施实现互联互通（中央国债登记结算有限责任公司于2004年实现了与香港CMU的单向联通），“走出去”和“引进来”均存在障碍。

美国、日本、欧盟都有很多具体详尽的法律条款明确了和支付系统相关的规则，比如，美国使用了《统一商法典》的4A条款，明确了结算最终性的法律效力。日本有众多关于支付结算方面的制度，包括《预付卡法》《资本金认定法》《银行法》《邮政储蓄法》《邮政资金转账法》《邮政汇票法》《公司和其他债务证券的簿记转账法》《金融机构参与的特定金融交易的抛售轧差法》等。而欧盟通过《关于支付与证券结算系统最终性的指令》明确了破产程序和不追溯性来对参与方进行法律保护。

为了更好地制定和执行货币政策、维护金融稳定、提供必要的金融服务，中国人民银行也在支付体系中推广运行了一系列配套系统，例如金融机构的行名行号管理系统、支付管理信息系统、查询查复管理系统等。我国的支付系统法律环境有待进一步完善，尤其是国际竞争力需要大幅提升，以得到国际的认可和尊重。

### 7.2.2　加强人民币清算支付体系建设的重点和突破口

1. 学习先进设计和管理经验，加快结算体系建设

美国的结算体系功能强大，除了完成支付与清算外，还可以为用户提供一定的融资（透支）便利。此外，欧美的一些清算机构从业务收费中向成员单位返还收益，给客户分配利润，以求不断拓展业务领域和品种。而FedWire和CHIPS两大系统之所以能够取得巨大成功，主要是因为在服务时间、清算模式、风险管理以及多方位服务四个方面非常出色，中国在跨境支付功能设计中也应多多学习借鉴，增强支付系统在国际竞争力方面的优势。

第一，全球覆盖式的清算服务时间。为了便于在世界范围内提供清算服务，系统运行服务时间通常比正常工作时间长，并且可以覆盖其他国家或地区的营业时间。美国的FedWire系统每天从工作日的前一天（T－1日）晚上9点（东部时间）开始运行，持续到第二天（T日）下午6：30，一个工作周期的运行服务时间共为21.5小时。CHIPS从自然日的前一天晚上9点（东部时间）到第二天的下午5点（东部时间）持续运营，一个运营周期共计20小时，比FedWire提前1.5小时结束

运营。欧洲的 TARGET 2 的运营周期为 21 小时，从格林尼治标准时间凌晨 1 点持续运营至晚上 22 点。

第二，高效的清算模式。美国和欧洲的清算支付主要采用混合支付模式和给予信用透支额度的方式，以提高清算的及时性。CHIPS 系统通过采用混合支付模式和给予信用透支额度的方式来增强流动性。一方面，采用双边或多边撮合清算的方法；另一方面，运用成员的信用限额来提高结算效率。TARGET 2 采用实时全额支付模式，达到了避免信用风险以及缩短结算时间、提高清算时效的目的；同时，欧元区各央行会根据实际情况，采用信贷透支限额法管理各自银行的结算账户，以此提高清算效率。凭借高效的支付和清算能力，CHIPS 和 TARGET 2 能够完成巨大的业务处理量：CHIPS 实现了 94%的直通处理率，日均交易总额约为 1.6 万亿美元；TARGET 2 的日均交易总额为 2.2 万亿欧元。

第三，健全的风险管理机制。美欧跨境支付系统主要控制事件发生前、发生中和发生后的风险，保证投资者的利益，确保系统的安全运行（见图 7－1）。

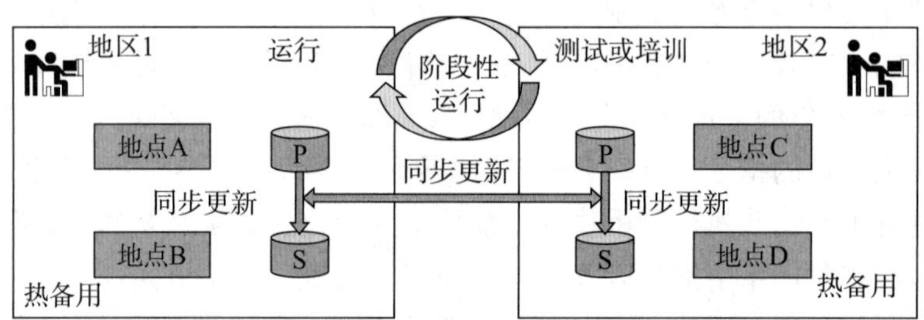


**图 7－1　TARGET 2 系统应急预案**

资料来源：欧洲中央银行（ECB）。

第四，多系统相连，提供全方位服务。国际主要货币的跨境支付系统与外汇和证券市场相连，它们具有良好的兼容性，为投资者提供多元化的服务。例如，CHIPS 具有直接转换外汇的功能，TARGET 2 不仅提供央行货币结算功能，还加入了证券结算功能。

2. 借鉴国外制度和监管方法，完善我国相关法律和管理制度建设

中国可以参考《2010 年恢复美国金融稳定法案》（Restoring American Financial Stability Act of 2010）和《2010 年支付、清算、结算监管法案》对指定业务、金融交易、金融市场公用平台（Financial Market Utilities）及金融机构等基本概念的定义和规范以及美国 CHIPS 系统所建立的基本制度，规范建立跨境人民币支付清算系统，并参考其准入制度。以美国的普通法体系为例，美国不仅有联邦监管机构的监管法律，还通过判例结合司法实践进一步规范支付系统的运作和实践。中国作为遵循民法体系的国家，形式上必须由立法机关制定专门的法律法规来规范和约束人民币支付清算体系（如人民币支付和清算授权法定、人民币支付清算程序法定、人民币支付清算相关责任法定等），还有必要从法律技术层面进一步明确各方在支付清算

系统下的权利义务关系以及具体的操作步骤和相关的监管制度，从而有效建立人民币支付结算实际运作机制的合法性、公信力和可执行性，同时能够有效地与其他国际公认的支付清算体系接轨，获得国际清算参与方对人民币支付系统的信任和依赖。

人民币支付清算管理监督体系也亟待建立，包括建立具有权威性的人民币支付清算管理监督机构，明确责任；建立自上而下的人民币支付清算管理信息系统；建立严格的人民币支付清算管理监督制度。基于其他可比系统的经验和模式，人民币支付清算管理监督系统大致可以由几个部分组成：第一，以金融监管机构监督为主体建设多方结合的监管框架。该框架可由以下几个部分组成：（1）央行及中央金融监管机构，主要是加强对人民币支付结算制度的制定与审查；（2）人民币支付清算管理相关监事机构，此机构平行于本级监管部门，能够确保人民币支付清算管理各项规章制度的有效实施；（3）规范人民币支付清算管理机构的内控机制。三位一体的监管框架结合重大人民币支付清算项目的定期内审制，提高制度实施的透明度和公信力。第二，建立人民币支付清算监控信息系统，实现数据内部共享。及时发现和解决人民币支付结算中的不当行为。第三，完善人民币支付清算监管约束机制。具体有以下三点：（1）提高对监管人员的能力要求。（2）明确规定人民币支付结算监督机构的职责以及监督标准，制定监督工作的量化评估方法。（3）落实人民币支付清算监督责任追究制度，对监督人员渎职行为进行问责，完善离任审计，对违规行为进行相应惩戒。

因此，立法时必须充分考虑、协调这些方面的问题。在处理这些问题方面，不同国家根据国情的差异制定了不同的规则，并依靠国际惯例和国际公约来仲裁可能出现的争议。同时，我国也需要根据人民币支付清算体系的发展、参加人民币支付结算体系金融机构所在国家的法律以及其他币种国际支付结算的现行做法，建立适合我国国情的相关立法模式和协调方法。

综上，建立中国人民币支付清算体系法律制度应从多方面入手，不能将希望都寄托在单一的支付清算体系法典上，而应考虑建立有关人民币支付清算体系的法律规范的一个法群。这个法群应至少包括三部分法律规范：第一，引入、重新规范或创建全新的概念、法律关系以规范支付清算体系和参与银行间支付清算的金融机构的准入要求，同时明确覆盖业务的定义，确定支付清算系统作为金融市场公共平台的使用范围。第二，在传统的金融交易法律或合同法中，新设专门有关人民币支付清算体系相关的法律，如借鉴美国UCC第4A编、《国际贷记划拨示范法》以及其他发展中国家的立法和操作实践，协调各参与方的权利和义务。促进人民币支付结算体系的革新及优化，树立人民币支付清算体系的法律地位和公信力。此外，要建立监督人民币支付清算系统的标准，如制定规则的目标、原则和范围，以确保人民币支付清算系统的良好运作。第三，借鉴国外司法实践和纠纷解决机制，援引国际惯例或示范法，形成完整的人民币支付清算机制。

3. 通过多点发展，提升国际竞争力

自改革开放以来，中国在国际贸易、投融资等多方面参与度越来越高，不可避免地要进行跨境支付，人民币也逐步登上国际化大舞台。根据 SWIFT 统计，人民币为全球第五大支付货币。根据国际货币基金组织统计，官方外汇储备货币构成报送国持有的人民币储备占比 1.89%，已有 60 多个境外央行或货币当局将人民币纳入外汇储备。尤其是金融市场人民币交易规模不断扩大，例如 2018 年 3 月，以人民币计价结算的原油期货在上海期货交易所挂牌交易，并引入境外交易者；5 月，大连铁矿石期货交易引入境外交易者。2017 年 6 月，美国指数编制公司摩根士丹利国际资本（MSCI）宣布，从 2018 年 5 月底起，按 5%的纳入因子分两阶段按相同比例将 A 股纳入旗下的新兴市场指数。2018 年 3 月，彭博宣布，从 2019 年 4 月起，分 20 个月将中国国债和政策性银行债权纳入彭博巴克莱全球综合指数，中国债券将成为继美元、欧元、日元之后的第四大计价货币债券。

基于“一带一路”倡议的发展方向，我国也应加强与“一带一路”沿线国家的政策沟通，不断完善金融市场基础设施建设，大力推广运行人民币跨境支付系统、“网联”平台，进一步丰富人民币跨境支付渠道，依托移动支付随时、随地高效便捷的优势，服务跨境贸易，推动人民币国际化。

2019 年 1 月 22 日，《上海国际金融中心建设行动计划（2018—2020 年）》由中国人民银行等八部门联合印发，基于将上海建设为国际金融中心的重大国家战略，旨在于 2020 年基本建成国际金融中心。国际金融中心的建设不仅需要金融基础设施以及较为齐备的金融市场体系的支撑，而且需要系统性和整体性的思维构建和行动计划。明确从“五个维度”（扩大开放、深化创新、集聚资源、市场建设、防控风险）持续发力的路径，建设形成“六大中心＋一流生态”（即打造全球资产管理中心、跨境投融资服务中心、金融科技中心、国际保险中心、人民币资产定价与支付清算中心、金融风险管理与压力测试中心，构建国际一流的优良金融生态系统）格局的国际金融中心。《上海国际金融中心建设行动计划（2018—2020 年）》明确阐述了建设上海国际金融中心的主要方向和主要任务：基本确立以人民币产品为主导、具有较强金融资源配置能力和辐射能力的全球性金融市场地位，基本形成公平法治、创新高效、透明开放的金融服务体系，基本建成与我国经济实力以及人民币国际地位相适应的国际金融中心，迈入全球金融中心前列。

综上所述，通过对我国人民币跨境支付系统发展现状和国内外机构市场服务情况的描述以及了解，更加明确了金融基础设施与人民币支付清算体系的关系，我国完善金融基础设施不仅是高质量发展和对外开放的要求和趋势，也是人民币国际化的加速器。作为未来的工作重点，应该尽快制定并不断完善与人民币支付清算体系相关的法律制度和规范，紧密参与到金融市场国际化的交流与互通当中，提高我国支付系统的国际竞争力。

## 7.3 推动金融基础设施的国际协调

### 7.3.1 金融基础设施国际协调的必要性

1. 增加公平共享性

经济金融全球化背景下，金融基础设施本质上是公共物品，金融基础设施的数据来源不应当是垄断的，它们应该是可以被共享的。例如，在中央对手方清算机制建立之前，在银行和第三方支付平台的直连模式下，银行往往无法获得交易的完整信息。因此，银行与平台机构在数据授权方面存在很大的不对称性。金融基础设施可以为参与方提供更公平、更平等的服务，所以需要世界各国共同参与和维护。

金融基础设施的技术架构和技术路线演进可以在 FinTech 的创新发展中，在支持 FinTech 普惠、合规、安全的前提下，发挥一些技术资源的支持作用。比如，“网联”的分布式技术、IT 基础设施可以给一些金融创新实验提供环境合适和技术架构匹配的孵化环境。未来区块链等新技术将对支付、交易、登记托管结算产生颠覆性影响，引发金融基础设施的变革。可提前布局，打造以区块链技术为核心的综合各类资产交易和结算的金融基础设施。中国香港的发展经验表明，先进的金融基础设施应实现支付系统、交易系统、登记托管结算系统等的互联互通，并实现与境外系统的互联互通，而这是当前中国内地金融基础设施所欠缺的。

我国正在尽可能地协调金融基础设施，通过 CIPS 解决代理制度的弊端，为跨境人民币支付提供便利。未来还应加强对 FinTech 的监管，特别是对比特币等加密货币，要求坚持信用货币的基本职能、电子货币的狭义属性以及不去中心化。相信经过各国的不懈努力，全球的金融基础设施一定能够在更深的层次上实现互联互通，全球金融市场也会因此更加安全。

2. 明确大国责任及主导性

金融全球化背景下各国金融市场联系日益紧密，金融基础设施之间依存度也越来越高。大国通过国际组织等方式对金融基础设施建设起到主导作用，大国之间尽管有利益冲突、有竞争，但是各国的金融基础设施各有特色，不足以应对跨境传递的风险，因此需要对其进行协调。金融基础设施协调不是今日才有，早在 1989 年，G30 就提出了针对证券结算系统的九条建议，而后又于 2001 年提出了新建议。国际清算银行支付结算体系委员会（CPSS）也在 2001 年发布了《重要支付系统核心原则》（CPSIPS），同年又和国际证监会组织技术委员会联合发布了《证券结算系统建议》（RSSS）。2004 年 11 月，支付结算体系委员会和国际证监会组织技术委员会又联合发布了《中央对手建议》（RCCP）。2008 年金融危机后，支付结算体系委员会和国际证监会组织技术委员会对现有的金融基础设施进行了反思和评估，并于 2012 年发布了《金融市场基础设施原则》。

这些建议和原则主要从信息标准、风险管理、结算服务等方面来规范、统一全球的金融基础设施。首先，统一信息标准。信息标准包括证券编码、资讯分类以及通信标准等，所有证券市场应该采用国际标准化组织制定的证券信息标准，比如证券代码由国家代码、基础号码和校验码三部分构成；资讯分类则通过三位数码来界定交易品种、类别及交割方式。其次，注重风险管理。鼓励各个市场采用DVP交割和中央交易对手方制度。同时，各个金融基础设施都应该制定风险管理程序和措施，并具备足够的资源来应对可能发生的风险事件。最后，在提供保证金和抵押品服务时，要注重保证金的有效性以及抵押品的高信用、高流动性。

针对这些建议和原则，我国也采取了相应的措施，以实现和国外金融基础设施的进一步协调。比如2013年，中国人民银行和证监会相继发布《关于实施〈金融市场基础设施原则〉有关事项的通知》，引导金融机构充分认识《金融市场基础设施原则》的重要意义并积极推进该原则的实施。而后，中国人民银行和证监会联合下发《关于开展金融市场基础设施评估工作的通知》，对包括中央国债登记结算有限公司、中国证券登记结算有限公司等在内的金融基础设施展开评估工作。便捷、安全、高效的支付体系是一国金融体系核心竞争力的集中代表，也是一国进行及时、廉价和高效的金融监管的坚实基础。从金融全球化角度看，支付体系的先进性体现了一国金融与货币的软实力，是赢得国际社会信心的物质基础和保证。支付清算体系的国际化是推进人民币跨境使用不可或缺的重要环节。人民币要想在国际舞台上发挥更多的作用，一个健全的跨境支付清算体系是其必要条件。

3. 提升人民币支付清算体系的认可度

人民币清算支付体系在发展的过程中仍属于后来者，人民币国际使用规模偏小，在很大程度上抑制了人民币支付清算体系国际化的步伐。因为市场上跨境人民币支付需求不旺，花费大代价建设跨境人民币支付清算体系，在经济上显然是不划算的。然而，从国际经验看，跨境支付的主流是离岸市场金融交易，交易主体是国际大银行。国际银行进行的大规模批发交易对支付清算体系的安全性、便捷性、流动性、规范性具有极高的要求。为了满足这样的要求，主要国际货币发行国都投入巨资，建立了专门的跨境支付体系。目前依靠代理行以及SWIFT系统，中国商业银行也能满足企业的跨境人民币支付清算要求，完成规模不大的跨境贸易人民币结算。然而，贸易人民币结算规模扩大，必然带动与之相关的投融资、资产管理和风险管理业务，促使纯粹的人民币金融交易增加。一旦资本管制放松，资本项下的各种金融交易就会迅速增长，现行的跨境人民币支付清算方式显然不能满足企业，特别是国际金融机构进行批量交易的要求，换言之，由于缺失跨境人民币支付清算体系，人民币将不能在国际金融结算中占据应有的份额。考虑到跨境人民币支付清算体系的发展前景，必须从现在开始着手，建成安全、高效的支付平台和更加便捷、国际化的人民币支付清算体系。

自2008年中国开始实行跨境贸易人民币结算以来，国内外对人民币国际化的前

景比较乐观。出于自身经济利益的考量，多个国家愿意将人民币作为国际货币，使之成为国际支付中除美元之外的另一个选择。韩国、阿根廷以及印度尼西亚、越南等东盟国家都与中国签约，在一定范围内实行人民币结算。由于中国尚未建立专门的跨境人民币支付清算体系，为了方便当地企业进行人民币支付，2011年，马来西亚国家银行委任旗下独资子公司 MyClear（Malaysian Electronic Clearing Corporation Sdn Bhd）与中国银行共同开发人民币结算系统，并授权中国银行为马来西亚境内人民币结算银行。该人民币结算系统已于2012年3月21日正式启用，截至2012年4月，马来西亚国内已有11家金融机构加入 MyClear 的人民币结算系统服务，这一重要金融基础设施的建成，无疑为中马两国贸易商提供了极大的人民币结算便利。同时，这一举措客观上反映了国际社会对跨境人民币支付清算体系的迫切需求。

为了掌握主动权和话语权，必须尽快建成并完善跨境人民币支付清算体系，使在岸人民币支付清算体系与离岸人民币支付清算体系之间实现有效的链接和整合，以实现人民币的大范围支付清算，为跨境贸易以人民币结算提供方便，在实质上加速人民币的国际化进程。

### 7.3.2 国际协调的重点

1. 在 FinTech 技术下合理优化支付体系路径

支付工具是资金汇划的载体。支付工具包括现金和非现金支付工具两类，其中非现金支付工具包括票据、贷记转账、银行卡、直接借记。由于支付基础设施所承载的货币均以非现金形式存在，因而我们主要介绍非现金支付工具。通过银行记账有两种方式：贷记支付（credit payment）方式是付款方主动将资金汇划至收款方，技术上缩短了核验收付款人身份的时间，相比借记支付减少了支付请求，因而支付效率得以提高，处理成本得以降低。借记支付（debit payment）方式是收款方主动发起要求付款方付款的指令，分三个阶段：支付请求、确认和资金划转，票据支付是典型的借记支付工具。

在过去的40年中，大众支付习惯从现金支付工具转为非现金支付工具。电子支付和自动支付的普及使网上银行和网络购物的使用大幅增加，这使得支付可以不受时间和地点的限制。随着科技的飞速发展，新的支付方式接连不断地出现，它们利用互联网、移动网络以及其他信息通信技术，满足消费者高效的电子发起和支付的需求，其中以互联网支付最为典型。互联网支付是一种网上交易形式，主要表现形式为网银、第三方支付、移动支付。

消费者对海外优质商品的需求量上升促进了跨境支付业务蓬勃发展。在良好的政策发展环境支持下，国内支付机构通过与国际知名电商平台、航空公司、酒店、软件服务商等商户合作，积极拓展跨境支付业务。截至2017年年底，持有国家外汇管理局下发的跨境支付牌照的第三方支付机构总共有30家，其跨境支付业务主要限

制在货物贸易领域。虽然我国跨境互联网支付快速发展，与传统方式形成了良好的互补关系，为跨境支付提供了多种选择，方便了居民享受国外商品，也方便了中小企业进行跨国贸易，但是跨境互联网支付的主要渠道并不掌握在我国企业手中。根据国家外汇管理局统计，在我国跨境电子商务外币支付业务中，PayPal 占比达70%，国内银行与国际卡组织合作的占比为20%，境内第三方支付机构合作的占比仅10%。大量跨境电子商务企业在 PayPal 上形成的存款都要通过个人分拆结汇等方式回流境内，这就造成了信息流、物流和资金流的错开，不利于跨境资金结算的管理。随着支付宝、财付通等国内第三方支付机构走出国门，加强与国外信用卡机构、银行以及购物平台和商家的合作，资金流就能够掌握在我国企业手中，更便于物流、资金流和信息流三者相互参照，利于监管。

为合理优化我国的支付体系，我们应加大金融基础设施体系建设力度，鼓励新兴技术与移动支付服务融合应用。推进移动支付创新、普惠民生是落实“十三五”规划、响应国家包容性金融发展规划、推进“互联网+”的重要举措。这也是实施创新驱动发展理念、优化金融供给结构的重要手段。加大移动支付受理环境建设，实现移动支付产品互联互通。加快支付标记化、物联网等技术与移动支付融合应用，不断创新服务和产品。要推动各银行业金融机构、非银行支付机构加强与银行卡清算机构、通信运营商等移动支付产业链机构的合作，探索多方共赢的可持续商业模式；探索利用监管沙盒、“穿透式”监管等新的监管理念，改进监管流程和能力，平衡好移动支付推广中的创新与风险。构建数字普惠金融法律监管框架，完善移动支付风险治理体系。逐步制定并完善数字金融、电子支付方面的法律法规，确保移动支付创新发展纳入法治化的轨道。

2. 确立中国金融基础设施的标准，努力向国际社会推广应用

人民币国际化正在走向系统化、常态化。随着支付量的增加，清算行系统也表现出明显的弊端。因此，建立和完善具备国际标准、境内外兼并的现代化支付体系非常重要，也是目前亟须解决的问题。

中国内地的金融基础设施虽然丰富，但在系统之间的互联互通、与境外金融基础设施的互联互通、对多币种的支持、服务全球投资者等方面还存在不足。我国金融改革已进入深水区，新时期的金融改革呼唤更加国际化和市场化的金融基础设施体系。随着金融机构“走出去”的步伐加快，我国金融服务国际化的程度进一步提高，金融市场开放程度也随之提升，跨境资本流动日益频繁，需要我国的金融基础设施逐步与国际接轨。纽约、伦敦等国际金融中心的经验也表明，只有拥有国际一流的金融基础设施，才能保障资金安全，加速资金周转，增强资金的吸引力，促进形成“资金洼地”。要实现“市场在资源配置中起决定作用”，金融领域仍需提升利率、汇率等金融资产价格的市场化水平，加快推进人民币资本项目自由兑换，逐步打通境内境外两个市场。

完善的金融基础设施是金融创新的保障，深圳正在建设国际化金融创新中心，

前海也在打造重要的深港现代服务业合作区、自由贸易试验区、跨境人民币创新业务试验区、金融业对外开放试验示范窗口，理应扮演重要角色，建设或利用好国际化的金融市场基础设施就成为一个重要抓手。我们需要抢抓千载难逢的历史机遇期，尽快确立中国金融基础设施的标准，努力向国际社会推广应用。

3. 加强金融制度和法律的重点协调

为了实现高水平金融开放，要加强金融制度、法律方面的国际协调，重点关注金融消费者权益保护（信息披露、个人信息安全）、支付体系、监管、金融基础设施配套和协调发展。

目前，一些国家已经建立的相对完善的支付体系、监管体系提供了较好的先例，以供建立人民币支付清算体系、监管制度时参考。美国2010年通过的《多德-弗兰克华尔街改革与消费者保护法案》（以下简称《多德-弗兰克法案》）及其专设的第八章即《2010年支付、清算、结算监管法案》（Payment，Clearing and Settlement Supervision Act of 2010）正是美联储加强对美国支付清算体系监管的最新法律体现。《2010年支付、清算、结算监管法案》从多个方面和角度对支付清算体系的监管制度进行规范和调整，其中包括确定支付体系的重要性（立法目的）、明晰支付体系下相关的基本定义、确立金融市场公用平台和支付结算业务的系统重要性、制定监管标准譬如规则制定权的授权、支付体系的运营，以及对支付体系的检查权和执行权等。一些欧盟国家如英国也制定了类似的支付体系监管法律或指令，对人民币支付体系的建立均有很好的借鉴价值和意义，也对人民币支付体系相关立法在技术和实践层面上提出了高要求和高标准。同时，不仅要制定法律制度，还需要有完善的金融消费者权益保护机制，比如信息披露、个人信息安全等，让市场参与者对我国金融市场产生信任，不断增强创建繁荣市场的信心。

美国支付清算体系是美联储监管金融机构、科学决策的重要工具。美联储可以利用支付清算体系中的账户余额监控系统（Account Balance Monitoring System，简称ABMS），对指定机构的支付活动和日间账户余额进行实时监控；利用日间透支报告及定价系统（Daylight Overdraft Reporting and Pricing System，简称DORPS）监督金融机构的透支活动，并对金融机构的日间透支定价和收取费用；利用风险管理信息系统（Risk Management Information System，简称RMIS）提供科学的信用和风险管理决策，通过RMIS获得金融机构的实时监控信息。我国可以积极借鉴美国的支付结算系统，为国内外信用和风险的管理决策提供科学先进的分析工具。在整个发展过程中，不仅要重点发展，还要平衡发展，既要加强金融基础设施的建设，又要根据进度适时完善金融基础设施的配套建设和协调工作。

# 第 8 章 提高开放中的金融管理能力

金融开放具有双刃剑作用。如果不能有效地应对好开放过程中出现的外部冲击或风险传染，一场危机就可能把金融开放带来的好处席卷而空。所以不仅微观主体要提高抵抗风险的能力和风险管理水平，一国的金融监管部门或其他相关的政策制定部门也必须做好加强宏观金融管理的准备，在实现高水平金融开放的过程中，切实保障国家的产业安全和金融安全，维护好国家利益。

目前正值美国以贸易战为名对我国实施极限施压阶段。表面上，发动贸易战是为了缩小、扭转中美贸易逆差；实际上，对中国实行技术封锁、禁止向中国出口具有比较优势的高新技术产业产品，则充分说明美国的真实目的绝非单纯的贸易差额。美国对华战略从“接触为主，遏制为辅”明确转向“遏制和竞争”，不断挥动关税、制裁“大棒”，刻意制造紧张局势。这一方面增大了中国市场的风险，迫使美国企业转移在华产业，并带动国际资本离开中国、回流美国；另一方面也借以压制中国高新技术产业的进一步发展，维持美国的垄断地位，甚至借机索取更多政治、经济利益。所以短期里，要特别注重防范跨国资本流动风险，守住不发生极具破坏性的系统性金融危机的底线。

## 8.1 进一步完善负面清单管理模式

### 8.1.1 负面清单管理模式的本质与趋势

1. 负面清单管理模式的发展

负面清单管理模式即“政府以清单方式明确列出禁止和限制企业投资经营的行业、领域、业务等，清单以外则充分开放，企业只要按照法定程序注册登记即可开展投资经营活动”。“法无禁止即可为”是实行负面清单管理的基本原则。“负面清单”制度作为现代市场经济制度的一项内容，早在20世纪90年代的国际贸易协定中就曾出现过。目前，准入前国民待遇和负面清单的外资管理模式已逐渐成为国际投资规则发展的新趋势和新标准，并且普遍被发达经济体采用和实施。2013年7月，中国和美国双方确认以“准入前国民待遇＋负面清单”作为中美双边投资协定（BIT）谈判的基础。负面清单可以简单理解为国际贸易投资协定中外商投资领域的“黑名单”。同时，双边贸易投资协定中的负面清单本质上是一个双边接受的国际法概念。譬如，2014年年底中美双方完成了BIT核心问题和主要条款的谈判，于2015年早期启动负面清单谈判。2015年，该BIT文本谈判基本结束。

2013年，中国上海自贸区在成立后经授权率先在国内正式启动针对外商投资的自贸区负面清单管理模式，进行试验和检测。国内自贸区的负面清单一定程度上是为了对中美BIT谈判负面清单实践试水，该模式作为中国国内单方面立法，没有强制约束力，与双边BIT协定中的负面清单制度在法律上有部分实质性区别。但是，2013年的负面清单各方认同度并不高，批评的声音主要集中在以下几方面：一是清单项目和内容较为冗长；二是禁止条款少，限制条款多，给管理部门留下的解释空间过于宽泛；三是没有完全做到法无禁止皆可为。随后，为解决清单过长和透明度不够的问题，2013—2018年，上海自贸区负面清单不断缩短，明确性和透明性不断提升，自贸区范围也在大幅扩大。2015年，自贸区金融领域负面清单开始试水，上海自贸区自由贸易账户外币服务功能正式启动。中国人民银行等六部委和上海市政府联合明确提出“探索金融服务业对外资实行准入前国民待遇加负面清单管理模式”，并在2016年年底出台相关细则。

2017年，发改委、商务部发布《外商投资产业指导目录（2017年修订）》，首次提出在全国范围内实施外商投资准入负面清单。2018年6月28日和6月30日，发改委、商务部先后对外发布了《外商投资准入特别管理措施（负面清单）（2018年版）》和《自由贸易试验区外商投资准入特别管理措施（负面清单）（2018年版）》。2018年12月25日，发改委和商务部又正式对外公布《市场准入负面清单（2018年版）》。新版全国负面清单和自贸区负面清单先后发布，自贸区跨境服务贸易负面清单管理模式在上海首次正式开启。自贸区负面清单管理措施已经从2013年的190项减少到了45项。

2019年3月15日，十三届全国人大二次会议表决通过《外商投资法》，这部法律定于2020年1月1日起生效，将取代《中外合资经营企业法》《外资企业法》《中外合作经营企业法》，成为中国利用外资的基础性法律，其中第四条明确规定，国家对外商投资实行准入前国民待遇加负面清单管理制度；中华人民共和国缔结或者参加的国际条约、协定对外国投资者准入待遇有更优惠的规定的，可以按照相关规定执行。2013年开始在上海自贸试验区等区域探索对外商实行的准入前国民待遇加负面清单管理制度，也将由此推向全国。

《外商投资法》规定，负面清单规定禁止投资的领域，外国投资者不得投资；限

制投资的领域，外国投资者进行投资应当符合规定的条件；负面清单以外的领域按照内外资一致的原则实施管理。在总结改革经验的基础上，以法律形式明确了准入前国民待遇加负面清单管理制度，有利于提高投资环境的开放度、透明度和可预期性，为推动全面开放新格局提供了更加有利的法律保障，也是我国由商品和要素流动型开放向规则等制度型开放转变的重要标志。

负面清单在外商投资法中的提出是经济高质量发展的客观要求。要实行高水平的贸易和投资自由化、便利化，就需要通过负面清单管理制度，大幅放宽市场准入，扩大对外开放，保护外商投资的合法权益，对在中国境内注册的合法企业一视同仁、平等对待。对外商投资实行准入前国民待遇加负面清单管理模式，是中国适应经济全球化新形势和国际投资规则变化所进行的制度变革。吻合全面深化改革开放、构建开放型经济新体制的根本要求，符合中国经济社会发展、增长方式转变、对外开放扩大的长远需要，适应国际规则、跨国投资、国际多双边区域合作的发展趋势。

2. 负面清单管理模式的实质

负面清单管理模式的实质是准入前的国民待遇。国民待遇意味着一方不得以更严格的限制条件等方式歧视另一方的服务供应商和投资者，而偏袒自己的国内服务供应商或投资者，与之相对应的是积极清单（又称肯定式清单）。与积极清单相比，使用负面清单时，缔约方仅列出其认为违反市场准入和国民待遇原则，从而限制或排除的部门或子部门的所有措施的保留条款，而未列出的余下部门或子部门则默认对外国服务供应商开放，享受与国内服务供应商相同的待遇。同时，缔约方通常会在负面清单中附上法律依据，这会进一步增加服务供应商和投资者的可预见性。在负面清单管理模式下，外商投资（者）实质拥有了“准入前国民待遇”。在投资发生和建立前阶段，在企业的设立、取得、扩大等阶段就给予外国投资者及其投资与本国投资者及其投资平等的待遇，这也是负面清单管理模式区别于肯定式清单管理模式的根本核心。积极清单突出体现为 WTO《服务贸易总协定》第 16 条所采用的方法，即除非经东道国特别同意，否则其产业和活动在准入前阶段不适用国民待遇。由此可见，负面清单法提高了那些尚未完全自由化的部门和措施的透明度，其意义在于扩大开放，增强可预见性，降低企业决策成本。

实际上，即使是在被认为是积极清单协议方面作为代表的 WTO《服务贸易总协定》中，也没有所谓“纯粹的积极清单”，一旦世贸组织成员将某一特定部门列入其承诺清单，就必须列出其适用的限制。而在一些服务协议中，则使用了两种清单相结合的方法，即所谓的“混合方法”。例如，在 TISA（国际服务贸易协定）谈判中，国民待遇承诺采用负面清单法，而市场准入承诺采用正面清单法，因此很难在这两种方法之间划出一条清晰的界线；欧盟也接受了 TISA 中使用的“混合方法”，在与加拿大达成的协议中使用了负面清单，与韩国、新加坡达成的协议中使用了正面清单；韩国在 2007 年与美国签署了一份基于负面清单的贸易协议，随后，2010 年在与欧盟签署的贸易协议中采取了积极清单模式；中国在与欧盟和美国的双边贸

易协议中采取了负面清单模式，而在 2015 年中澳自由贸易协定中，澳大利亚使用负面清单而中国使用正面清单模式，由此表明这两种清单模式广泛并存于国际协定中。

### 8.1.2 美国的负面清单管理模式分析

第二次世界大战之后，随着友好通商航海条约的签订，美国最早出现负面清单，但是当时在实践中并未大量采用。1982 年，自与巴拿马签订第一个 BIT 开始，美国此后所签署的 BIT 基本全部采用了负面清单模式。与 BIT 不同，FTA（自由贸易协定）于 1993 年签订北美自由贸易协定（NAFTA）之后才开始大规模采用负面清单模式。目前，美国作为最早推行和最多采用负面清单模式的国家，其负面清单模式的发展变化对其他国家产生了重要影响，引领了全球负面清单模式的发展与转变。所以，美国负面清单模式最具有代表性，成为历年来许多学者研究分析对外商投资管理中负面清单模式的对象。自 2004 年以后，美国对外缔结的双边投资协定和自由贸易协定的投资章节中均含有负面清单，体现为“不符措施”。此外，美国在 1982 年专门制定了 BIT 中的负面清单范本，并在 1994 年、2004 年、2012 年做了三次修订。从美国历次负面清单的内容来看，基本大同小异，较少超出范本内容，因而具有相当的确定性。

对美国双边投资条约缔约实践产生最大影响，同时也是第一份现代意义上形式成熟和完备的负面清单是于 1992 年签订、1994 年生效的北美自由贸易协定。2018 年 10 月 1 日美国、加拿大和墨西哥三国签署的《美国—墨西哥—加拿大协议》（USMCA）也是负面清单的典型代表。USMCA 清单中，限制行业名单和不符措施以列表形式保留，同时还按照条款约束力强弱对负面清单进行了分类。

1. 美国负面清单的形式与结构

美国负面清单形式上一般包括三个附件：措施列表包含了服务和投资允许保留现有的限制措施，美国政府承诺只维持现有不符合措施的行业清单，限制水平只能放宽，不能加严；行业列表通常只包含设限行业和法律依据，不但允许维持现有的限制措施，缔约方还保留了进一步采取限制措施的权利，保留了较大的自主权，对外来服务和投资的限制程度更高；金融服务附件本质上是第一类清单，不过是单独针对金融行业的。近年来，为追求高标准的自由化，美国在签订互惠协议时均对金融服务单独设立负面清单。

负面清单的措施列表和行业列表所对应的正面义务一般包括国民待遇、最惠国待遇、业绩要求及高管人员这四项内容，即向对方国的投资者赋予了国民待遇和最惠国待遇；承诺不向对方国投资者施加某些出于地方保护主义的业绩方面的要求；承诺不要求对方国投资者在美国投资的企业必须任命具有特定国籍的人作为高级管理人员。

就内容而言，美国负面清单的内容框架如表 8-1 所示：

表 8-1　　美国负面清单的内容框架

| 要素 | 具体内容说明 |
|---|---|
| 部门 | 采取不符措施的行业和分类 |
| 义务 | 国民待遇、最惠国待遇、业绩要求及高管人员这四项内容 |
| 层级 | 采取或维持措施的政府层级 |
| 法律依据 | 不符措施的国内法依据 |
| 措施描述 | 外资准入不符合措施的具体表述，例如股权限制、运营限制、高管要求、业绩要求等 |

虽然从美国政策整体而言，除了对一些敏感行业之外，外国公司或个人在美国投资任何行业领域一般并无任何审批的要求，但是，被限制的行业以及限制的方式散见于美国联邦法律和个别州的法律，如《琼斯法案》(1936)、《联邦能源法》(1935)、《电信法》(1934) 分别禁止或限制外商投资沿海及内河航运业、运营或维护公共发电和输电设施、收购广播电视及无线电公司等。

2. 美国负面清单的特色

(1) 针对性强。在美国对外经济交往协定中，BIT 和 FTA 共涉及了 67 个签约对方，签约对方的经济发展水平呈现出较大的差异。可以观察到，美国 BIT 的签约对方基本为发展中国家，投资风险相对较高，且经济规模相对较小。截至 2015 年 1 月，美国签署了 47 份 BIT，其中与海地、俄罗斯、乌兹别克斯坦等国的未实施，与玻利维亚签署的 BIT 已终止；而美国 FTA 协议的签约对方多为发达国家，经济发展水平明显更高，且大多与美国有良好的政治关系。美国 BIT 和 FTA 协议签约方差异说明美国的协议签署有着不同的利益诉求，签署 BIT 的目的主要在于保护本国企业的海外投资利益，而 FTA 则具有更广泛的经济利益和政治诉求考量。

(2) 限制范围窄而集中。美国负面清单模式的一个首要优势和特点是负面清单范围窄，清单范围越窄，对清单列表进行解释的可能性越小。简而言之，窄的负面清单意味着开放领域多。从美国签订的 BIT 来看，在附件一的措施列表中，以 2012 年生效的美国与卢旺达签订的双边投资协定为例，美国一共列出了 9 项。在附件二的行业清单中，美国方面一共列出了 6 个行业，分别为通讯、有线电视、社会服务、运输、与少数族群相关的产业等。可见美国负面清单的范围是较窄的。另外，在美国与乌拉圭 BIT (2005)、美国与卢旺达 BIT (2007)、美国与韩国 FTA (2007) 三项协定的负面清单中，美国针对韩国负面清单的不符措施共 22 条，针对卢旺达和乌拉圭的不符措施数量均为 16 条，不符措施保留程度相对较低，说明美国整体上秉持对外资开放的态度。而且三张负面清单内容很类似，很多不符措施直接来源于范本，但针对不同国家的经济发展水平和产业结构会有所调整。

从美国已经签订的负面清单来观察，还可以看出，美国负面清单经常涉及的产

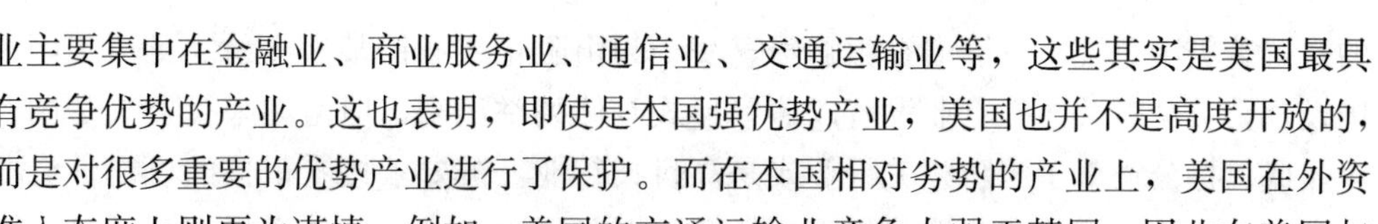

业主要集中在金融业、商业服务业、通信业、交通运输业等，这些其实是美国最具有竞争优势的产业。这也表明，即使是本国强优势产业，美国也并不是高度开放的，而是对很多重要的优势产业进行了保护。而在本国相对劣势的产业上，美国在外资准入态度上则更为谨慎。例如，美国的交通运输业竞争力弱于韩国，因此在美国与韩国 FTA 负面清单中特地设置了四项针对交通运输业的不符措施。

（3）透明度高，措施灵活。实行负面清单管理模式，要求明确列举市场主体不得为的事项的范围，明确法律行为的无效事由，以减少公权力对市场主体行为的不当干预。NAFTA 在附件中不是仅仅简单罗列部门，而是详细地列举了不符措施，具体包括措施涉及的行业、法律法规依据的条款、采取措施的政府层级、对措施的具体描述等内容，并承诺不得严加限制；主要列举了与国民待遇、最惠国待遇、业绩要求、高级管理人员和董事会四项实质性义务不符的措施。详细列举不符措施，实际上提高了透明度，有利于增强企业决策的可预测性。此后，美国对于透明度条款要求越来越高，与措施列表和金融服务负面清单相关的法律法规依据需全部列出。2012 年 BIT 范本的透明度条款在 2004 年版本的基础上进一步提高了标准，在内容、公布、通知方面要求更加严格。而变更、修改或采取新的不符措施的一方对另一方负有通知、回答与磋商义务。以 2012 年的美国—韩国自由贸易协定为例，其负面清单中规定，韩国只有在履行书面通知义务，且采取合规措施的前提下才享有保留采取与投资准入、获得相关的任何措施的权利。与之相比，《服务贸易总协定》主要采用行业分类方法，容易对行业分类产生过度依赖，WTO 成员可以通过不列举行业部门的方式来实现隐藏贸易限制措施。

美国在负面清单上的不符措施虽然数量不多，但是种类形式多样。以重点规制金融业外资准入的金融服务负面清单为例，范本只有五项不符措施，但是具体操作种类可以多达七种，例如绝对禁止、比例限制、岗位限制、区域限制、市场准入、政府优惠、其他特殊规定等，针对不同对象，设置灵活。此外，美国负面清单文本设计中，很明显的一个特征是，不符措施的行业划分并非特别精细。先行通用的行业分类标准仍然是北美产业分类体系（NAICS），该体系包含五级结构，第一级到第五级依次为部门、子部门、产业群、产业、国别产业。从美国多个 BIT 和 FTA 来看，一般不符措施对应的行业只划分到了第二、第三层级，划分较模糊的行业涵盖了整个产业群和细分领域，使得不符措施的保护范围尽可能大。而对于产业分类体系中尚未出现的行业，美国不做出任何声明和承诺，也为其采取有利措施保留了空间。

（4）层次丰富。由于美国政府并未出台一份统一的负面清单列明所有对于外国投资有限制的行业，因此，理解美国对外商投资的限制和审批，要结合负面清单和美国国内法来看。比如，美国反托拉斯法和反托拉斯改进法限制部分大型跨国并购交易，增加外资进入的难度。又比如，美国外国投资委员会（CFIUS）有权按照《外国投资和国家安全法》对任何外国投资交易进行审核。根据美国外国投资委员会

的建议，美国总统可以以潜在影响国家安全为由阻止或撤销某项交易。虽然美国外国投资委员会对关注的行业没有以清单形式具体列举出来，但是如果投资人是国有企业或目标公司属于国防相关行业或是高科技行业，被要求接受审核的可能性会非常高。又如美国联邦和州法律规定，只有依据美国法律成立的外商投资公司可以设立合作信用社、储蓄银行等实体。此外，美国通过颁发执照进行市场准入限制，例如只有持有美国执照的外国保险公司才能够被美国政府采购，外国银行只有注册为投资顾问才能在美国从事证券咨询和投资管理服务，外国民用航空器必须经交通部批准方可使用等。因此，美国国内法律和监管部门与负面清单相互衔接、相互补充，形成层次丰富的外资审查体制。

### 8.1.3 中国负面清单的分析与国际比较

改革开放以来，由于我国经济整体发展水平出于提高质量、提高产业竞争力、保护国内产业安全和国家经济安全的考虑，在某种意义上对外商投资实行的是审核制，或可以理解为“准入后国民待遇＋正面清单”，对外资进入范围、数量、行业、路径、内容和方式的监管比较严格。三资企业法确立了“逐案审批＋产业指导目录”的管理模式，外商投资产业指导目录中“鼓励类”、“限制类”和“禁止类”的分类标准较为模糊，透明度不高，对外资在确定投资方向时的导向作用在实践中有时会出现较大偏差。这在一定程度上确实保护了国内竞争力不强的非成熟行业和幼稚产业免遭残酷的市场竞争和资本抑制。

自 2016 年 10 月以来，中国一直在精简有关外商投资的行政程序。近年来，我国开始采用负面清单管理模式，中美 BIT 谈判所采用的“准入前国民待遇＋负面清单模式”获得高层认可，被写入中央政治文件和政府工作报告中。这一政策模式的意义在于放宽外资准入限制，扩大开放程度，有着重大进步意义。2016 年 3 月，我国制定《市场准入负面清单草案（试点版）》，在天津、上海、福建、广东四省市先行试点。2017 年，试点范围扩大到 15 个省市。在试点经验基础上，2018 年版负面清单得以形成。国家发改委、商务部于 2018 年 6 月 28 日发布了《外商投资准入特别管理措施（负面清单）（2018 年版）》，推出了涉及制造业、金融、交通运输、基建、农业、能源资源等诸多领域的共 22 项开放措施，对 2017 年版《外商投资产业指导目录》中的负面清单进行了大幅精简，还对部分重点领域开放列出了具体时间表。《外商投资准入特别管理措施（负面清单）（2018 年版）》在农业、采矿、文化领域试点取消或放宽外资准入限制，开放力度更大。下一步，还将进一步丰富信息公开内容，不断提升市场准入政策透明度和负面清单的使用便捷性。随后，2018 年 6 月 30 日，发改委和商务部发布了《自由贸易试验区外商投资准入特别管理措施（负面清单）（2018 年版）》，负面清单条目从 2017 年的 95 条减少到 45 条，适用于全国现有的 11 个自贸区。

2018 年 12 月 25 日，发改委、商务部发布《市场准入负面清单（2018 年版）》。

这标志着我国已经开始全面实施市场准入负面清单制度，对于负面清单以外的行业、领域、业务等，各类市场主体皆可依法平等进入。该清单包括“禁止准入类”和“许可准入类”两大类，对于禁止类事项，市场主体不得进入；对于许可类事项，由市场主体提出申请，行政机关做出是否予以准入的决定，或由市场主体依照政府规定的准入条件合规进入。

外商投资准入负面清单和市场准入负面清单的区别在于，外商投资准入负面清单仅针对境外投资者，属于外商投资管理范畴。市场准入负面清单是适用于境内外投资者的一致性管理措施，是对各类市场主体市场准入管理的统一要求，属于国民待遇的一部分。外商投资准入负面清单之外的领域，按照内外资一致原则实施管理。

同时，2019 年 3 月 15 日十三届全国人大二次会议表决通过的《外商投资法》其第二、三章便分别是“投资促进”与“投资保护”，旨在通过保护外商知识产权、完善外商投资安全审查制度、缩减信息报告范围等原则，保护外资，减轻企业负担。同时，给予外商投资在公共采购程序中的公平准入地位，对国民待遇原则提出了重要警告，规定了违反负面清单项下市场准入限制的后果。

以美国负面清单的特点作为参照物，我们能够更为深入地分析我国负面清单模式的特色。

1. 国际化程度

2017 年版《外商投资产业指导目录》首次以负面清单形式，列示了 63 项外商投资限制和禁入的管理措施。《外商投资准入特别管理措施（负面清单）(2018 年版)》从《外商投资产业指导目录》中独立出来，单独发布，按照《国民经济行业分类（GB/T 4754—2011)》，以列表方式列明了股权比例、高管要求等主要的外资限制措施。这样的体例与国际上发达国家的负面清单体例一致，体现了较高的国际化程度，有利于打破各种形式的不合理限制和隐性壁垒，打造与国际接轨的营商环境，从而促进国内国际两个市场的生产要素自由流动。

但是在行业分类方面，我国目前依然与国际存在一定差距，目前我国是根据《国民经济行业分类（GB/T 4754—2011)》进行行业分类，并细分至大类和中类，与国际上通常采取的标准为 HS、ISIC、CPC 等不同，这样就可能在未来因为分类标准的不一致导致某些不必要的投资法律纠纷。

2. 行业开放力度

我国《外商投资准入特别管理措施（负面清单）(2018 年版)》根据 2017 年《国民经济行业分类》进行行业分类，在 22 个领域推出开放措施，涉及金融、基础设施、交通运输、商贸流通、文化、农业，以及能源等领域。《外商投资准入特别管理措施(负面清单）(2018 年版)》共包含了禁止和许可类事项 151 项、581 条具体管理措施，相比之前的试点版本，事项减少了 177 项，具体管理措施减少了 288 条，缩减幅度达到了 54%，尤其是一些投资者高度关注的领域，结合我国产业发展水平，大幅减少了外资限制。金融领域，取消了银行业外资股比限制，将证券公司、

基金管理公司、期货公司、寿险公司的外资股比放宽至51%，2021年取消金融领域所有外资股比限制。制造业领域，汽车行业取消专用车、新能源汽车外资股比限制，2020年取消商用车外资股比限制，2022年取消乘用车外资股比限制，以及合资企业不超过两家的限制；取消船舶、飞机设计、制造、维修等各领域限制，基本形成全行业开放。文娱领域，取消禁止外商投资互联网营业场所。基建领域，取消铁路、电网建设需要中方控股限制。交通运输领域，取消铁路、海运、船舶代理的外资限制。此外，还放宽了商贸流通、农业、能源、资源多个领域的准入。

而自贸区的外资负面清单开放力度更大。纵向来看，《自由贸易试验区外商投资准入特别管理措施（负面清单）（2018年版）》由2017年版的95条措施减至45条措施，减幅相当大。横向来看，与《外商投资准入特别管理措施（负面清单）（2018年版）》相比《自由贸易试验区外商投资准入特别管理措施（负面清单）（2018年版）》无疑开放程度更广，在全国负面清单的基础上，在农业、采矿业、文化业和电信业等试点领域都更进一步地取消或放宽外资限制。在农业方面，此前农作物新品种选育和种子生产必须由中方控股，但目前只限制在玉米和小麦且中方控股比降至不低于34%；在采矿业方面，外资对石油和天然气的勘探开发不再仅限于合资、合作，并且可以投资放射性矿物质的冶炼加工和核燃料生产；在文化业方面，经纪机构不再需要中方控股，禁止投资文艺表演团体改为中方控股；在电信业方面，增值电信服务的开放措施由上海自由贸易区推广至所有11个自贸区。以上措施将在全国11个自贸区试行，积累可复制推广的经验。

尽管如此，和主要发达国家的投资协定相比，我国负面清单所覆盖的行业数量仍然偏多。与当前美国负面清单覆盖的6个领域相比，我国进一步放宽市场还有很大余地，未来随着我国经济开放水平进一步提高，将会有更多的行业降低外资限制。

3. 负面清单限制措施多

我国目前的限制措施相对国际而言较多，包括了事前审查、持股比例限制、许可证限制、注册资本要求、只能设立代表处、业务限制、投资年限要求等，且与国家安全、公共秩序、公共文化、金融审慎相关的限制措施并未在负面清单中进行规定。而发达国家一般仅包括持股比例、事前审查等，辅以国家安全审查及反垄断调查。

根据新出台的《国务院关于积极有效利用外资推动经济高质量发展若干措施的通知》，负面清单之外的领域，各地区各部门不得专门针对外商投资准入进行限制。首先，这一重大决策部署明确了政府部门的权力清单、责任清单。权力清单旨在依法行政，体现“法无授权则禁止”，是从正面角度对形成权力的界定；负面清单则是对权力清单的深化，推崇“法无禁止即自由”，进一步发挥市场在配置资源中的决定性作用，真正实现“非禁即入”，实现从“有罪假定”向“无罪假定”的转变。其次，负面清单管理制度有利于厘清政府与市场发挥作用的边界，实现清单全覆盖，

未经国务院授权，各级政府不得擅自发布或增减市场准入负面清单，其实施使得政府部门针对事前监管做减法，而对事中和事后监管做加法，实现从“重事前审批”向“加强事中事后监管”的转变。通过政府简政放权，将行政权尤其是行政审批权外放给市场，实现审批事项逐渐向负面清单管理迈进，给予市场主体充足的自主权与准入机会，使市场在资源配置中起决定性作用。最后，负面清单管理模式规范了政府权力运行，通过压缩权力寻租和权力腐败空间，进一步丰富信息公开内容，规范行政权力运行的公开化、透明化、可预期性。这样，负面清单的透明度、使用便捷性与实际效用得到了保证，真正实现对各类市场主体一视同仁，以排除法为市场及民间主体做减法，灌输“权利—服务”意识，激发市场主体活力，实现规则平等、权利平等、机会平等，有利于实现规则等制度型开放的转变，推进政社分开，推进国家治理体系和治理能力现代化。

《外商投资准入特别管理措施（负面清单）（2018 年版）》增加了清单说明，给予了各地区主管部门和市场主体一个基本的原则和要求，以便各方正确理解和使用清单，这增强了清单制度的可操作性和其他相关事项的协调性。清单说明包括了 9 项内容，对清单的内容、定位、范围、适用条件、法律效力层级、制定权限、国际条约等方面进行了规定，进一步规范了负面清单的边界。

但是从负面清单的文本来看，我国负面清单中对于不符措施的描述尚不及其他发达国家的描述详尽。因为描述越详尽，对监管部门的限制就越多，外资企业的可预见性越强，透明度也越高。这反映出我国对于负面清单的立法水平、外资监管复杂程度还有进一步提高的空间。

必须指出的是，我国负面清单的出台标志着中国的扩大开放又向前迈出了很大一步，实行更加积极主动的对外开放。这有利于我国进一步提升服务对外开放水平，服务领域不断延伸，开放深度不断拓展；全方位开放一般制造业，加大中高端制造业的开放力度，推动产业结构布局优化与产品质量提升；积极打造与国际接轨的营商环境，参与全球治理体系改革和建设，提高我国作为新兴经济体主导者在全球经济治理中的制度型话语权；以高水平的对外开放促进制度改革、产业发展与制造创新，在国际竞争中赢得主动，进一步提高对外开放质量，发展更高层次的开放型经济。

4. 负面清单制度的法理基础需进一步完善

在法律制度层面上，由于我国负面清单制度设立和发展的时间较短，负面清单制度目前的法律综合管制和合规要求等还需继续丰富和充实。《外商投资法》的通过以法律形式明确了准入前国民待遇加负面清单管理制度，但是一方面，其设立时间较短，可能和现存法律法规相冲突；另一方面，当前法律条文较为简要，很多都是宏观性、原则性规定，涉及具体实施的操作性问题未来有待有关部门做进一步的具体规定。落地和实施中可能存在的问题给外商投资带来了不确定性，不利于外商投资信心的建立。所以目前负面清单制度的法理基础仍需进一步完善，我国应当充分

考虑可能存在的法律法规和经济影响，进行修改和调整，早日建立起完整和全面的法律系统，使负面清单制度具备坚实的法律基础。另外，我国外商投资“负面清单”缺少具体实施细则，从之前的“事前审查”转变为未来的“事中审查”缺乏相关的经验，中国行政系统又有着面对新生事物在创新性和责任分担间缺乏弹性的特点，一项法律制度或者政策的好坏不能只看立法者和制定者的本意，还需要等待执行者和实施者对综合效果的检验。

作为多边贸易体制的受益者、新兴经济体的引领者，中国应当注重对外真实开放度，进一步深化全面开放新格局。坚持“引进来”与“走出去”相结合的战略，实施准入前国民待遇加负面清单管理模式，利用全球资源与市场加快经济发展；改善投资环境，拓宽外商投资领域，厘清政府与市场发挥作用的边界，履行透明度义务，建立改革的动态调整机制，形成良好的营商环境；完善经济体制与法律体系，实现向制度型开放的转变，履行知识产权保护承诺，提高外商在华投资的可预见性，增强外商投资信心。

### 8.1.4 人民币国际化新形势下的进路

人民币国际化从根本上需要靠市场化。在我国利用外资增速趋缓的背景下，需要积极探索吸引外资，吸引人民币回流，增强人民币投资的政策。

1. 完善负面清单，进一步对外资扩大开放领域

2018 年中央经济工作会议提出“推动全方位对外开放”，相较 2017 年“推动形成全面开放新格局”，新提“制度型开放”主张，这意味着在贸易保护主义抬头的背景下，中国依然期待与世界主要经济体达成一致、实现与国际社会接轨。

比较中美两国负面清单可以看出，我国对于负面清单的立法水平、监管制度、精细度还有待进一步提高。一是逐步减少负面清单长度和涉及的行业数量，目前在清单上的许可准入项目仍达 147 项，涵盖广泛的行业类别，如农林渔牧、采矿业、制造业（26 项）及服务业（逾 110 项）等，汽车、医疗器材、金融、互联网、批发零售等都在其中，进一步放开市场仍有较大空间。另外，在保留我国自主编制的《国民经济行业分类（GB/T 4754—2011）》的同时，与国际行业分类标准相协调，不仅可以方便外商投资时将我国负面清单与国际标准相对照，而且便于我国未来在进行双边投资协定和自由贸易协定负面清单谈判时与谈判对方在同一国际标准的语境下对话。二是细化不符措施，不断积累外资管理经验。我国应分门别类展开不符措施的多种情况，尽量避免笼统概括，形成全盘或大多数禁止的局面；增加清单中文字表述的准确性和确定性，改善现存的不规范和不清晰，不能笼统地规定需审批或者在清单中列明一些条件而实际上还存在其他限制条件；通过完善的“负面清单”实施细则，清晰界定管理机构权限，确定外资的准入、审批、监管和激励惩戒等，明确外资进入流程以及应遵守的各项规章制度，减少不必要的交易成本。三是借鉴美国等国家的经验，在负面清单中设计未来将要限制的行业，提高负面清单的可预

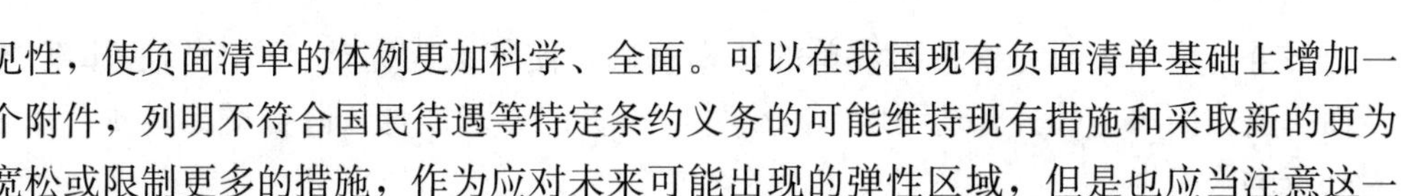



见性，使负面清单的体例更加科学、全面。可以在我国现有负面清单基础上增加一个附件，列明不符合国民待遇等特定条约义务的可能维持现有措施和采取新的更为宽松或限制更多的措施，作为应对未来可能出现的弹性区域，但是也应当注意这一附件涉及的范围不能过大。

在实际操作过程中，一方面，以法定原则为核心，对清单事项定期进行发行审核与合规性清理；另一方面，以必要原则为依据，对清单事项尽量简化，避免流于形式。同时，在保证清单设计过程科学化、民主化的基础上，各地方政府可在规范框架下根据自身差异提出调整建议，实现负面清单的动态调整，通过持续而集中的调整使得市场主体保持竞争力和紧迫性，促使其在其他方面也不断完善。但是，对于发展中国家而言，给予外国投资者过度的投资自由而忽视国内产业的健康发展也是不合理的，而应当采取相关保障措施以保证投资者能够通过投资者-国家争端解决机制（ISDS）提起诉讼，合理利用限制与禁止外资参股和绩效要求两种政策控制工具。

2. 减少对外资的审批，提高负面清单透明度

《营商环境报告》指出，正式注册利于企业更容易地取得融资、扩大生产经营规模，从而提高效率和竞争力，而更少的手续和更低的实缴资本则与企业正式注册有着积极而显著的联系；在施工许可方面，简单、透明是企业扩张、建设的关键，而监管负担则会带来投资壁垒，引起合规性风险，清晰的规则和健全的产权制度对于取得外商投资、实现经济增长至关重要。通过分析“全球营商环境便利度排名”前20的经济体的地区多样性和收入水平差异，可以发现政府监管效率与法律法规效率在改善营商环境方面起到了至关重要的作用。

开放的市场必须提供透明的规则，不透明的政策实际上会制造出实际的贸易壁垒。因而贸易法律政策的透明化是消除变相贸易保护的重要工具。纵观其他国家的负面清单，往往出现审查标准模糊不清的问题，比如对“公共道德”“国家安全”“关键基础设施”“关键技术”“实质性利益”等概念缺乏清晰界定。即使在承诺实施准入前国民待遇的情形下，监管部门也仍然具有相当大的自由裁量权。

自由裁量权是必需的，它能保证给予外资准入前国民待遇不会导致外资监管失控，通过各类型的例外措施实现对外资的有效监管。但是，过度的自由裁量权或增加外资进入成本，甚至可能沦为某些利益集团借机将商业决策政治化而牟取私利的工具。因此，我国在完善负面清单本身的同时，也需要进一步简政放权，减少对外资的审批，降低显性或隐性的障碍。

负面清单制度的建立意味着行政部门的重心应当从事前审批转移到事中的审查，在事前审批制度上，应当改变市场准入的管理方式，把准入方式从传统的审批制逐步过渡到主要按条件、按程序准入；在事中审查制度上，应当避免过去的运动式监管和事后被动监管，而通过信息系统的建立和更新，要求增加企业的信息披露能力，充分运用大数据监管的方式，对企业实施稳定和良性的监管模式。

另外，应当不断完善负面清单的法理基础，使其成为完整、全面的法律系统，从而提高负面清单的公开透明度，减少外商投资的不确定性，降低交易成本，增加对外资的吸引力。

3. 重视产业安全，形成经济安全与产业开放的平衡

中国作为发展中国家，在提升对外开放水平的过程中要注重加强自我保护。既要注意遵守承诺，又要防止外资对产业安全的冲击与潜在威胁，力争在提升对外开放水平和保证产业安全间达成平衡。尽管“负面清单”已经包含了产业安全的考量，但为了应对复杂的外商投资活动所蕴含的各类风险，首先，我国要进一步完善外资并购的国家安全审查、外资并购的反垄断审查等个案审查制度，以构筑起风险防范体系。如，美国外国投资委员会对可能危害国家安全的交易进行独立审查。目前，在美国该制度主要由《埃克森-佛罗里奥修正案》《拜德修正案》《外国投资和国家安全法》组成。美国外国投资委员会有权按照《外国投资和国家安全法》对可能危害国家安全的交易，尤其是国防相关行业和高科技企业等进行独立审查。同时，美国总统可根据美国外国投资委员会的建议以潜在威胁国家安全为由对某项交易进行阻止或撤销。其次，避免对“国家安全”等关键性概念进行明确解释，通过扩大关键性概念的涵盖领域，增加外国在本土投资的不确定性，这种刻意的模糊处理有助于在“国家安全”与“开放外资”两种政策之间形成微妙的平衡。以美国为例，其负面清单中列举了“关键基础设施”“重要技术”“国家安全”三项，但均未定义，也导致了华为并购3COM、三一集团风场发电项目等并购行为因被定义为对国防安全产生威胁而失败。最后，建立重点产业“双向预警机制”，防止产业对外依存度过高、核心技术受制于人，尤其针对金融和互联网部门，强调政府的优先控制。

因此，一方面需要增加基于国家安全的兜底条款，另一方面需要提高基于国家安全审查的透明度，进一步细化审查内容和标准。目前我国的安全审查制度是部级联席会议，在国务院的领导下，由发改委和商务部牵头，会同外资涉及的相关部门进行审查。这种双头机制有分工模糊并且缺乏专业化的缺点，应当在未来确定独自负责审查的部门，实现权责对等。应增大相关专家的参与度，根据不同案件的所属行业聘请高级专家，并对并购交易可能带来的安全问题进行研究分析，提出咨询意见。此外，还应当健全事后救济制度，一方面建立合理的行政救济程序，比如听证会等，另一方面设置监督机构，对结果提出异议和建议。如何平衡利用外资和国家安全之间的关系，在更加有效率地吸引外资和利用外资的同时，升级我国的外资安全审查制度，实现两者兼顾，对我国未来的经济发展影响深远。

4. 抓住“一带一路”机遇，为跨境资本流动提供畅通的道路

人民币国际化是人民币在国际范围内行使货币职能，逐步成为世界主要的贸易结算货币、金融交易货币和国际储备货币的过程。“一带一路”倡议实际上和人民币国际化是一个相互促进的过程，其为人民币在国际上作为贸易结算货币、金融交易货币和国际储备货币提供了历史机遇和战略性机会，而人民币国际化又可以为“一

带一路”的顺利开展提供更好的便利和保障。

扩大投融资是激发人民币活力的根本。“一带一路”旨在促进经济要素有序自由流动、资源高效配置和市场深度融合，通过国家之间的合作，实现各国市场之间的连通和交融，建立一个区域内更大规模的市场，在市场中开展各种实体经济活动和金融资本活动的整合，从而首先实现人民币使用的区域化，为未来国际化奠定基础。

要实现人民币的国际化，不仅需要人民币在境外被广泛使用，而且需要人民币的自由流通，那么中国国内金融市场的开放和发展就是人民币国际化的先决条件。所以应当把“一带一路”、人民币国际化、负面清单制度改革联系起来，实现三者的相互促进和进一步深化。

负面清单制度的建立减少了不确定性对资本进入的阻碍，清单内实现透明依法，清单外实现公平开放，有助于各类市场主体形成明确预期。确保不同身份的金融机构在同一起跑线公平竞争，也有利于进一步推动中国金融市场的双向开放，提升跨境贸易和投资的便利化水平，推动更多的长期投资和资本项目可兑换，推进人民币国际化进程。提高人民币的支付货币功能与投资货币功能，在便利中国企业“走出去”的同时，可吸引境外长期资本流入，促进形成健康、良性、稳定的跨境资本流动秩序，维护中国国际收支基础平衡稳健。

5. 完善外汇监督管理，打通人民币回流境内通道

在风险可控的前提下，有重点、有选择地推动资本项目改革意在保证国家金融安全的基础上，完善资本双向流动，在有利于人民币国际化的领域推动改革。

此前的正面清单模式并没有为人民币自由兑换创造一个宽松的法律政策环境，如果政府对市场准入限制过多，通过各种强制性规范为市场主体的行为设限，那么市场主体的行为不仅范围过窄，而且有较大的可能受到行政当局和法律的否定。这一制度会导致外汇管理效率的降低和拖延，不利于资本项目的开放，拖延人民币国际化的进程。而负面清单制度不仅可以加快资本的长期流入，促进人民币资本的回流，而且可以省去正面清单下各种烦琐的审批程序，提高外汇的管理效率，实现真正的人民币国际化。

境外人民币回流，要支持民营资本进入金融业。特别是在金融服务业对外资坚持实行准入前国民待遇加负面清单管理模式。推动金融服务业对符合条件的民营资本和外资机构扩大开放。这也是《进一步推进中国（上海）自由贸易试验区金融开放创新试点　加快上海国际金融中心建设方案》（上海自贸区金改“新40条”）的主要内容：允许自贸试验区内证券期货经营机构开展证券期货业务交叉持牌试点，允许外资金融机构在自贸试验区内设立合资证券公司，外资持股比例不超过49%，内资股东不要求为证券公司，扩大合资证券公司业务范围。负面清单制度可以减少对外资主体的歧视性限制，增大外资进入的积极性，发挥外资金融机构在治理结构、信贷管理、风险定价等方面的比较优势，激发外资金融机构参与我国金融市场的积极性，提高我国金融机构的国际竞争力。

同时也要注意在不断开放过程中的风险，这要求我们进一步加强金融监管，借鉴国际上成熟的金融监管做法，补齐制度短板，完善资本监管、行为监管、功能监管，确保监管能力和对外开放水平相适应，外汇管理理念做好向“宽准入、严监管”的转变。

总之，要在防范风险的前提下，研究探索开展金融业综合经营。打通人民币回流境内通道，形成人民币“境内—境外—再境内”的良性循环。

## 8.2 跨境资本流动管理

### 8.2.1 跨境资本流动现状

近年来，我国跨境资本流动总体呈现出规模巨大、波幅增大、波动周期缩短等特点，在金融全球化不断推进的大背景下，特定条件下的跨境资本流动会形成正反馈循环和跨部门风险传染，成为实体经济顺周期性与金融加速器的一部分，对实体经济和金融稳定产生扰动，最终可能诱发系统性风险。

跨境资本流动具有隐蔽性强、难以统计等特点，目前对其估算存在较大的争议。在衡量其规模时，学界大多以短期跨境资本流动来近似衡量，计算方法主要有直接法、间接法和混合法，其余方法基本是在上述三种方法基础上的修改或综合。其中，直接法最早由 Cuddington（1986）提出，将资本流动分为正常渠道的资本流动和灰色渠道的资本流动。间接法最早由世界银行（1985）提出，又称余额法。其基本测算思路是将总的资本跨境流动（由外汇储备的变化反映）减去正常交易产生的跨境资本流动，剩余部分即监管外、非预期的资本流动。基本计算公式为：短期资本流动＝外汇储备增量－FDI 增量－外贸顺差。此外还有研究认为，银行系统和货币当局所持有的外币资产不会引起恐慌或波动，因此要在上述计算中将这部分资产排除。混合法即直接法和间接法的混合应用，具体手段是分别用直接法和间接法的不同公式进行测算，将得到的结果进行简单加权平均，最终得到一个中间值。一般认为，直接法会低估跨境资本流动，间接法会高估跨境资本流动，混合法虽然有可能弥补测算误差，但是并没有理论支持，也不能保证结果的准确性。

本节根据历年国际收支平衡表，使用直接法对我国跨境资本流动规模进行一个大概的估算，其中跨境资本流动规模等于外商直接投资、证券投资以及其他投资（主要是银行信贷）的资产总和。从测算结果可以看出，金融危机后我国跨境资本流动大体经历了以下三个阶段。

第一个阶段（2009—2013 年），跨境资本流动呈现出规模大、波动强的特点，且以净流入为主。2008 年金融危机使得美国经济受到冲击，大量资本流入中国，欧债危机使得欧洲经济陷入困境，加剧了这一态势。此阶段国际经济萧条，全球金融市场波动较大，资本的国际流动加快，跨境资本流动呈现出急进急出的特点。

第二个阶段（2014—2016 年），受中国经济下行压力和全球经济复苏的影响，我国面临着跨境资本的大规模流出，人民币的贬值预期加剧了这一趋势，使得本次跨境资本流出规模远超以往，且波动较大。

第三个阶段（2017 年至今），我国跨境资本流动总体保持了平稳态势，主要原因在于中国在吸引外资和对外投资方面保持稳步发展态势。同时也与美国挑起全球性贸易摩擦、美联储加息、美国税改等都对全球跨境资本流动产生了很大不利影响有关。

不难看出，跨境资本流动存在明显的顺周期性。2009—2013 年，我国经济好于全球，面临跨境资本高强度流入压力，以 2014 年为转折点，随着全球经济的复苏，转为显著的跨境资本流出趋势。特别是美联储量化宽松政策的退出，使 2014—2016 年跨境资本流出的压力比较大，2017—2018 年中国对外资的吸引力加强，使跨境资本流动又回到了相对平稳状态（见图 8-1）。

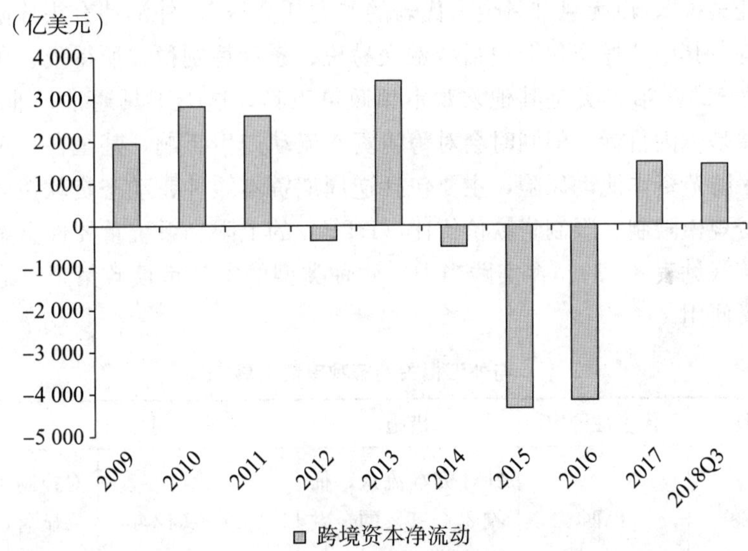


**图 8-1　中国跨境资本净流动（2009—2018 年三季度）**

资料来源：IFS 数据库。

## 8.2.2　管理跨境资本流动的宏观审慎政策工具

党的十九大报告明确指出："要健全货币政策和宏观审慎政策双支柱调控框架，深化利率和汇率市场化改革。健全金融监管体系，守住不发生系统性金融风险的底线。"跨境资本管理作为宏观审慎政策的重要内容之一，应当承担监测并管理我国跨境资本流动的作用。

与传统资本跨境流动管理方式相比，宏观审慎政策更加适合防范跨境资本流动

风险。一是宏观审慎对预防系统性风险更加有效。传统资本跨境流动管理方式多是对微观主体的特定行为加以限制，而宏观审慎是对整个金融体系的跨境资本流动风险进行管理，能够有效应对跨境资本流动潜在风险在金融体系的传导、对市场信心和预期的冲击等系统性、全局性风险。二是宏观审慎政策成本相对较低，宏观审慎管理从全局的角度出发，通过影响价格等市场化的调控手段，对跨境资本流动风险进行逆周期调节，而传统资本跨境流动管理方式会在一定程度上扭曲市场行为，人为割裂国内外资金流动，使资金使用效率低下，资金成本提高，甚至有可能影响市场信心和国际收支平衡。三是对构建双支柱框架更加有利。宏观审慎政策在一定程度上抑制了过度的资本流动冲击，减弱了资本流动对货币政策的干扰，从而赋予货币政策更多的独立性。

1. 国际经验

根据 IMF 分类标准，涉及资本流动管理的工具大体可以分为两类。第一类是与外汇相关的宏观审慎工具，这类工具通常包括一系列的歧视性宏观审慎政策，典型工具有“托宾税”、以无息准备金为代表的“类托宾税”、外汇持有头寸限制、外汇贷款限制等。其中“托宾税”包括金融交易税、累计特别税、所得税、预扣税等形式（见表 8－2）。第二类是其他宏观审慎政策工具，这类工具通常是非歧视性的，其作用对象是境内目标，但同时会对跨境资本流动产生影响，甚至在一定条件下会被专门用来防范资本流动风险，主要包括逆周期资本缓冲、动态贷款拨备、存款准备金、信贷规模限制、限制贷款价值比（LTV）的上限、系统重要性金融机构附加资本要求等（见表 8－3）。在实践当中，两种类型的宏观审慎政策工具通常会相互配合、交叉使用。

**表 8－2　　与外汇相关的宏观审慎工具**

| 政策工具 | 代表性国家 | 措施 | 实施时间 | 效果 |
|---|---|---|---|---|
| 金融交易税 | 巴西 | 针对资本流入，征收 2%～6%的金融交易税 | 2009—2012 年 | 对控制本币升值效果显著，但对贬值影响有限 |
| 累计特别税 | 马来西亚 | 针对资本流出，征收累计特别税 | 1999 年开始 | 对资本流出的限制效果难以识别 |
| 所得税 | 秘鲁 | 对短于 60 天的 NDF 合同征收 30%的所得税 | 2010 年开始 | |
| 预扣税 | 韩国 | 对资本流入征收 2%的预扣税 | 2011 年开始 | 可控制短期外债和投机性证券投资 |

续前表

| 政策工具 | 代表性国家 | 措施 | 实施时间 | 效果 |
| --- | --- | --- | --- | --- |
| 无息准备金 | 智利 | 对短期外债、具有投机性质的FDI、信贷等要求20%～30%的无息准备金 | 1991—1999年 | 对降低短期资本流入比例、帮助抑制通胀起到较好作用，但未能完全消除资本流入带来的本币升值压力 |
| | 西班牙 | 对本币净卖出头寸要求100%、期限1年的无息准备金 | | 未能完全阻止本币贬值 |
| 外汇持有头寸限制 | 韩国 | 本国银行和外国银行在韩分支持有的外汇衍生品头寸分别不得超过资本的50%和250% | 2010年开始 | 有效限制外国银行在韩国以衍生品形式持有的资产规模 |
| 外汇贷款限制 | 波兰 | 严格的外币计价抵押贷款的贷款资格要求 | 2010年年底开始 | 对于平滑信贷周期有一定效果 |

资料来源：根据蒋东利和刘佳（2017）、高秀成等（2018）整理。

**表8-3　　其他宏观审慎工具**

| 政策工具 | 代表性国家（地区） | 措施 | 实施时间 | 效果 |
| --- | --- | --- | --- | --- |
| 逆周期资本缓冲 | 美国 | 对商业银行持有的风险加权资产要求0～25%的资本缓冲 | 2009年开始 | 抑制金融的顺周期性，增加金融体系弹性 |
| 动态贷款拨备 | 西班牙 | 要求在经济上升期持有更多的拨备缓冲风险，在经济下行期降低拨备 | 2000年开始 | 平滑经济周期，维护企业信用，提高了企业获得贷款的可能性 |
| 存款准备金 | 秘鲁 | 对本币和外币存款实行不同的准备金要求 | | 抑制信贷增长带来的风险 |
| 信贷规模限制 | 克罗地亚 | 信贷增长速度限制 | 2003年开始 | 针对狭义贷款比较有效，对广义信贷效果不明显 |

续前表

| 政策工具 | 代表性国家（地区） | 措施 | 实施时间 | 效果 |
| --- | --- | --- | --- | --- |
| 限制 LTV 的上限 | 中国香港 | 对房地产贷款综合运用 LTV 和债务收入比（DTI）措施 | 1998 年开始 | 使香港银行体系从东南亚金融危机中恢复 |
| 系统重要性金融机构附加资本要求 | 美国 | 对大型、关联度高的金融机构实施更高的资本标准和其他审慎标准 | 2009 年开始 | 提高金融机构吸收损失的能力 |

资料来源：根据 Lim 等（2011）、Dell Africcia 等（2012）整理。

从各国实践来看，宏观审慎政策在很大程度上起到了抑制系统性风险、维护金融稳定的作用。一是宏观审慎政策对抑制资本流动过度波动和加快经济复苏起到了重要的积极作用。实践表明，新兴经济体运用宏观审慎工具，减少了短期资本和债务资本流入，有效地应对了国际资本流动冲击，稳定了本币升值，有利于经济复苏。如巴西（2009—2012 年）金融交易税增加税收对控制本币升值效果显著。二是单一的宏观审慎工具长期监管效果有限，需要与其他宏观审慎工具配合使用。从长期看，仅依靠某种或某几种宏观审慎工具会导致资本借道其他途径流入，削弱宏观审慎工具的长期效果。如智利（1991—1999 年）无息准备金管制范围有限，资本通过其他渠道流入，未能完全消除资本流入带来的本币升值压力；韩国（2010—2011 年），市场很快找到了规避外汇衍生品头寸管理和预扣税管理的途径。三是宏观审慎工具多倾向于资本流入管理，资本流出管理效果不明显。一方面，对资本流入管理效果很好，如韩国（2011 年）对资本流入征收的宏观审慎稳定税，控制了短期外债和投机型证券投资，有效防范了资本流入风险；另一方面，对资本流出宏观审慎管理效果不明显。如马来西亚（1999 年）累计特别税对资本流出的限制效果难以识别。

2. 中国全口径宏观审慎管理框架

党的十八届三中全会提出建立健全宏观审慎管理框架下的外债和资本流动管理体系，加快实现人民币资本项目可兑换。2016 年，中国人民银行发布《关于在全国范围内实施全口径跨境融资宏观审慎管理的通知》，继而发布一系列政策，逐步构建了我国全口径跨境融资宏观审慎管理制度的基本框架，将人民币和外币纳入全口径统一管理，同时也将短期外债与中长期外债（国家发改委特批的中长期债除外）一并管理，发挥逆周期调节作用，防范系统性风险（见表 8-4）。

表 8-4　　宏观审慎管理工具出台的背景及效果

| 时间 | 管理部门 | 出台背景 | 宏观审慎工具 | 效果 |
|---|---|---|---|---|
| 2013年5月 | 国家外汇管理局 | 应对人民币升值、外汇占款、外汇贷款快速增长 | 银行每月结售汇综合头寸的持有下限＝（上月末境内外汇存款余额－上月末外汇存款余额×参考贷存比）×国际收支调节系数 | 外汇储备快速增长得到有效缓解 |
| 2015年8月 | 中国人民银行 | 应对人民币短期快速贬值 | 措施：征收无息外汇风险准备金<br>对象：金融机构远期售汇签约额 | 有效增加了外汇投机成本，降低了外汇市场波动幅度 |
| 2016年5月 | 中国人民银行 | 构建宏观审慎框架 | 《关于在全国范围内实施全口径跨境融资宏观审慎管理的通知》 | 全口径跨境融资宏观审慎管理框架正式构建 |
| 2017年1月 | 中国人民银行 | 完善宏观审慎框架 | 《关于全口径跨境融资宏观审慎管理有关事宜的通知》 | 对全口径跨境融资宏观审慎管理政策进行了进一步完善 |

资料来源：高秀成，张靖，刘飞．跨境资本流动的宏观审慎管理工具研究．经济问题，2018（4）．

目前实行的全口径跨境融资宏观审慎管理政策，既拓宽了境内机构的融资渠道，也增强了管理部门的监管能力。一是建立了全口径的管理框架，实现了对本币和外币的全口径管理，更有利于管理主体把握与宏观经济热度、整体偿债能力和与国际收支状况相适应的跨境融资水平，控制杠杆率和货币错配风险。二是建立了宏观、微观结合的约束机制。目前，除房地产企业和政府融资平台外的境内机构，均可在一定资金范围内开展跨境融资活动，无须事前审批，拓宽了其融资渠道，而不同微观主体的跨境融资上限由其自身的规模决定，形成了合理的约束机制。三是建立了数量型工具体系。现行管理政策构建了由宏观审慎调节系数、跨境融资杠杆率、期限风险折算因子、类别风险折算因子和汇率风险因子等指标构成的数量型工具体系，从整体角度调控经济体跨境融资规模，防范系统性风险。

### 8.2.3　跨境资本流动与宏观审慎政策有效性

考虑到经济开放水平会对宏观审慎政策的有效性产生影响，本节在上文的基础上，借鉴既有研究，构建了包含宏观经济开放程度的计量模型，从全球视角实证分

析宏观审慎政策对于跨境资本流动的管控效果。基本模型如下：

$$CF_{i,t}=a_i+b_1CF_{i,t-1}+b_2OPEN_{i,t}+b_3GMPIE_{i,t}+b_4MPI_{i,t}+b_5MPI\cdot OPEN_{i,t}+b_5Z_{i,t}+\varepsilon_{i,t} \quad (8-1)$$

式（8－1）为检验宏观审慎政策管控跨境资本流动的动态面板模型。其中，$i$ 代表样本所包含的国家数量，$t$ 为时间变量；被解释变量 $CF$ 为跨境资本净流入规模。解释变量中，$OPEN$ 为开放型宏观经济政策，$GMPIE$ 为 IMF 统计的全球各国宏观审慎政策工具使用量；$MPI$ 为虚拟变量，表示具体宏观审慎政策工具的使用，其取值为 1 代表使用了该工具，取值为 0 则代表没有使用该工具；交叉项 $MPI\cdot OPEN$ 则体现了宏观审慎政策如何通过影响开放型宏观经济政策而管控跨境资本流动；$Z$ 为控制变量，包括经济增长水平、汇率水平、通胀水平以及储蓄率水平等变量。

1. 代理变量的选取和数据来源

首先，国内外文献中衡量跨境资本流动规模的变量主要有两类，一类是外商直接投资与证券投资净资产之和，不包括银行信贷等其他投资的资产；另一类是国际收支平衡表中的外商直接投资、证券投资以及其他投资（主要是银行信贷）的资产总和。据此，本节将分别检验宏观审慎政策对两类跨境资本流动规模的管控效果，前者简写为 $CF1$，后者简写为 $CF2$。其次，为了准确度量各类开放经济政策指标，本节提炼出了与利率变化密切相关的三种经济开放指标，即贸易开放指标（*Traopen*）、资本项目开放指标（*Kaopen*）以及金融市场深化指标（*Deepness*），并对其加权平均后得到一个宏观经济政策开放度的指标 *OPEN*。其中，*Traopen* 的数据为进出口总额占 GDP 的百分比，*Kaopen* 的数据为百分比标准化的 Chinn-Ito 金融开放指数，*Deepness* 的数据为 M2 占 GDP 的百分比。再次，本节借鉴 Claessens（2015）的分析，从两种角度选取 8 个宏观审慎工具纳入模型。一是基于约束目标主体的角度，包括以居民等借款者为目标约束的 LTV（贷款价值比）和 DTI（债务收入比）；以银行等金融机构资产端为目标约束的 FX（外汇贷款限制）；以银行等金融机构负债端为目标约束的 RR（法定存款准备金率）；从时间和空间维度应对资本剧烈波动的 CC（逆周期资本缓冲）、LLP（动态贷款损失准备）以及 SIFI（系统重要性金融机构附加资本要求）、INT（银行间风险限制）。二是基于工具使用频率的角度。使用最多的前 6 种工具分别为 LTV（28%）、DTI（24%）、RR（15%）、FX（14%）、LLP（8%）以及 CC（2%）。最后，IMF 给出的衡量全球宏观审慎政策工具数量的 *GMPIE* 也作为核心解释变量纳入模型。另外，为了控制除宏观审慎政策工具之外的其他变量对于跨境资本流动的管控作用，我们将不同国家的 GDP 增长率、本币兑美元汇率、消费者价格指数以及储蓄率作为控制各国经济增长水平、汇率水平、通胀水平以及储蓄水平的代理变量纳入模型。

我们选取全球主要的 130 个国家 2000—2016 年的面板数据。具体变量及数据说明如表 8－5 所示。

**表 8-5　　变量选取及数据来源**

| 变量性质 | 变量名称 | 代理变量 | 英文缩写 | 数据来源 |
| --- | --- | --- | --- | --- |
| 被解释变量 | 第一类跨境资本流入规模 | FDI+证券投资的净资产 | *CF*1 | IFS |
| | 第二类跨境资本流入规模 | FDI+证券投资+其他投资的总资产 | *CF*2 | |
| 核心解释变量 | 经济政策开放度 | *Traopen*、*Kaopen* 和 *Deepness* 的平均值 | *OPEN* | |
| | 全球宏观审慎政策工具 | — | *GMPIE* | IMF |
| | 宏观审慎政策工具 | 贷款价值比 | *LTV* | |
| | | 债务收入比 | *DTI* | |
| | | 法定存款准备金率 | *RR* | |
| | | 外汇贷款限制 | *FX* | |
| | | 逆周期资本缓冲 | *CC* | |
| | | 动态贷款损失准备 | *LLP* | |
| | | 系统重要性金融机构附加资本要求 | *SIFI* | |
| | | 银行间风险限制 | *INT* | |
| 控制变量 | 经济增长水平 | GDP 增长率 | *GDP* | 世界银行数据库 |
| | 汇率水平 | 本币兑美元汇率 | *EXR* | |
| | 通胀水平 | 消费者价格指数 | *CPI* | |
| | 储蓄水平 | 储蓄率 | *SR* | |

2. 模型估计过程

由于模型的解释变量包含了被解释变量的滞后项，因此传统估计方法在估计该模型时会出现内生性问题，使得估计结果有偏且非一致。因此，我们采用 Arellano 和 Bover（1995）提出的动态面板广义矩估计（GMM）对其进行估计，该方法可以通过恰当使用工具变量的方法解决内生性问题，得到比其他估计方法更为有效的参数估计量。

由模型关于第一类跨境资本流入的估计结果[①]可知，首先，宏观经济政策开放度与跨境资本流入具有同向性，开放程度的提升会相应增大资本流入规模，但受到宏观审慎政策的约束，回归结果中 *OPEN* 的系数并不显著。其次，不同类型的宏观审慎工具管控跨境资本流动时存在明显差异。以银行等金融机构资产端和负债端为目标约束的 *FX*、*RR* 以及从时间和空间维度应对资本剧烈波动的 *CC*、*LLP* 和 *SIFI*、*INT* 等宏观审慎工具在管控跨境资本流动时较为有效，而以居民等借款者为目标约束的 *LTV* 和 *DTI* 则没有表现出对于跨境资本流动的限制效果。最后，宏观审慎政策并没有能够通过降低经济开放程度对于跨境资本流动的正向刺激来有效管理资本流动规模。模型回归结果表明，无论是整体回归还是基于不同宏观审慎工具的单独回归，交叉项 *MPI*·*OPEN* 系数大都为正，即宏观审慎没有降低开放经济对于跨境资本流动的正向影响。在这种情况下，宏观审慎政策如果无法与货币政策、传统资本跨境流动管理方式等相关政策紧密配合，那么其对于跨境资本的限制作用就会大打折扣。

3. 稳健性检验

为了充分证实宏观审慎工具管控跨境资本流动的有效性，利用第二类跨境资本流入规模（*CF*2），即涵盖外商直接投资、证券投资以及其他投资（主要是银行信贷）总资产的跨境资本流入，对原模型进行稳健性检验[②]。

模型的稳健性回归表明，当第二类跨境资本流动规模作为被解释变量时，基础模型的解释力进一步得到加强，然而，不同于基础模型中宏观审慎工具对于跨境资本流动直接限制的渠道，稳健性检验更加侧重于通过降低宏观经济开放程度的方式来间接限制跨境资本流动。具体而言，一方面，*CF*2 的一阶滞后项系数要显著大于基础模型中 *CF*1 的一阶滞后项系数，表明稳健性回归比基础模型的回归结果包含了被解释变量滞后项的更多信息，从而具有更高的有效性。*GMPIE* 系数显著为负也同样说明多维宏观审慎工具的综合可以更为有效地管理第二类跨境资本流动规模。另一方面，除了以银行等金融机构资产端和负债端为目标约束的 *FX*、*RR* 等宏观审慎工具会直接限制第二类跨境资本流动规模外，其他各类宏观审慎工具并不具有限制跨境资本流动的效果。但无论是整体回归还是单一宏观审慎工具的回归，交叉项 *MPI*·*OPEN* 的系数大都为负，这表明宏观审慎工具 *MPI* 实施后，可以通过降低 *OPEN* 对于第二类跨境资本流动的正向刺激来限制跨境资本流动规模。在这种情况下，即使宏观审慎工具无法与货币政策、传统资本跨境流动管理方式等利率政策相关工具形成有效配合，其也会通过减轻对利率政策的负向影响来管控第二类跨境资本的流动规模。

---

① 受篇幅所限，已略去估计结果，如需查询，可联系作者索取。

② 受篇幅所限，已略去估计结果，如需查询，可联系作者索取。

4. 结论与政策建议

第一，不同类型的宏观审慎工具管控跨境资本流动时存在明显差异。与外汇相关的宏观审慎工具（如外汇贷款限制）能有效管控资本跨境流动风险。其他宏观审慎工具中，以银行等金融机构为目标约束的法定准备金，从时间维度应对资本剧烈波动的逆周期资本缓冲、动态贷款损失准备以及从空间维度限制资本流动风险的系统重要性金融机构附加要求、银行间风险限制等宏观审慎工具在管控跨境资本流动时较为有效，而以居民等借款者为目标约束的 $LTV$ 和 $DTI$ 则没有表现出对于跨境资本流动的限制效果。

第二，宏观经济政策开放度与跨境资本流入具有同向性，开放程度的提升会相应增多资本流入规模，但流入规模会受到宏观审慎政策的约束。对跨境融资应实行渐进的、有管理的对外开放，一方面采取均衡管理的方式，另一方面使用宏观审慎工具，防范跨境资本流动引发的系统性风险。

第三，宏观审慎政策的有效性取决于相关政策的协调配合，以及宏观审慎政策对经济开放程度的影响，这是有效管控不同类型跨境资本流动的关键。当宏观审慎政策能够与利率相关政策相互协调时，其便能够通过选取恰当的政策工具，以直接限制金融机构资产和负债并辅以资本在时间和空间上缓冲的渠道来管控跨境资本流动。当二者配合低效时，宏观审慎政策可以通过降低经济开放程度对其他投资的正向刺激来管控跨境资本流动，这往往适用于银行信贷等其他投资，而不适用于 FDI 和证券投资。

基于此，本节就我国宏观审慎工具对于跨境资本流动的管理方面给出以下几点建议：首先，加强以银行资产、负债为目标约束宏观审慎政策的实施力度，强化其对于我国跨境资本流动的限制；其次，有针对性地使用宏观审慎工具，提升其对于跨境资本流动的管控效果；最后，积极完善货币政策体系以及传统资本跨境流动管理方式，实现其与宏观审慎政策的有效配合，提升管理效率。

# 第 9 章

# 结论与建议

## 9.1 主要结论

结论 1：人民币国际化指数强势反弹并创新高，资本项下人民币交易成倍增加为主要推动力。

2018 年，人民币国际化指数波动回升，人民币在全球货币体系中的地位进一步巩固。在逆全球化与贸易保护主义情绪持续高涨，全球经济下行风险上升，增长动能趋缓的不利外部环境下，中国经济表现相对出色，GDP 同比增长 6.6%，经济运行总体平稳，稳中有进。人民币汇率相对稳定，双向浮动特征明显，国际收支趋于平衡，宏观审慎调控取得良好效果。2018 年四季度，人民币国际化指数为 2.95，实现强势反弹。SWIFT 官方数据显示，人民币位列全球第五大支付货币。

跨境贸易人民币结算稳步增长，资本项下人民币交易成倍增长，储备货币功能有所增强。从结构上看，2018 年，我国跨境人民币结算收付金额合计 15.85 万亿元，同比增长 72.5%。全年跨境贸易人民币结算业务累计发生 5.11 万亿元，同比增长 17.2%；在进出口贸易结算中的占比为 14.9%，同比上升 1 个百分点。资本项下的跨境人民币结算收付规模创新高，金额累计 10.74 万亿元，同比增长 122.4%。尤其是，人民币直接投资规模累计达 2.66 万亿元，同比上升 62.8%，在全球直接投资逐季度严重萎缩的大背景下，人民币直接投资逆势回升，在全球直接投资中的占比呈快速攀升态势。IMF 官方外汇储备统计显示，人民币份额从 1.08%上升到 1.84%。根据汇丰银行的全球调查，到 2020 年人民币储备的份额有望上升到 8.4%，成为第三大国际货币。

由于使用便利性增强和币值相对稳定等原因，人民币的吸引力和竞争力提高，更加受到国际市场的欢迎。RII 的推动力更加多元、强劲：双边货币互换协议扩大，人民币跨境结算基础设施逐渐完善，原油期货、铁矿石期货和乙二醇掉期等大宗商品衍生品开始以人民币计价和结算，美国在全球范围内的经济、金融制裁促使部分国家转向人民币交易，英国脱欧的巨大不确定性使人民币部分地成为避险货币。2018年人民币汇率形成机制继续完善，透明度增强，汇率预期总体平稳，有利于全球金融市场配置人民币资产。央行先后采取调整外汇风险准备金率、重启逆周期因子等一系列针对性措施加大逆周期调节力度，取得了积极成效，人民币汇率在合理均衡水平上保持了基本稳定。人民币兑美元双边汇率弹性进一步增强，人民币兑一篮子货币汇率基本稳定。A股被纳入明晟（MSCI）指数，而且份额增加，提高了中国资本市场的国际影响力。

四大机遇推动人民币国际化进一步发展。第一，环境转变。国内宏观经济迈入转型调整期，国际收支结构从双顺差转向“一顺一逆”，自我平衡能力增强，金融市场更加开放和敏感；从国际环境看，全球经济扩张放缓，保护主义上升，主要货币竞争更加激烈。第二，动力转变。处于政策推动为主到市场驱动力为主的动能转换阶段，人民币国际化内生性更强。第三，结构转变。人民币国际使用结构由贸易为主体向资本金融为主体转变，扩张速度更快。第四，政策转变。人民币国际化政策走向成熟，统筹各部门，加强协调规划和顶层设计，坚持金融服务实体经济的基本原则，更注重实效。打造明确、可预期的政策环境，加强预期引导和政策沟通，市场信心更强。人民币国际化发展与中国大国崛起紧密相关。未来能否顺利完成供给侧结构性改革、守住不发生系统性金融危机的底线、经受住以贸易摩擦为开端的极限外部压力的考验、坚定不移地走好打造人类命运共同体的开放之路，关系到中国走向，也是人民币国际化面临的重大任务，而高水平金融开放正是四大任务的题中应有之义。

国际方面，全球经济增速放缓，贸易增长乏力，同时发达国家相继开启货币正常化进程，使得全球流动性收紧。美国经历了长达10年的“奥巴马-特朗普繁荣”，实行保护主义，在全球范围内引发贸易战，年内多次加息，推动美元指数一路上升，美元的国际地位进一步上升。2018年四季度，美元的国际化指数为51.95，同比降低了0.33%，较10年前上升了4.91%。欧元区债务问题和英国退欧谈判的不确定性，依然牵制着该地区经济向好的势头，2018年四季度欧元国际化指数为25.75，较10年前下降了13.68%，英镑国际化指数在4的水平上双向震荡。尽管日本经济持续低迷，但在全球动荡中日元避险属性进一步强化，日元超过英镑成为全球第三大货币，2018年四季度日元国际化指数为4.38。总体来说，10年间美元的国际地位进一步夯实，欧元的国际地位遭到削弱，英镑的国际地位剧烈震荡，日元的国际地位持续提升。

结论2：以富有效率、稳健有序和包容共享为特征的高质量经济发展，是实现人民币国际化最终目标的坚实基础和根本保障。更高水平金融开放是实现经济高质量发展的推动力和加速器，必须以深化供给侧改革为开放创造条件。

高质量经济发展、高水平金融开放与人民币国际化三者之间存在相辅相成的关

系，只有协调推进，才能取得预期的成效。

高质量经济发展应该是富有效率、稳健有序和包容共享的发展。富有效率，是指以创新驱动经济发展，促进技术创新和进步，提高资源的市场化配置效率。稳健有序，是指避免片面追求效率而使风险失控，提高风险管理能力，改善金融体系和经济体系的脆弱共享，保持国内经济长期稳定和国际经济环境稳定。包容共享，是指平衡国家内部以及国家与国家之间的发展，赋予每个个体平等的发展机会，使经济成果由所有创造者分享。富有效率是稳健有序和包容共享的基础，稳健有序是富有效率和包容共享的保障，而包容共享会反作用于富有效率和稳健有序。

人民币国际化的最终目标，是取得与中国经济地位相匹配的货币地位。高质量经济发展为人民币国际化提供了坚实的经济基础和根本保障。第一，改变我国在国际分工体系中的低端位置，提升我国在全球贸易体系中的影响力和话语权，提高世界其他国家对我国经济的信心。第二，确保人民币币值稳定，降低投资者持有人民币的风险，提高人民币对世界其他国家的吸引力，建立人民币的国际循环体系。第三，实现社会公平，激发市场活力，改善资源配置不均衡，促进经济、社会和谐发展，同时有助于中国继续推动多边主义，打造人类命运共同体，使中国方案和价值观得到更多的国际认同。

理论研究发现，更高水平金融开放可以提高效率、维护稳健性、增强包容性，有助于实现高质量经济发展。第一，更高水平金融开放有助于提高国内经济效率和金融效率，并促进其他国家的经济和金融发展，消除国际资本流动障碍；有利于增加国内资本积累，促进技术创新，降低代理成本，改善治理环境，提高企业生产效率和经营效率；有利于促进国内金融市场发展，提高金融体系运行效率，消除金融抑制，规范政府行为。由于增强了我国同世界其他国家的经济联系和金融联系，通过金融政策的外溢性，以及资本和机构“走出去”等渠道，事实上更高水平金融开放将会对中国和世界产生双向、互惠的积极影响。第二，更高水平金融开放有助于维护本国和世界其他国家的经济稳健性。面向全球的金融开放有助于实现多元化投资组合、改善融资结构、促进金融机构有序竞争、完善利率和汇率形成机制，只要应对好开放过程中的跨境资本流动风险，即可提高投资者、企业、机构乃至整个金融体系的稳健性。随着中国以更加开放的姿态融入世界经济运行和全球金融治理，中国经济稳定和金融稳定的外溢效应也将输送到其他国家。第三，更高水平金融开放能够增强中国经济发展的包容性，实现中国经济惠及更多国内和国际民众的目标。金融开放有利于解决中小企业和创新企业的融资约束问题，有效促进“普惠金融”发展，引导金融资源更加公平、合理地配置。金融开放也有利于实现中国同世界经济发展的优势互补和良性互动。更高水平金融开放让世界共享中国经济发展的红利，有机会学习中国的成功经验，从而促进本国经济发展。“一带一路”不仅是中国向世界提供公共物品，也是中国倡导包容性经济发展的集中体现，是具有鲜明普惠特征的新型全球化。

历史经验表明，金融开放策略对本国经济发展及货币国际化的影响巨大，应当立足于国情，实现开放、发展与货币国际化的相互协调。首先，需要根据本国经济和金融发展的实际情况设计金融开放进程。德国的金融开放是根据本国情况步步为营、缓慢推进；日本则受到美国的施压，快速进行金融开放。从经济发展状况看，德国的金融开放更加成功。英国是在自身经济实力相对衰落的情况下，主动创造出无与伦比的开放、自由的金融环境，努力吸引国际资本，打造了世界上最强大的金融中心。其次，需要灵活的金融监管体系与金融开放相配套，否则就会爆发金融危机。日本没有做好充分的金融监管准备，导致金融开放内外脱轨，严重影响了国内政策的实施，导致了泡沫经济，酿成了"失去的十年"的恶果。美国因金融监管无法跟上金融创新的脚步，爆发次贷危机，最终演变成为殃及全球的百年不遇的金融危机。最后，综合经营的本土金融机构抗风险能力较强，可以有效缓解金融开放带来的冲击。英国长期实行分业经营，结果在金融大爆炸改革之初大量本土证券公司被外国资本收购。而在金融开放的过程中，德国传统的全能型银行体系稳如泰山，确保了德国内部经济环境的稳定。

更高水平金融开放要在进一步改革中实现。要通过改革，夯实微观基础，发展金融市场，建设金融基础设施，完善金融管理，做好策略设计、市场主体培育、监管准备等前期工作；以供给侧结构性改革为主线，充分发挥市场在资源配置中的决定性作用，促进规模驱动型增长转向创新型增长，从价值链低端走向高端，提高全要素生产率，为更高水平金融开放提出现实需求、创造有利条件。

结论 3：充分发挥创新驱动、绿色发展、消费拉动等新的比较优势，深化金融供给侧改革，强化金融服务实体经济的能力，提高企业综合竞争力，推动我国在国际产业链重构中走向中高端，为更高水平金融开放夯实微观基础。

要深化供给侧改革，尽快培育新的比较优势，为高质量经济发展提供源源不断的动力，夯实更高水平金融开放的微观基础。第一，注重培育强大的创新能力。中国的科技人力资源总量已达到 6 300 万人，研发人员总量居世界第一，应该发挥人力资本优势，在第四次工业革命中率先突破一些全球性、引领性的关键技术，占领科技创新的高地。第二，发挥完备的产业体系的优势，争取国际产业链重构中的主导权。我国已经形成相对完整的产业体系，并且出现了专业化的产业集群。应当集中优势生产要素发展具有绝对竞争优势的产业和价值链环节，把新一代信息技术、高端装备制造、绿色低碳、生物医药、数字经济、新材料、海洋经济等战略性新兴产业发展作为重中之重，构筑产业体系新支柱，在新一轮国际分工中获取最大的比较利益。第三，将庞大的消费市场转化为经济增长的强大动力。随着中国居民收入水平不断提高，2021 年将全面建成小康社会，13.7 亿人口及其消费升级需求，无疑会形成庞大的市场，为企业发展提供了巨大的空间。此外，发挥中国消费市场的优势，通过中国国际进口博览会等新的贸易平台，促进全球产业合作，实现资源优化配置。

坚持稳中求进的基本原则，推动金融供给侧改革，壮大金融功能，强化金融服务实体经济的能力，发挥金融加速器作用。金融活则经济活，作为现代经济的核心领域，金融在优化资源配置、促进经济高质量发展方面必须到位，满足不同产业在各自的生命周期的不同阶段的金融需要。高质量经济发展在效率、稳健、包容方面为金融发展提供了源泉和方向，也必将成为金融健康发展的试金石。当前，应该按照实体经济高质量发展的新要求，进一步推进金融供给侧改革，重点是建立多层次的金融市场，完善多元、高效的金融机构体系，丰富金融产品。多渠道引导国内外资金流入实体经济，带动其他生产要素有效供给增加，支持科技进步和创新，夯实产业基础，培育新的经济动能，提高全要素劳动生产率。

要特别注意：金融技术发展、金融产品创新、金融市场联动以及金融监管标准差异等，客观上容易产生金融活动脱离实体经济，在金融市场内部空转的倾向，形成股市、楼市泡沫，推高资金成本，不利于资金流入实体经济。因此，在金融开放过程中，要处理好实体经济与金融发展的关系，防止金融脱实就虚，增强金融功能，这是打赢三大攻坚战、实现经济高质量发展的必要条件。

结论 4：必须扩大金融市场开放，引导资本双向流动，发挥直接投资的积极作用。坚持协调推进金融市场的改革与开放，把提高金融机构竞争力特别是风险管理能力作为改革的抓手，把货币市场、债券市场和外汇市场作为开放的重点。

金融市场高水平开放，扩大双向直接投资，是促进产业升级的必由之路，也是经济高质量发展的必要保障。寻租行为、金融抑制、金融结构不合理等，一定程度上造成了我国区域经济发展不平衡、经济活力不足、资源未得到优化配置，不利于高质量发展。直接投资是跨境资源配置最有效的途径。要扩大金融对外开放，鼓励、引导外商直接投资流向高端制造、高端服务业，改善外商直接投资的结构，改变中国充当全球低成本出口加工基地的传统角色，对中国经济转型与结构升级发挥积极的促进作用。与此同时，提高企业“走出去”的便利性，有助于抓住国际金融危机后低成本并购的难得机遇，充分利用国际市场和国际资源，加大制造业、服务业领域的跨境并购，获取更多的技术、管理、品牌和国际销售渠道。

金融市场的改革与开放应当统筹规划，以开放促改革，在改革中进一步开放。积极稳妥地不断推进金融市场改革与开放，既是多年来中国经济金融发展的宝贵经验，也是中国未来仍要继续坚持的基本原则。回顾历程，中国金融业的快速发展很大程度上得益于以对外开放来推动国内改革。对外开放意味着更高程度的市场化和国际化，意味着充分竞争及创新，从而直接推动了中国金融市场的发展壮大。深化金融市场改革的重点应落在增强金融机构竞争力、扩大金融市场深度和广度、推进包容有效金融监管等具体方面，特别是要努力提高我国银行业、证券业以及保险业的市场竞争力，帮助其在未来激烈的市场竞争中争取主动地位，才能抵抗全面对外开放可能带来的风险，为实现更高水平对外开放奠定基础。

按照金融市场改革发展的需要，以及高质量发展中弥补金融功能“短板”的需要，在金融市场扩大开放进程中，应该将货币市场、债券市场、外汇市场作为重中之重。第一，境内银行间货币市场开放可以为离岸人民币市场健康发展提供支撑，有效促进资本项目开放，增强央行货币政策的传导效率。第二，债券市场开放有助于提高我国债券市场的活力与效率，促进人民币国际化和“一带一路”建设，为内地债券市场进一步开放提供新机遇；“债券通”的启动有助于巩固香港的国际金融中心地位。第三，外汇市场开放有利于促进国内国际金融要素有序流动和深度融合，是完善人民币汇率形成机制、提高中国国际金融中心地位的必由之路。银行间外汇市场是外汇市场开放的关键。

结论 5：金融基础设施是更高水平金融开放和人民币国际化的必要保障。坚持“硬件软件两手抓”，既要善于运用新技术，增强支付、交易、结算系统的设施联通，还要在金融制度、金融标准等方面寻求突破。

金融基础设施提供资金运动的“管道”，完善金融基础设施建设是金融业健康发展、高水平金融开放的必要条件。国际证监会组织（IOSCO）联合发布的金融市场基础设施包括支付系统、中央证券托管、证券结算系统、中央对手方以及交易报告库。安全、高效的金融基础设施能够为清算、结算以及记录证券和衍生品合约等提供便利。完善的基础性金融设施可以增强不同金融机构之间的协同效应，缩减交易成本、扩大服务规模、提高透明度、降低金融服务风险，实现综合一体化服务。通过提供标准化服务，金融基础设施可以在最大化集中社会成本的基础上提高跨行清算等技术服务的效率。加强以人民币清算结算体系为核心的金融基础设施建设，促进国际金融基础设施的协调，可以促进金融工具之间的转换，为金融活动信息的交换和安全提供有力保障，为金融开放提供坚实的基础。

与国际上先进的金融基础设施相比，我国的金融基础设施还存在不少问题，应当从硬件和软件两个方面加强金融基础设施建设。比较突出的问题包括：环节多、流程长、机构运营成本高；渠道交叉，结构不合理，清算服务效率偏低；存在一些不适应数据集中发展趋势的技术障碍，支付系统压力偏大，跨境货币统计监测的有效性较低，不利于风险管控。亟须借鉴国外金融基础设施建设的成功经验，增强各个管理部门对金融基础设施重要性的认识与理解，优化各个功能体系，构建规范高效、风险可控、功能强大、有国际竞争力的人民币清算支付体系。除了加强硬件建设以外，还需要注重金融制度、金融标准等软性基础设施的建设。通过完善相关制度规则、制定金融标准体系、促进国际金融监管合作，为跨境投资、金融交易便利化、人民币国际化奠定制度基础。

结论 6：以宏观审慎政策防范跨境资本流动风险。积极探索国际投资管理的新模式，不断完善负面清单制度，在扩大开放的过程中确保国家安全和产业优势。

无论从国际实践，还是从实证分析结果来看，与传统的资本管制相比，宏观审慎政策都更加适合防范跨境资本流动风险。具体来看，第一，不同类型的宏观审慎工具管控跨境资本流动时存在明显差异。与外汇相关的宏观审慎工具（如外汇贷款

限制）能有效管控资本跨境流动风险。其他宏观审慎工具中，法定准备金、逆周期资本缓冲、动态贷款损失准备以及系统重要性金融机构附加要求、银行间风险限制等较为有效。第二，宏观经济政策开放度与跨境资本流入具有同向性，开放程度的提升会相应增大资本流入规模，但流入规模会受到宏观审慎政策的约束。对跨境融资应实行渐进的、有管理的对外开放，一方面采取均衡管理的方式，另一方面使用宏观审慎工具，防范跨境资本流动引发的系统性风险。第三，协调配合和经济开放程度是决定宏观审慎政策有效性的关键。如果宏观审慎政策能够与利率相关政策相互协调，可以通过限制金融机构的资产负债，并辅以资本缓冲，有效管控跨境资本流动。如果二者配合低效，可以通过降低经济开放程度来管控银行信贷等其他投资，但不适用于FDI和证券投资的跨境流动。

负面清单已逐渐成为国际投资规则发展的新趋势和外资管理的新模式，应借鉴美国经验，在扩大开放的过程中确保国家安全和产业优势。负面清单的实质是准入前的国民待遇，基本原则是“法无禁止即可为”，这大大提高了投资环境的开放度、透明度和可预期性。第一份现代意义上形式成熟和完备的负面清单是1994年生效的北美自由贸易协定（NAFTA），美国的双边投资条约实践产生了广泛的国际影响。美国负面清单较短，涉及6个领域，主要集中在金融业、商业服务业、通信业、交通运输业等美国最具有竞争优势的产业。这就意味着，美国对很多重要的优势产业进行保护。此外，美国还以国家安全为由，对外国直接投资进行各种限制，实际开放度远低于名义开放度。

我国2017年在全国范围内实行负面清单制度，标志着我国正在由商品和要素流动型开放向规则等制度型开放转变。目前负面清单管理措施已减少到45项，营商环境的国际排名大幅提升。但是我国负面清单制度还存在一些问题，例如，覆盖的行业数量偏多；缺乏与国家安全、公共秩序、公共文化、宏观审慎等相关政策的协调和统筹；对不符措施的描述不够详尽，一些规定缺少具体实施细则等。需要在宏观审慎管理的框架下，进一步完善负面清单制度。

## 9.2 政策建议

建议1：准确认识和把握高质量经济发展、高水平金融开放与人民币国际化之间的内在逻辑。深化供给侧改革，夯实微观基础，发展金融市场，加强金融基础设施建设，完善金融管理，形成协同效应。

第一，夯实微观基础。继续深化“三去一降一补”的供给侧改革，以富有创造性、活力和竞争力的实体经济为根基，培育一批能够在国际产业链重构中走向中高端、有更大主动权的企业，为高质量发展和金融开放奠定坚实的经济基础。强调金融发展服务实体经济的宗旨，运用高新科技促进金融机构和实体企业的良性互动，使金融发展与产业升级相结合、金融竞争力与产业实力相结合。大力发展普惠金融，政府需要在财政、货币、监管政策方面对相关金融机构予以支持和引导，为金融机构服务实体经济营造良好的政策环境。提高国内企业和金融机构的竞争力，塑造创新与稳健并重的优秀企业文化，强化全球视野的合规经营意识，提高金融开放进程中的风险管理能力。

第二，促进金融市场发展。完善金融市场结构，扩大金融市场开放度，提高金融市场的国际化水平和资源配置效率。扩大市场参与主体，增强市场流动性，保障市场竞争的有效性、有序性，深化利率市场化改革，完善人民币利率、汇率定价机制，提高价格信息透明度；促进各个市场间的良性互动和整体发展；完善金融市场制度建设，保障市场参与主体的平等地位和合法权益。

第三，加强金融基础设施建设。完善人民币支付结算体系建设，完善人民币流动性供给机制和支付通道，满足金融开放带来的业务发展需要。加强金融标准化建设，增强交易的安全性，提高金融交易的效率，构建公平的市场竞争环境。对于国际金融基础设施建设，要致力于完善协调机制，合理优化建设路径，积极创立自有标准，为更高水平金融开放提供安全、高效的技术支持和制度基础。

第四，完善金融管理。强化负面清单管理模式，提高透明度，进一步明确对外资的开放领域和范围，营造公平竞争的市场环境。创新宏观审慎政策工具，增强跨境资本流动管理能力。

建议 2：抓住机遇扩大人民币金融交易，巩固人民币国际化的市场驱动力。处理好与美元等主要货币的关系，营造稳定、可预期的政策环境，增强人民币国际化的市场信心。

第一，要抓住金融开放带来的新机遇，依靠市场的内生力量推动人民币国际化。继续保持人民币直接投资的强劲发展势头，增强资本市场吸引、配置国际资本的能力，在争取国际产业链重构主导权的过程中壮大我国创新驱动、绿色发展、消费拉动等新的比较优势，为提高人民币金融交易份额进一步夯实基础。借上合组织推动本币结算、中国国际进口博览会扩大贸易规模和改善贸易质量的契机，为人民币计价创造便利条件，提高大宗商品人民币计价结算的份额。鼓励金融机构产品创新，扩大人民币全球贸易融资规模。深化资本市场改革，提升市场化、规范化、国际化水平，强化投融资功能，增强国际吸引力，提高外国投资者的市场参与度，扩大人民币资产配置规模。发展人民币衍生产品市场，提供有效的风险对冲手段，为扩大人民币基础资产交易创造必要的条件。

第二，要处理好与美元之间的关系，对人民币国际化进程保持耐心和定力。人民币国际化是一个漫长、曲折的过程，对此要有清醒的认识和充分的心理准备。在当前国际形势助推美元走强的情况下，尤其需要处理好中美之间的贸易争端、政策沟通与协调等重大问题。通过供给侧改革促进贸易结构调整，努力达成双边自由贸易和投资协议，将贸易差额控制在合理范围内，为人民币—美元汇率在合理均衡水平上保持基本稳定奠定基础。加强最高层沟通，降低政策误判、行为失当风险。继

续发挥中美战略与经济对话机制等平台的作用，加强货币政策、财政政策、汇率政策、产业政策等宏观经济政策协调，避免政策溢出效应的负面影响。积极推动两国民间交流，强调人民币国际化可以与现行主要货币一道承担提供公共产品的义务，不仅有利于缓解美元的压力，而且有助于现行国际货币体系的稳健运行。减少政策直接推动人民币国际化的做法，引导人民币更多地在亚洲地区、“一带一路”沿线使用，避免与美元正面冲突。

第三，在英国脱欧进程中，加大与英国、欧盟在贸易、投资、金融市场等多领域的合作。尽快与英国签订自由贸易协定，更好地利用中英经济结构的互补性，助力我国高质量发展。利用伦敦的金融优势，推动伦敦人民币离岸中心成为覆盖“一带一路”乃至全球的人民币支付途径和渠道。继续推动多边主义，争取与欧盟在产业合作、贸易和投资自由化与便利化方面有所突破。扩大在中东欧国家的经贸投资，完善我国优势产业在欧洲地区的布局，适时扩大人民币的使用范围。

第四，面对错综复杂的外部环境，应进一步深化人民币汇率形成机制改革，打造良好的政策环境。完善以市场供求为基础、参考一篮子货币进行调节、有管理的浮动汇率制度，处理好内外部均衡之间的关系，保持人民币汇率弹性，发挥汇率调节宏观经济和国际收支“自动稳定器”的作用。根据形势变化，在必要时需加强宏观审慎管理，采取有针对性、创新性的措施，引导和稳定市场预期。

建议 3：加大金融创新力度，完善金融市场政策与机制，以金融供给侧改革推动高水平金融市场开放。

第一，深化金融供给侧改革，构建适应市场经济发展要求的中国特色社会主义现代化金融体系。通过创新知识产权质押贷款等方式，满足新兴产业的资金需求；设计开发符合新兴制造业特点的债券品种，探索可转债、债转股等方式，创新债券融资方式。除了商业银行外，还应更多发挥证券公司、保险公司、资产管理公司、信托公司、融资租赁公司等金融机构的作用。通过提供多元化的金融产品来满足不同发展阶段、不同规模的实体产业的需求。拓宽直接融资渠道，鼓励更多企业通过资本市场融资，推动企业优质资产证券化，尤其要完善新三板、创业板、科创板等股权市场，引导更多的社会资金支持中小企业、科创企业发展，为实体企业融资提供多层次的市场体系。

第二，完善政策与机制，为金融市场开放和人民币国际化保驾护航。利率是市场供求关系的“晴雨表”，应加强短端利率挂钩衍生产品的开发，牢牢掌握人民币利率定价权。扩大市场准入范围，丰富交易主体，推动形成市场化的价格水平，为市场参与者调整自身决策提供依据。尽快制定实施具有系统性、完整性、规范性、科学性和前瞻性的法律法规，使各个市场交易主体有章可循，加强自我管理和约束。加强信息披露制度建设，提高金融市场相关政策的透明度，努力营造规则清晰、信息透明的市场环境。完善公司破产涉及的法律规则，明确信用风险发生时投资者的权利、义务以及信用风险处置流程，细化审计、税收制度，明确境外机构投资过程中所涉及的增值税、所得税缴纳细则，稳定投资者的预期。统筹协调金融市场双向开放，加强设施、监管、评级及其他管理规则的国际对接，完善管理方式和金融市场机制。

第三，加大金融创新力度，练好内功，为高水平金融市场开放创造必要条件。国债等主权类债券是国际投资者青睐、持仓比例最高的投资品种。在我国资本市场开放初期，应当重点培育国债、政策性金融债市场，增大一级市场发行规模、完善做市商制度、丰富投资者结构、着力提升市场流动性，打造具有国际竞争力的主权类债券市场，吸引更多的境外投资者，推动债券市场国际化。评级机构应当借鉴国际同行的先进技术和经验，充分整合已有资源和数据，形成核心竞争力，积极为境外机构投资我国信用债市场以及中资企业境外发债等提供及时、可靠的信用评级服务，推动评级机构国际化。

必须稳妥、审慎、有步骤、有计划地推进我国股票市场对外开放。适当保留对境外机构投资者的资格审查制度，防止不良境外机构投资者进入，避免外资操纵股市。建立外国投资者在不同行业的合计持股上限，运用税收来调控资本流动。有节奏地放开包括股指期货在内的衍生品交易及人民币汇率套期保值产品的市场准入，继续完善交易制度，保证股票市场对外开放的秩序与稳定。完善“沪港通”“深港通”机制，大力推进资本账户开放和人民币国际化以及其他相关方面的配套改革。

推动外汇市场渐进地对外开放，坚持人民币汇率市场化改革目标，提高汇率政策的规则性、透明性、可溯性。应在本国经济较为稳健、外部条件较为均衡的情况下，择机宣布人民币清洁浮动时间表和路线图，有效提升人民币汇率市场化改革的公信力，激发市场对改革的期待，进一步促进金融改革。

建议4：提高金融机构服务实体经济的能力。加强政策配套，营造良好的制度和政策环境。提高金融机构的风险管理能力，应对高水平金融开放带来的挑战。

第一，加强产品和流程创新，提高金融机构服务实体经济的能力。高质量发展所需的金融功能要求多元化、富有活力的金融机构来承载。在供给侧结构性改革的背景下，实体经济对金融产品和服务的需求发生了变化，要求金融机构转变经营理念，加强产品和流程创新。应运用私募股权基金、产业投资基金、Pre-ABS、REIT、订单质押融资等多种手段，丰富实体企业的融资方式。应利用人工智能、大数据等技术手段简化交易流程，节省交易成本和时间。要增强金融的普惠性，促使金融资源更多地配置到实体经济发展中的重点领域和薄弱环节，提高金融服务实体经济的能力。

第二，加强政策配套，营造金融机构服务实体经济的政策环境。在财政政策方面，加大财税政策对小型金融机构的扶持力度。在货币政策方面，为小型金融机构的发展创造良好的货币金融环境，综合运用多种工具维护流动性基本稳定，实行定向降准政策。在金融监管方面，实施差异化、有针对性的监管政策等。

第三，提高机构自身的风险管理能力，应对金融开放下更加复杂多变的政治、

法律和文化冲突风险。金融机构在跨境业务中应做好国家风险评估，运用金融科技改造并完善内控机制，建立风险与激励匹配的薪酬制度。设置涉外法律部门或聘请专业法律顾问，熟悉东道国法律法规，提高全球范围内的合规水平。理性选择国际化发展路径，不打无准备之战，稳健推进其业务的国际化进程。因地制宜，与国内的风险管理体系相互衔接和配合，考虑文化差异因素，培养员工本地化，塑造国际性金融机构的风险管理文化。

建议5：金融基础设施建设要兼顾硬件和软件，明确人民币清算结算体系的硬件建设目标，抓住软件建设重点，重视发挥CIPS对“一带一路”建设的服务功能。

第一，明确人民币支付结算体系的硬件建设目标。要尽快实现以下具体目标：(1) 实现运营机构合理定位，清算服务时间覆盖全球。(2) 优化清算流程，降低机构运营成本，解决渠道交叉、结构不合理问题，建设高效的清算模式。(3) 运用金融科技手段完善支付系统，减轻数据集中带来的压力，健全跨境资金统计监测机制，提高风险管理能力。(4) 实现多系统高效相连，减少机构间对接的重复工作以及资源浪费，提供全方位服务。

第二，抓住金融基础设施软件建设的工作重点。适应高水平金融开放的需要，健全金融标准体系，推动金融标准从政府单一供给向“政府＋市场”多元供给转变，坚持“引进来”和“走出去”并重，充分发挥金融标准在金融信息化、金融安全、宏观审慎管理及金融国际化中的重要作用，注重把我国的优势标准、特色标准，特别是一些亟须被国际接受的标准推广出去。借鉴欧美等发达国家和地区的先进经验，尽快制定和不断完善相关的法律制度和规范，加强人民币清算结算体系的准入和监管机制建设。(1) 对参与银行间支付结算系统的金融机构在法律上要有明确的准入要求。(2) 建立人民币清算结算体系所需要的法律制度，明确具体的操作细则和规范，为金融工具转换、金融活动信息保护、关键功能体系互联互通、国际金融基础设施协调提供法律依据和保障。(3) 制定涉及数字货币、移动支付等新兴领域的金融标准，加强国际交流与合作，积极推动中外标准互认工作，提高CIPS的国际竞争力，增强我国的国际金融话语权。

第三，重视发挥CIPS对“一带一路”建设的服务功能。(1) 强调CIPS对“一带一路”重要支点的覆盖，为贸易畅通、资金流通创造更加便利的条件。(2) 打造安全、高效、低成本的资金管道，提高CIPS对“一带一路”参与国的吸引力。扩大CIPS的使用范围，使之成为构建“一带一路”人民币次循环体系的加速器。

建议6：以宏观审慎政策承担监测并管理我国跨境资金流动的职责。进一步完善负面清单制度，实现更高水平对外开放，依法维护国家经济和金融安全。

将跨境资本流动管理纳入宏观审慎政策框架，对跨境资金流动风险进行监测和管理。党的十九大报告明确指出，要健全货币政策和宏观审慎政策双支柱调控框架，深化利率和汇率市场化改革。健全金融监管体系，守住不发生系统性金融风险的底线。具体来看，要做好以下几项工作：(1) 加强以银行资产、负债为目标约束宏观

审慎政策的实施力度，强化其对于我国跨境资本流动的限制。（2）有针对性地使用宏观审慎工具，提升其对于跨境资本流动的管控效果。（3）积极完善货币政策体系以及资本管制政策，实现其与宏观审慎政策的有效配合，提升管理效率。

高度重视负面清单管理模式对于高水平开放和高质量发展的重要意义，积极推动清单优化、依法管理、安全保障以及其他配套协调等各项工作。具体包括：

第一，完善负面清单，提高外资管理水平。（1）要逐步缩短负面清单，扩大开放度。在保留我国自主编制的《国民经济行业分类》的同时，加强与国际行业分类标准相协调，为国际比较、交流与沟通提供便利，为未来签订双边投资协定和自由贸易协定创造有利条件。（2）分门别类细化负面清单中的不符措施，文字表述应准确和确定，避免笼统性概述，审批事项的实际执行不能超出清单规定范围。（3）完善实施细则，清晰界定管理机构的权限，明确外资准入、审批、监管流程，以及激励惩戒各项规章制度，减少不必要的交易成本。（4）提高负面清单的公开透明度，减少外商投资的不确定性，增强对外资的吸引力。

第二，强化法理基础，完善负面清单制度。（1）将负面清单从部门规章上升到法律层面，成为比较稳固的法律，加强负面清单制度的法理基础。（2）将管理重心从事前审批转移到事中的审查。事前审批应过渡到主要按条件、按程序准入。企业要加强信息披露，管理部门要建立和更新信息系统，事中审查要依靠大数据监管，避免运动式监管和事后被动监管。（3）加强金融监管。借鉴国际上成熟的金融监管做法，补齐制度“短板”，完善资本监管、行为监管、功能监管，外汇管理做到“宽准入、严监管”，确保监管能力和对外开放水平相适应。

第三，重视产业安全，建立开放—保护的平衡机制，更好地兼顾和平衡利用外资与国家安全之间的关系，为高质量发展和高水平金融开放把好风险关。（1）在负面清单中增加国家安全兜底条款，提高透明度，进一步细化基于国家安全的审查内容和标准。（2）完善安全审查机制。目前由发改委、商务部牵头，会同相关部门的国家安全审查制度，存在分工模糊、缺乏专业性等弊端，建议成立国务院直管的国家安全审查委员会，实现权责对等。根据交易案件涉及的行业聘请高级专家，对交易可能带来的安全问题提出专业咨询意见。（3）健全事后救济制度。建立合理的行政救济程序，比如听证会、行政复议等。设置监督机构，对行政救济结果提出建议和异议。

第四，把“一带一路”建设和负面清单制度改革有机联系起来，实现二者的相互促进。（1）负面清单制度推动中国金融市场的双向开放，提升跨境贸易和投资的便利化水平，尤其要为“一带一路”参与国的企业、机构、资金、人才进入中国打开方便之门。（2）将中国的负面清单制度打造成可复制、可借鉴的模板，待条件成熟后推广到“一带一路”沿线国家，建立统一的外资管理话语体系，提高整体开放水平，推动“五通”建设目标实现。

# 附录 1

# 《人民币国际化报告》年度主题概览

《人民币国际化报告 2012》是该系列研究的第一份报告。其中选取跨境贸易人民币结算、香港人民币离岸金融市场套利活动等若干重大问题，从政府决策和市场发展两个视角进行了解读，并围绕资本账户改革、人民币汇率等热点问题展开了深入的理论分析。我们认为，人民币国际化最大的长期挑战来自中国实体经济，实现自主创新的技术突破和产业升级，是夯实人民币国际化经济基础的关键；金融体系市场化程度不足和效率低下，降低了人民币国际使用的吸引力和竞争力，构成人民币国际化的中期挑战；人民币离岸金融市场尚未形成规模，是导致人民币国际化在低水平上徘徊的短线制约。报告建议，不能用搞运动的方式来推进人民币国际化；要将人民币国际化与利率市场化、汇率市场化以及资本账户有序开放等有机地结合在一起；资本账户开放尤其应该谨慎，在加快提高名义开放度的同时，应通过技术手段和程序设置把握实际开放度，将投机性“热钱”流动控制在经济金融安全运行的可承受范围内。

《人民币国际化报告 2013》以“世界贸易格局变迁与人民币国际化”为主题，通过对世界贸易格局调整、货币替代以及国际货币体系演变的历史经验分析，总结了货币国际化与实体经济国际化之间的理论联系与一般规律。我们发现，历史上曾经出现过的货币强国都是以贸易强国为前提，但未必贸易格局调整总能引起国际货币格局变化；在当前的国际经济金融形势下，人民币国际化肩负着重大历史使命，或可破解“一超多元”国际货币体系滞后于多元竞争世界贸易格局而导致的“新特里芬难题”。报告认为，应当抓住世界贸易格局调整的有利时机，以东盟“10＋3”、上合组织、金砖国家、拉美、非盟等多个新兴经济体为突破口，充分利用区域贸易、双边贸易等各种便利条件，强化人民币贸易计价功能；要通过人民币直接投资、人民币对外信贷等资本流出方式，带动贸易人民币计价结算份额的继续提高；要深刻反思阻碍跨境贸易人民币计价结算份额进一步提高的主要因素，尽可能地为国内外企业和机构主动选择人民币创造机会、提供方便。

《人民币国际化报告 2014》的主题是“人民币离岸市场建设与发展”。报告根据对历史经验和相关文献的梳理，深入探讨了离岸金融市场促进货币国际化的内在逻辑，重点分析了当前人民币离岸市场发展的意义和影响，并对其全球布局问题进行了初步讨论。报告指出，完善、高效的离岸市场机制，为国际交易使用第三方货币提供了便利性和安全性，对于巩固国际货币地位至关重要；短期内人民币离岸市场的快速发展，既将跨国资本流动的风险控制在有限范围内，又以变相放松资本管制来助推人民币国际化，同时为资本账户改革赢得了必要时间，创造了有利条件；从长远来看，伦敦、法兰克福等主要国际金融中心的人民币离岸金融业务规模与交易比重，将是检验人民币是否已经成为主要国际货币之一的重要标志。我们建议，近期要处理好离岸市场与实体经济的关系，强调人民币离岸市场建设服务于中资企业和中资金融机构的国际化战略；中远期则要处理好人民币在岸—离岸金融市场的关系，逐步实现在岸市场价格引导离岸市场价格的理想模式。

《人民币国际化报告 2015》以“‘一带一路’建设中的货币战略”为主题。报告指出，“一带一路”倡议和人民币国际化战略是中国在 21 世纪提出的两项重大国家发展决策，符合中国国家利益，可为新兴大国提供必不可少的支撑力量；同时也符合全球利益，是对现行世界经济秩序和国际货币体系的进一步完善，体现出中国提供全球公共物品的大国责任与历史担当。报告从理论探讨、历史经验和实证检验等多个角度系统梳理了“一带一路”倡议与人民币国际化战略相互促进的逻辑，强调二者应当协同发展。我们认为，大宗商品计价结算、基础设施融资、产业园区建设、跨境电子商务等应当成为借助“一带一路”建设进一步提高人民币国际化水平的有效突破口；且“一带一路”建设中的人民币国际化必须继续坚持“改革开放”——国内经济成功转型、技术进步和制度创新是“一带一路”建设和人民币国际化的根本保障，只有以更高标准对外开放，坚持包容的发展理念，动员全球资源，造福沿线各国，才能为“一带一路”倡议和人民币国际化战略的最终成功创造有利条件。

《人民币国际化报告 2016》将主题确定为“货币国际化与宏观金融风险管理”。我们认为，随着人民币加入 SDR 货币篮子，人民币国际化即将进入新的发展阶段，表明我国已经进入汇率管理、资本流动管理等重大宏观政策的调整敏感期。历史经验表明，德国和日本的货币国际化起点虽然相似，但是由于各自选择的政策调整路径不同，对国内经济和金融运行产生了迥然不同的深刻影响，使其货币国际化成果大相径庭。因此要特别重视提高宏观管理能力，以免宏观管理能力不足成为制约人民币国际化继续推进的“短板”。报告强调，在政策调整过程中必须处理好汇率波动对国内经济金融运行的冲击，还要尽快适应跨境资本流动影响国内金融市场、金融机构以及实体经济的全新作用机制，尤其要重视防范和管理系统性金融风险。我们

建议：应当基于国家战略视角构建宏观审慎政策框架，以其作为制度保障，将汇率管理作为宏观金融风险管理的主要抓手，将资本流动管理作为宏观金融风险管理的关键切入点，全力防范和化解极具破坏性的系统性金融危机，确保人民币国际化战略最终目标的顺利实现。

《人民币国际化报告 2017》以“强化人民币金融交易功能”为主题，原因是国际金融交易人民币计价综合占比的上升势头明显，继跨境贸易人民币结算之外成为驱动 RII 的又一重要因素。鉴于国际金融市场上或将开启一个以跨国银行、跨国公司甚至货币当局为主体积极配置人民币资产的有利窗口期，我们认为：应当充分利用人民币加入 SDR 的制度红利，深化国内金融改革，以完善的金融市场为对外贸易和资本输出提供“后勤保障”；通过顶层设计和相关法律、政策的国际协调，充分发挥直接投资对贸易、离岸市场等的杠杆撬动效应；将人民币债券市场作为中国提供全球“安全资产”的主渠道，以提高国际债券市场的人民币占比作为阶段性任务；发挥银行主导的优势，将贸易路径作为人民币信贷拓展的主要策略选择；构建多层次外汇市场，为人民币全面发挥国际货币职能创造条件；以人民币跨境支付清算体系建设、金融相关法律制度建设以及征信和信用评级体系建设作为当前完善金融基础设施、便利人民币国际使用的工作重点。

《人民币国际化报告 2018》的主题为“结构变迁中的宏观政策国际协调”。报告指出，每一次主要国际货币的更替都导致国际政策协调的发展演变，在一定程度上，创新协调机制的成败决定了新兴国际货币的地位高低；国际政策协调效率与货币国际化相互促进、相辅相成；由于大国特别是货币强国的政策溢出效应更加明显，所以大国政策协调是决定世界经济发展和全球金融稳定的关键。我们认为：要正确看待人民币国际化进程中的调整，越是面对压力，越要保持定力，不骄不躁，苦练内功，努力提升实体经济效率和国际竞争力，倡导本币优先，重点服务实体经济发展与国内改革开放进程；要实现高质量经济发展，获得人民币国际化所需的国际网络效应，迫切需要全方位、高效率的宏观政策国际协调；应当将贸易、货币政策作为短期国际协调的重点，并将结构改革、宏观审慎政策逐步纳入协调范畴；应当重视多层次国际组织，积极寻求在新兴国际协调平台上发挥中国的引领作用。报告强调，要在“一带一路”上开展内容丰富的区域合作机制创新，为国际协调理论和实践提供新样本、新模式；要妥善处理中美贸易摩擦和政策分歧，这是实现无危机可持续发展和人民币国际化的关键，也是当前我国进行国际政策协调需要解决的主要矛盾。

## 附录 2

# 提高金融效率，打破“卢卡斯悖论”

根据新古典经济学的增长理论和边际报酬递减规律，由于各个国家的资本禀赋存在差异，各国的资本回报也会有所不同，理论上看，发展中国家的资本回报率应该高于发达国家，因此，在贸易自由化的背景下，新的投资应该主要发生在资本相对稀缺的贫穷国家，即资本应该从发达国家流向发展中国家。然而，现实情况恰恰相反，卢卡斯（1990）观察到实际经济中资本往往是在发达国家间流动，而非从发达国家流向发展中国家，资源不能优化配置，为此，他利用 1988 年印度和美国的资本回报率数据，按照新古典经济学的模型推算出印度的资本边际产出应该是美国的 58 倍，从理论上来说，在该资本边际产出差异下，美国的资本应该会流向印度，但是实际中的资本流动并非如此，这就是所谓的“卢卡斯悖论”或“卢卡斯之谜”。Alfaro（2003）也通过实证的方式论证了“卢卡斯悖论”的存在，他分析了 1970—2000 年不同国家的资本流动情况，发现该时间区间内国际资本主要是从低收入国家流向高收入国家，而不是由高收入国家流向低收入国家。石卫星（2012）利用外商直接投资的数据资料，从投资的地域分布、流入国的经济排名等方面分析了外商直接投资在全球的分布情况，证明了“卢卡斯悖论”的存在性。

如附录表 2－1 所示，根据世界银行的统计，2017 年世界各地区的外国直接投资净流入量中，欧洲及西亚地区、东亚及太平洋地区以及北美地区外国直接投资净流入量占世界外国直接投资净流入量的比例排在前三位，而发展中国家聚集较多的地区如非洲、南亚、拉丁美洲等的该项占比相对较低。如附录图 2－1 所示，按收入水平划分，1982—2017 年高收入国家的外国直接投资净流入量一直高于其他收入水平的国家，且差距在近十几年间有所拉大，低收入国家的外国直接投资净流入量一直处于最低水平。附录图 2－2 展示了中国、美国、印度三国 1982—2016 年外国直

附录表 2-1　2017年世界各地区外国直接投资净流入量及其占GDP的比重、占世界外国直接投资净流入量的比重

| 地区 | 外国直接投资净流入量（百万美元） | 占GDP的比重 | 占世界外国直接投资净流入量的比重 |
|---|---|---|---|
| 世界 | 1 956 833 | 2.4% | 100.0% |
| 东亚及太平洋地区 | 515 182 | 2.1% | 26.3% |
| 欧洲及西亚地区 | 696 398 | 3.3% | 35.6% |
| 拉丁美洲及加勒比地区 | 237 406 | 3.1% | 12.1% |
| 中东及北非地区 | 54 663 | 1.8% | 2.8% |
| 北美地区 | 382 066 | 1.8% | 19.5% |
| 南亚地区 | 47 058 | 1.4% | 2.4% |
| 撒哈拉以南非洲地区 | 24 059 | 1.5% | 1.2% |

资料来源：世界银行。

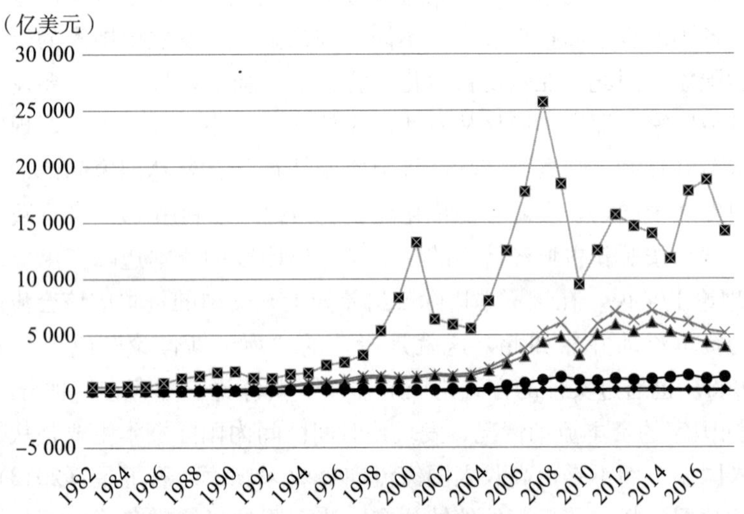


附录图 2-1　1982—2017年各收入水平国家外国直接投资净流入量

资料来源：世界银行。

接投资净流入量，作为发达国家的美国，其外国直接投资净流入量一直高于中国和印度，近年来随着中国金融开放的深化，中美两国的差异有所缩小，在2009—2014年，两国的外国直接投资净流入量基本持平，且中国有赶超的趋势，但2010年以后，两国的差距又有所拉大，而印度的外国直接投资净流入量较中美两国一直处于较低的水平，且波动幅度不大。中国作为重要的发展中国家，虽然经济实力和综合

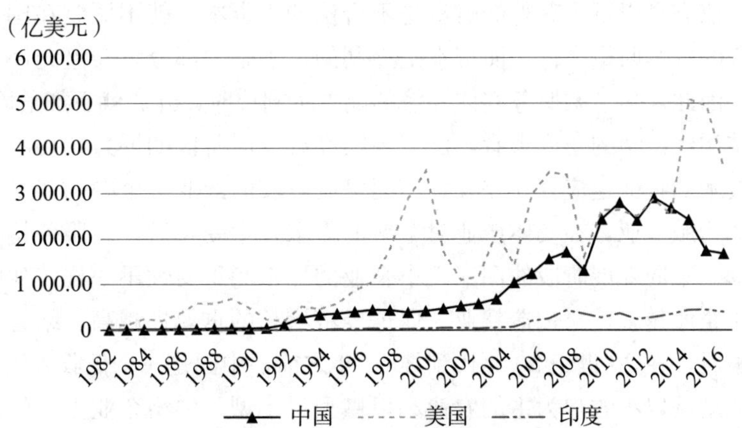


**附录图 2－2　1982—2016 年中国、美国、印度三国外国直接投资净流入量**

资料来源：世界银行。

国力正日益增强，但在发展中也存在“卢卡斯之谜”，资源难以得到优化配置，不利于经济的高质量发展。附录表 2－2 展示了 2012—2017 年世界主要地区外国直接投资回报率。

**附录表 2－2　　2012—2017 年世界主要地区外国直接投资回报率**

| 地区 | 2012 | 2013 | 2014 | 2015 | 2016 | 2017 |
|---|---|---|---|---|---|---|
| 世界 | 8.1% | 7.8% | 7.9% | 6.8% | 7.0% | 6.7% |
| 发达国家 | 6.7% | 6.3% | 6.6% | 5.7% | 6.2% | 5.7% |
| 发展中国家 | 10.0% | 9.8% | 9.5% | 8.5% | 8.1% | 8.0% |
| 非洲 | 12.3% | 12.4% | 10.6% | 7.1% | 5.4% | 6.3% |
| 亚洲 | 10.5% | 10.8% | 10.6% | 9.9% | 9.5% | 9.1% |
| 东亚及东南亚 | 11.5% | 11.8% | 11.7% | 11.0% | 10.3% | 10.1% |
| 南亚 | 7.2% | 6.7% | 6.1% | 5.5% | 6.4% | 5.7% |
| 西亚 | 5.5% | 5.4% | 4.9% | 4.6% | 4.6% | 3.4% |
| 拉丁美洲及加勒比地区 | 7.9% | 6.7% | 6.6% | 5.2% | 5.3% | 5.6% |
| 转型经济体 | 14.4% | 13.9% | 14.6% | 10.2% | 11.1% | 11.8% |

资料来源：联合国. 世界投资报告 2018.

导致“卢卡斯之谜”的原因，主要包括产业政策不合理导致的寻租行为、金融抑制、国家间金融体系服务实体经济效率的差异等方面。具体而言，林毅夫（2017）结合新结构经济学的理论对“卢卡斯之谜”做出了解释，他认为，如果发展违背比较优势理论的产业，政府会出台一系列配套政策来维持，政策的扭曲有可能会带来

寻租行为，依靠寻租行为获得的财富是不合法的，资本也就不愿意在国内投资，加之国内投资的资本回报率低，而资本是逐利的，于是大部分将会流向回报率更高的发达国家。因此，当金融服务实体经济的能力不到位时，开放就更加危险。

从新结构经济学的角度来看，由于不同经济发展阶段的要素结构不同，与之对应的产业技术的特征也应存在差异，不同发展阶段的产业对金融的需求也会随之改变，金融作为服务业，在实体产业对金融的需求发生变化后，其服务特征也应发生相应的改变。不同发展阶段的国家，小企业的比重和重要性不一样，如收入水平低的国家，小企业越多，对创造就业、促进经济增长的重要性越高。结合我国目前的实际情况来看，在 20 世纪 80 年代到 2002 年之前，中国是一个低收入国家，经济的主要生产活动是以小农户为主的农业和以微型、小型、中型企业为主的制造业与服务业，即使在今天看来，中小微企业和农户仍是经济活动的主体，这些主体很难在以大型银行和股票市场主导的金融结构中获得有效的金融服务，由于小企业自身资金规模小，风险相对较高，从大银行融资非常困难，加上我国市场机制并不完善，小企业也很难在资本市场上融资，我国金融服务实体经济的能力还有待提升（林毅夫，2018）。基于上述理论逻辑，为了高质量发展以及更高水平地开放，提升金融服务实体经济的能力是很有必要的。

附录 3

# 2018 年人民币国际化大事记

1 月 2 日，巴基斯坦国家银行（央行）发表声明，批准贸易商在与中国的双边贸易中使用人民币作为结算货币。

1 月 4 日，中国人民银行与中国银行台北分行续签《关于人民币业务的清算协议》。

1 月 5 日，中国人民银行印发《关于进一步完善人民币跨境业务政策促进贸易投资便利化的通知》，明确凡依法可使用外汇结算的跨境交易，企业都可以使用人民币结算。

1 月 8 日，银行间市场清算所股份有限公司（上海清算所）推出人民币乙二醇掉期中央对手清算业务。

1 月 12 日，日本三菱东京日联银行股份有限公司和日本瑞穗银行相继成功发行熊猫债券。这是日本发行人首次尝试在中国资本市场发行人民币债券。

1 月 19 日，全国外汇市场自律机制秘书处指出，各报价行基于自身对经济基本面和市场情况的判断，陆续主动对“逆周期系数”进行了调整，使“逆周期因子”回归中性。“收盘价＋一篮子货币汇率变化＋逆周期因子”的中间价报价模型并未改变。

2 月 1 日，阿联酋沙迦酋长国在中国银行间债券市场成功发行 20 亿元人民币债券，成为中东地区发行人进入中国银行间债券市场发行的首只主权熊猫债。

2 月 2 日，银行间市场清算所股份有限公司（上海清算所）正式推出跨境外汇即期交易中央对手清算业务（简称跨境外汇清算业务）。

2 月 2 日，经中国人民银行授权，自 2018 年 2 月 5 日起银行间外汇市场完善人民币对泰铢交易方式，从人民币对泰铢区域交易发展为人民币对泰铢直接交易。

2 月 5 日，中国外汇交易中心在新一代外汇交易平台 CFETS FX2017 推出外币对货币掉期交易、增加人民币对澳大利亚元货币掉期交易，并进一步优化货币掉期业务功能。

2月8日，招商局港口控股有限公司及普洛斯洛华中国海外控股（香港）有限公司“一带一路”公司债券在深交所成功发行，成为市场首批公开发行的“一带一路”熊猫公司债券。

2月9日，中国人民银行授权美国摩根大通银行担任美国人民币业务清算行。

2月13日，国家外汇管理局发布《关于完善远期结售汇业务有关外汇管理问题的通知》，指出银行为客户办理远期结售汇业务，在符合实需原则的前提下，到期交割方式可以根据套期保值需求选择全额或差额结算。差额结算的货币为人民币，用于确定轧差金额使用的参考价应是境内真实、有效的市场汇率。

2月26日，中国银行澳门分行发行40亿元人民币“莲花债”。这是澳门特别行政区首次发行离岸人民币债券。

3月2日，沪深证交所开展“一带一路”债券试点，相关主体可通过三种方式在沪深交易所发行“一带一路”债券进行融资。

3月20日，菲律宾在中国银行间债券市场成功发行14.6亿元人民币债券，境外投资人通过“债券通”参与了本次债券发行，境外获配占比88%。该笔债券是菲律宾进入中国银行间债券市场发行的首只主权熊猫债，也是东南亚地区第一只主权熊猫债券。

3月23日，彭博宣布将人民币计价的中国国债和政策性银行债券纳入彭博巴克莱全球综合指数。中国债券纳入指数将从2019年4月开始，用时20个月分步完成。

3月26日，人民币跨境支付系统（CIPS）二期投产试运行。

3月26日，以人民币计价结算的原油期货在上海国际能源交易中心挂牌交易。

3月27日，为充分发挥信用评级的功能，推动银行间债券市场对外开放，促进信用评级业务和银行间债券市场健康发展，中国银行间市场交易商协会组织市场成员制定了《银行间债券市场信用评级机构注册评价规则》、《非金融企业债务融资工具市场信用评级机构自律公约》及《非金融企业债务融资工具信用评级业务调查访谈工作规程》。

3月30日，中国人民银行与澳大利亚储备银行续签规模为2 000亿元人民币/400亿澳大利亚元的双边本币互换协议。

4月2日，银行间市场清算所股份有限公司（上海清算所）推出人民币甲醇掉期中央对手清算业务。

4月3日，莫斯科外汇交易所计划扩大人民币交易业务，推出人民币交易有助于提高俄罗斯市场中人民币/卢布兑换业务在外汇业务中的份额，并代替人民币/美元兑换业务。

4月3日，中国人民银行与阿尔巴尼亚中央银行续签规模为20亿元人民币/342亿阿尔巴尼亚列克的双边本币互换协议。

4月9日，日本财务省和央行公告称，日本年度投资组合数据的货币细分栏目中将增列人民币。

4 月 11 日，中国人民银行与南非中央银行续签规模为 300 亿元人民币/540 亿南非兰特的双边本币互换协议。

4 月 12 日，巴基斯坦央行发表声明称，中国银行获准在巴基斯坦设立本地人民币结算和清算机制。

4 月 14 日，《中共中央国务院关于支持海南全面深化改革开放的指导意见》正式对外发布。对海南做出了新的四大战略定位：全面深化改革开放试验区、国家生态文明试验区、国际旅游消费中心、国家重大战略服务保障区。

4 月 18 日，中国银行台北分行 30 亿元离岸人民币债券（宝岛债）在台湾证券柜台买卖中心挂牌上市。时隔 3 年回归市场，宝岛债再次受到台湾地区投资者欢迎。

4 月 25 日，国家外汇管理局数据显示，截至 4 月 24 日，共有 144 家合格境内机构投资者（QDII）累计获得 983.33 亿美元额度，较上月增加 83.4 亿美元，这是国家外汇管理局三年来首次批准增加 QDII 额度。

4 月 27 日，中国人民银行与尼日利亚中央银行签署规模为 150 亿元人民币/7 200亿奈拉的双边本币互换协议。

4 月 30 日，托克成为首家进入中国资本市场筹资的国际及大宗商品贸易公司，且已经通过发行首批人民币计价债券（熊猫债）筹得 5 亿元人民币。

5 月 1 日，“沪股通”及“深股通”每日额度将分别由 130 亿元人民币调整为 520 亿元人民币，“沪港通”下的“港股通”及“深港通”下的“港股通”每日额度将分别由 105 亿元人民币调整为 420 亿元人民币。

5 月 2 日，为满足市场外币利率风险管理需求，中国外汇交易中心在新一代外汇交易平台 CFETS FX2017 推出美元、欧元、英镑、日元、港币、澳元共六个币种的利率互换交易。

5 月 2 日，瑞士银行正式成为首家在中国内地申请控股证券公司的外资机构。

5 月 4 日，以人民币计价的大连商品交易所铁矿石期货正式引入境外投资者。

5 月 9 日，人民币合格境外机构投资者（RQFII）试点地区扩大至日本，投资额度为2 000亿元。

5 月 10 日，中国人民银行与白俄罗斯中央银行续签规模为 70 亿元人民币/22.2 亿白俄罗斯卢布的双边本币互换协议。

5 月 15 日，香港交易所宣布新增美元兑人民币（香港）期货（美元兑 CNH 期货）合约月份及跨期组合。

5 月 16 日，中国外汇交易中心称，中国银行与郑州银行在银行间外汇市场达成一笔 USD/CNY 差额交割远期交易。这是银行间外汇市场推出差额交割远期交易产品以来的首笔交易。

5 月 16 日，中哈霍尔果斯国际边境合作中心坚戈现钞跨境调运正式启动，标志着中哈两国本币结算渠道在新疆霍尔果斯全面打通。

5 月 21 日，富滇银行西双版纳磨憨支行与老中银行磨丁分行开展了首次双边本

外币现钞调运合作。

5月23日，中国人民银行与巴基斯坦中央银行续签规模为200亿元人民币/3 510亿巴基斯坦卢比的双边本币互换协议。

5月29日，龙江银行股份有限公司牡丹江东宁支行通过东宁陆路口岸成功调出1 500万元人民币现钞至俄罗斯，这是黑龙江省金融机构首次通过陆路跨境调运人民币现钞。

5月31日，A股正式纳入MSCI新兴市场指数。这是自2013年6月MSCI启动A股纳入MSCI新兴市场指数全球征询后的首次正式纳入。

6月15日，中国人民银行发布《关于完善人民币购售业务管理有关问题的通知》。境外参加行可通过境内代理行或境外清算行代理，也可直接进入境内银行间外汇市场平盘。境内代理行、境外清算行和境外参加行办理人民币购售业务应坚持审慎原则。中国央行对人民币购售业务实施宏观审慎管理，必要时可采取措施对人民币购售业务进行调控。

6月15日，欧洲首只中国聪明贝塔（Smart Beta）ETF基金产品——“Market Access STOXX中国A股最小方差指数UCITS ETF”在中欧国际交易所上市。

6月16日，《中俄人民币基金管理公司合作协议》签约仪式在哈尔滨举行，这标志着中俄人民币基金管理公司正式成立。该公司成立后，将发起设立中俄人民币基金，重点投资“一带一路”项目。

6月21日，上海市自由贸易试验区管委会发布上海自贸区金融业对外开放25条新政策，实施吸引外资金融机构集聚的新政策，扩大试验区银行业、证券业及保险业对外开放，全面落实准入前国民待遇加负面清单管理制度，在试验区内稳步推进资本项目管理的便利化和可兑换。

6月22日，全国中小企业股份转让系统公司（新三板）表示，合格境外机构投资者（QFII）、人民币合格境外机构投资者（RQFII）以及符合国务院相关部门规定的境外战略投资者，均可参与投资新三板挂牌公司。

6月28日，中国最新版外商投资准入负面清单出炉，共在22个领域推出开放措施，涉及金融、制造、能源资源、农业等多个领域。

7月1日，哈萨克斯坦中国石油（阿克纠宾）油气股份有限公司与新疆阿拉山口翰林贸易有限公司签订协议，双方石油副产品硫黄交易将以人民币计价结算。7月3日，合同正式执行，新疆阿拉山口翰林贸易有限公司向哈方以人民币支付首笔进口硫黄款71.04万元。中哈石油副产品硫黄贸易以人民币计价交易正式落地。

7月5日，财政部在香港特别行政区顺利发行50亿元人民币国债。

7月14日，中国人民大学发布的《人民币国际化报告2018：结构变迁中的宏观政策国际协调》指出，2017年人民币国际化逐渐消化前期负面冲击与预期，在波动中显著回升，在全球货币体系中保持稳定地位。

7月23日，中国外汇交易中心在新一代外汇交易平台顺利推出以境外外币债为抵押品的外币拆借业务。

7月24日，国际货币基金组织发布的外汇和经常账户顺差和逆差的外部风险评估报告指出，总体而言，人民币汇率大致与基本面和理想政策所隐含的汇率一致。中国外汇储备仍然充足，根据其未经资本管控调节的综合指标，中国外汇储备充足率为97%，经过资本管控调节的充足率则为157%。

7月26日，地处哈萨克斯坦的中油国际中亚公司阿克纠宾项目收到客户从中国直接支付的一笔人民币货款。这是阿克纠宾项目首次正式使用人民币结算的跨境业务，也是中哈资源品贸易首次以人民币计价结算。

8月13日，MSCI明晟公布指数审议结果，将实施把部分中国A股纳入其中国股指数的第二阶段计划。纳入新股之后，MSCI明晟中国股指数纳入中国A股的个股数量为236只，在MSCI新兴市场指数中的权重为0.75%。

8月16日，孟加拉国中央银行出台新政，允许相关银行开设人民币结算账户与央行进行结算。

8月16日，马来西亚纳闽岛金融服务管理局正式指定马来西亚中国银行将人民币在岸结算服务延伸至纳闽岛机构。

8月20日，中国人民银行与马来西亚国家银行续签规模为1 800亿元人民币/1 100亿马来西亚林吉特的双边本币互换协议。

8月20日，中国人民银行乌鲁木齐中心支行与中国外汇交易中心共同合作建设的全国首个“中国（新疆）——丝路货币区域交易信息平台”正式上线运行。

8月24日，外汇市场自律机制秘书处表示，基于自身对市场情况的判断，8月份以来人民币对美元汇率中间价报价行陆续主动调整了“逆周期系数”，未来“逆周期因子”会对人民币汇率在合理均衡水平上保持基本稳定发挥积极作用。

8月28日，渣打银行（中国）有限公司宣布，将首次在华代销投向QDLP（合格境内有限合伙人）基金的资产管理计划产品。

8月28日，广东省政府正式印发公布《深化中国（广东）自由贸易试验区制度创新实施意见》，支持南沙新区片区、横琴新区片区开展QDIE（合格境内投资企业）试点工作。完善“深港通”、基金互认、“债券通”等跨境资金双向流通机制及配套政策。支持设立相应的人民币海外投资基金，为广东企业“走出去”提供资金支持和多样化的投融资服务。

8月29日，越南国家银行宣布，从10月12日开始，进行跨境贸易的商人、居民以及相关银行和机构将被授权使用人民币或越南盾进行交易。

9月3日，中国外汇交易中心正式引入中国工商银行（阿拉木图）股份公司与工银标准银行公众有限公司参与银行间外汇市场人民币对坚戈区域交易，并决定延长人民币对坚戈区域交易时间，由10：30—16：30调整为10：30—19：00。

9月3日，中国外汇交易中心推出外币拆借报价行业务。

9月27日，国际知名指数公司富时罗素（FTSE Russell）宣布，2019年6月起

分三批将A股纳入富时全球股票指数，并将中国债券列入观察名单，3月审核是否将中国债券亦纳入富时国际指数。

10月10日，财政部在香港特别行政区顺利发行50亿元人民币国债。

10月12日，证监会发布《上海与伦敦证券市场互联互通存托凭证业务监管规定（试行）》，明确“沪伦通”CDR发行审核制度、CDR跨境转换制度安排、CDR持续监管要求和境内上市公司境外发行CDR的监管安排。

10月13日，中国人民银行与英格兰银行续签规模为3 500亿元人民币/400亿英镑的双边本币互换协议。

10月16日，委内瑞拉宣布，国内所有外汇交易将排除美元，用欧元和人民币等货币进行交易和结算。

10月16日，国务院印发《中国（海南）自由贸易试验区总体方案》。方案指出，充分发挥金融支持自贸试验区建设的重要作用，出台金融领域的一揽子政策措施，以服务实体经济、促进贸易投融资便利化为出发点和落脚点，以制度创新为核心，大力推动自贸试验区金融开放创新。进一步扩大人民币跨境使用、探索资本项目可兑换、深化外汇管理改革、探索投融资汇兑便利化，扩大金融业开放，为贸易投资便利化提供优质金融服务。

10月19日，新加坡亚太交易所（APEX）离岸人民币汇率期货合约正式推出。

10月26日，经国务院批准，中国人民银行与日本银行签署了中日双边本币互换协议，旨在维护两国金融稳定，支持双边经济和金融活动发展。协议规模为2 000亿元人民币/34 000亿日元，协议有效期三年，经双方同意可以展期。中国人民银行与日本银行签署了在日本建立人民币清算安排的合作备忘录，决定授权中国银行东京分行担任日本人民币业务清算行。

10月30日，菲律宾人民币交易商协会在首都马尼拉正式签约成立，这标志着人民币和菲律宾比索将可实现直接兑换。

11月5日，中国东兴—越南芒街人民币越南盾现钞双币跨境调运业务正式启动。

11月7日，中国人民银行通过香港金融管理局债务工具中央结算系统（CMU）债券投标平台，招标发行200亿元人民币中央银行票据，其中3个月和1年期品种各100亿元，中标利率分别为3.79%和4.20%。

11月16日，中国人民银行与印度尼西亚中央银行续签规模为2 000亿元人民币/440万亿印度尼西亚卢比的双边本币互换协议。

11月20日，国家主席习近平国事访问菲律宾期间，由中国银行参与发起的菲律宾人民币兑比索直接交易市场正式启动，并完成了该市场上的首笔交易。人民币是除美元之外比索唯一可以实现直接兑换的外国货币，实现了人民币与比索的直接兑换。

11月23日，国务院发布《关于支持自由贸易试验区深化改革创新若干措施的通知》。通知在支持自贸区人民币跨境业务发展方面提出了多条措施，包括允许自贸试验区内银行业金融机构为境外机构办理人民币衍生产品等业务。

11月29日，中国外汇交易中心与彭博公司合作项目准备工作基本就绪，双方通过交易平台连接支持境外机构投资者进入中国银行间债券市场的项目将正式启动。

11月29日，新西兰联储宣布对新西兰元贸易加权指数进行年度修订，人民币目前已取代澳大利亚元，在新西兰元贸易加权指数中权重最大，最新权重为21.11%，澳大利亚元权重则下降到19.84%。

11月30日，中国人民银行广州分行促成首笔对泰跨境人民币贷款落地。

11月30日，PTA期货引入境外交易者启动仪式在郑州商品交易所举行。PTA期货是我国期货市场第一个化工品种，也是第一个引入境外交易者的化工品种。

12月1日，瑞银宣布，中国证监会已批准瑞银增持内地合资证券公司——瑞银证券有限责任公司，持股比例由24.99%增加至51%。瑞银成为首家通过增持股权以实现控股合资证券公司的外资金融机构。

12月4日，港珠澳大桥首笔车辆通行费成功以跨境人民币业务方式结算——香港快易通公司通过香港汇丰银行向港珠澳大桥管理局的境内账户汇划了一笔358.5万元的车辆通行费，这对推进粤港澳大湾区跨境支付结算便利化建设具有重大意义。

12月7日，全球股指提供商标普道琼斯指数有限公司表示，2019年9月23日将把通过“沪港通”及“深港通”机制进行交易的“合格中国A股”纳入其全球指标指数。此前指数编制公司MSCI明晟及富时罗素已将A股纳入主要股指。

12月10日，中国人民银行与乌克兰国家银行续签规模为150亿元人民币/620亿乌克兰格里夫纳的双边本币互换协议。

12月12日，由中国银行发行的匈牙利人民币债券挂钩结构性票据产品在匈牙利首都布达佩斯交易所挂牌上市，这是中国银行在欧洲地区面向机构投资者发行的第一只连接中国境内熊猫债的美元/欧元双币种票据类投资产品。

12月17日，匈牙利在中国银行间债券市场成功发行20亿元人民币债券（熊猫债），期限3年。匈牙利也由此成为首个重返银行间市场的欧洲主权类发行人。

12月28日，经国务院同意，中国人民银行、国家发改委、教育部、科技部、工业和信息化部、财政部、人力资源和社会保障部、自然资源部、商务部、海关总署、银保监会、证监会和国家外汇管理局发布《关于印发〈广西壮族自治区建设面向东盟的金融开放门户总体方案〉的通知》，这标志着广西建设面向东盟的金融开放门户进入实施阶段。

# 参考文献

白钦先. 金融结构、金融功能演进与金融发展理论的研究历程. 经济评论，2005(3).

白晓燕，邓明明. 不同阶段货币国际化的影响因素研究. 国际金融研究，2016，353(9)：86-96.

蔡曜，羽朱振. 金融发展与产业结构优化. 中国金融，2015(7).

陈四清. 开启人民币国际化新格局. 中国金融，2014(24)：14-16.

陈卫东，王有鑫. 人民币贬值背景下中国跨境资本流动：渠道、规模、趋势及风险防范. 国际金融研究，2016(4)：3-12.

陈雨露，罗煜. 金融开放与经济增长：一个述评. 管理世界，2007(4)：138-147.

褚华. 人民币国际化研究. 复旦大学博士学位论文，2009.

戴林莉，康婷. 论我国自贸试验区外商投资准入负面清单的价值与功能. 经济体制改革，2018(2)：57-62.

邓敏，蓝发钦. 金融开放条件的成熟度评估：基于综合效益的门槛模型分析. 经济研究，2013(12)：120-133.

丁剑平，楚国乐. 货币国际化的影响因子分析——基于面板平滑转换回归(PSTR)的研究. 国际金融研究，2014，332(12)：35-46.

段文斌，张文，刘大勇. 从高速增长到高质量发展——中国改革开放40年回顾与前瞻. 学术界，2018(4).

范小云，陈雷，王道平. 人民币国际化与国际货币体系的稳定. 世界经济，2014(9)：3-24.

高海红，余永定. 人民币国际化的含义与条件. 国际经济评论，2010(1)：46-64.

高禄，车维汉. 资本账户开放的经济基础条件分析. 世界经济研究，2018.

高秀成，张靖，刘飞. 跨境资本流动的宏观审慎管理工具研究. 经济问题，2018 (4)：22－25.

葛奇. 宏观审慎管理政策和资本管制措施在新兴市场国家跨境资本流出入管理中的应用及其效果——兼析中国在资本账户自由化过程中面临的资本流动管理政策选择. 国际金融研究，2017 (3)：3－14.

郭冠男. 如何认识并全面实施市场准入负面清单制度. 中国行政管理，2019 (1)：6－9.

郭田勇，丁潇. 普惠金融的国际比较研究——基于银行服务的视角. 国际金融研究，2015，339 (2)：55－64.

郝宇彪，田春生. 人民币国际化的关键：基于制约因素的分析. 经济学家，2011 (11)：64－72.

汇丰调查：2020 年人民币占全球外储比重可望达 8.5%，http://www.sohu.com/a/235548100_323087.

江春，苏志伟. 金融发展如何促进经济增长——一个文献综述. 金融研究，2013 (9)：110－122.

蒋东利，刘佳. 跨境资金流动宏观审慎工具有效性研究. 浙江金融，2017 (11)：24－30.

焦继军. "一带一路" 背景下人民币国际化内在机理研究 [M]. 北京：中国经济出版社，2017.

李稻葵，刘霖林. 人民币国际化：计量研究及政策分析. 金融研究，2008 (11)：1－16.

李婧. 我国外汇管理法律制度的完善——基于对人民币国际化的推进. 经济法论丛，2018 (2)：180－206.

李凯杰，葛顺奇. 外商投资 "负面清单" 管理模式的国际比较及启示. 国际经济合作，2018 (3)：4－8.

李淑锦，张小龙. 第三方互联网支付对中国货币流通速度的影响. 中国金融，2015 (12).

李向阳，丁剑平. 人民币国际化：基于资本项目开放视角. 世界经济研究，2014 (5).

李鑫，杨涛. 国际金融市场基础设施监管改革及其对我国的启示. 金融监管研究，2015 (44).

李扬. 汇率机制比汇率水平更重要. 金融经济，2018 (19)：7.

林乐芬，王少楠. "一带一路" 建设与人民币国际化. 世界经济与政治，2015 (11)：72－90.

刘丹丹. 人民币国际化背景下商业银行推进人民币清算行建设的战略研究. 农银

学刊，2017（3）：9－12.

刘毅，曹锐钢. 金融开放与经济增长效应研究的文献综述. 上海金融，2006（12）：8－11.

卢浩. 中国负面清单模式实践. 吉林大学硕士学位论文，2018.

罗成，顾永昆. 日元衰退及其对人民币国际化的启示. 现代日本经济，2017（1）：27－38.

马勇，王芳. 金融开放、经济波动与金融波动. 世界经济，2018（2）.

倪经纬. 开发性金融“走出去”的网络外部性分析. 上海金融，2017（1）：38－45.

气候债券倡议组织和中央国债登记结算有限责任公司. 中国绿色债券市场2018年度报告，2019年2月.

沙文兵，孙君. 人民币国际化的条件、影响与路径——近期国外文献的一个综述. 经济问题探索，2014（2）.

舒雄. 人民币跨境结算支付系统制度的缺陷及其完善安排. 新会计，2013（6）.

宋科，李戎. 加快构建符合中国实际的宏观审慎政策框架. 国际经济评论，2017（2）：79－91.

孙国峰，李文喆. 货币政策、汇率与资本流动——从“等边三角形”到“不等边三角形”. 中国人民银行工作论文，2017年第3号.

孙海霞，谢露露. 国际货币的选择：基于外汇储备职能的分析. 国际金融研究，2010（12）：38－49.

谭小芬，徐慧伦，耿亚莹. 中国债券市场发展与人民币国际化. 武汉大学学报（哲学社会科学版），2018（2）：130－144.

陶立峰. 对标国际最高标准的自贸区负面清单实现路径——兼评2018年版自贸区负面清单的改进. 法学论坛，2018，33（5）：145－152.

田昕清. 负面清单模式下我国外资安全审查制度的升级路径. 中国产经，2018（3）：63－67.

涂永红，张文春. 中国在“一带一路”建设中提供的全球公共物品. 理论视野，2015（6）：63－66.

王道平，范小云. 现行的国际货币体系是否是全球经济失衡和金融危机的原因. 世界经济，2011（1）：52－72.

王芊，贺立，钟源宇. 全口径跨境融资宏观审慎管理. 中国金融，2018（8）：31－32.

王书朦. 我国跨境资本流动监管：基于新兴经济体宏观审慎监管的国际借鉴. 新金融，2015（12）：29－34.

王舒健，李钊. 金融开放能促进经济增长吗?. 世界经济研究，2006（10）：53－58.

王文，贾晋京. 人民币为什么行. 北京：中信出版社，2016：193-200.

王雪，陈平. 人民币跨境结算模式的比较与选择. 上海金融，2013（9）.

魏鹏. 中国互联网金融的风险与监管研究. 国际经济评论，2014（7）.

温信祥，徐昕. 人民币国际化的全新历史时期——“一带一路”与未来国际金融体系. 人民论坛·学术前沿，2015（16）：61-71.

吴丰光. 人民币国际化的进展、制约因素及前景展望——近期国外文献研究综述. 经济研究参考，2018（1）.

吴卫锋，庄宗明. 金融开放促进一国经济增长的门限条件研究——兼论对中国金融开放的启示. 社会主义经济理论研究集萃，2013.

伍戈，严仕锋：跨境资本流动的宏观审慎管理探索——基于对系统性风险的基本认识. 新金融，2015（10）：14-18.

席涛. 市场准入负面清单与产业政策、相关法律的修订与衔接. 中国政法大学学报，2018（3）：47-60.

谢玮. 亲历者管涛“一波三折”的人民币汇率形成机制改革. 中国经济周刊，2018（47）：40-42.

星焱. 普惠金融的效用与实现：综述及启示. 国际金融研究，2015（11）：24-36.

星焱. 普惠金融：一个基本理论框架. 国际金融研究，2016，353（9）：21-37.

熊爱宗，黄梅波. 国际货币多元化与国际货币体系稳定. 国际金融研究，2010（9）：21-28.

许婷. 实施外商投资准入负面清单　进一步扩大对外开放领域. 金融时报，2017-06-29（5）.

严宝玉. 我国跨境资金流动的顺周期性、预警指标和逆周期管理. 金融研究，2018（6）：22-39.

杨涤. 提高我国金融资源配置效率的途径研究——中国的金融强国之路探索. 世界经济研究，2004（2）.

杨涛，李鑫. 国际金融市场基础设施监管改革及其对我国的启示. 金融监管研究，2015（8）：82-105.

姚树洁，冯根福，韦开蕾. 外商直接投资和经济增长的关系研究. 经济研究，2006（12）：35-46.

于恩锋，罗文宝. 共生包容性的人民币国际化. 学术交流，2017（5）.

张承惠. 金融改革须重视金融基础设施建设. 重庆理工大学学报，2013，27（10）.

张帆，余淼杰，俞建拖.“一带一路”与人民币国际化的未来. 人民论坛·学术前沿，2017（9）：28-45.

张红显. 负面清单管理模式的法治之维. 法学评论，2015，33（2）：69-74.

张志伟. ISO 20022 国际金融标准浅析. 中国金融电脑，2010（6）.

甄峰. 人民币国际化：路径、前景与方向. 经济理论与经济管理，2014（5）.

郑联盛. 中国互联网金融：模式、影响、本质与风险. 国际经济评论，2014（5）.

支付结算体系委员会，国际清算银行. 金融金融市场基础设施原则，2013.

中国经济增长与宏观稳定课题组. 金融发展与经济增长：从动员性扩张向市场配置的转变. 经济研究，2007（4）：4-17.

中国人民银行货币政策分析小组. 中国货币政策执行报告：二〇一八年第四季度，2019年2月.

中国人民银行. 2018年人民币国际化报告，2018.

中央债券登记结算有限责任公司. 2018年宏观经济运行分析与展望，2019年1月.

中央债券登记结算有限责任公司统计监测部. 2018年债券市场统计分析报告，2019年1月.

周天芸. "一带一路"建设对人民币国际化的影响机制研究. 求索，2017（11）：35-45.

周小川. 深化金融体制改革. 中国金融，2015（22）.

朱珊珊. 跨境人民币清算体系存在的问题及立体式发展思路. 国际金融，2014（11）.

Abiad A., Oomes N., Ueda K., "The Quality Effect: Does Financial Liberalization Improve the Allocation of Capital? ", *Journal of Development Economics*, 2008, 87（2）: 270-282.

Agenor P. R., "Benefits and Costs of International Financial Integration: Theory and Facts", *World Economy*, 2010, 26（8）: 1089-1118.

Alfaro L., Kalemli O. S. and Volosovych V., "Why Doesn't Capital Flow from Rich to Poor Countries? An Empirical Investigation", *Review of Economics and Statistics*, 2008, 90（2）: 347-368.

Bae K. H., Goyal V. K., "Equity Market Liberalization and Corporate Governance", *Journal of Corporate Finance*, 2010, 16（5）: 609-621.

Balakrishnan R., Nowak S., Panth S. and Wu, "Surging Capital Flows to Emerging Asia: Facts, Impacts and Responses", *Journal of International Commerce, Economics and Policy*, 2013, 4（2）: 1-24.

Beirne J., Friedrich C., "Capital Flows and Macroprudential Policies—A Multilateral Assessment of Effectiveness and Externalities", ECB Working Paper, No. 1721, 2014.

Bekaert G., Harvey C. R., Lundblad C., "Financial Openness and Productivity", *Social Science Electronic Publishing*, 2011, 39（1）: 1-19.

Bekaert G., Harvey C. R., Lundblad C., "Growth Volatility and Financial

Liberalization", *Journal of International Money & Finance*, 2006, 25 (3): 370 -403.

Bekaert G., Harvey C. R., Lundblad C., "Does Financial Liberalization Spur Growth?", *Social Science Electronic Publishing*, 2005, 77 (1): 3 - 55.

Bénassy-Quéré, Agnès, Forouheshfar Y., "The Impact of Yuan Internationalization on the Stability of the International Monetary System", *Journal of International Money & Finance*, 2015 (57).

Broto C., Díaz C. J. and Erce A., "Measuring and Explaining the Volatility of Capital Flows towards Emerging Countries", Banco de Espana Working Paper, No. 0817, 2008.

Chen J., Quang, ThÉRÈSe, "The Impact of International Financial Integration on Economic Growth: New Evidence on Threshold Effects", *Economic Modelling*, 2014 (42): 475 - 489.

Claessens S., "An Overview of Macroprudential Policy Tools", *Annual Review of Financial Economics*, 2015, 9 (7): 397 - 422.

Claessens S., Demirguckunt A., Huizinga H., "How Does Foreign Entry Affect the Domestic Banking Market?", *Policy Research Working Paper*, 1998, 25 (5): 891 - 911.

Dell' Ariccia, G., Igan, D., Laeven, L. and H. Tong, "Policies for Macrofinancial Stability: How to Deal with Credit Booms", IMF staff discussion note SDN/12/06, 2012.

Doidge C., Karolyi G. A., Stulz, RenÉ M., "Why Are Foreign Firms Listed in the U. S. Worth More?", *Journal of Financial Economics*, 2004, 71 (2): 205 -238.

Eichengreen B., Gullapalli R., Panizza U., "Capital Account Liberalization, Financial Development and Industry Growth: A Synthetic View", *Journal of International Money & Finance*, 2011, 30 (6): 1090 - 1106.

Eichengreen B., Kawai M., "Issues for Renminbi Internationalization: An Overview", *SSRN Electronic Journal*, 2014.

Galindo A., Schiantarelli F., Weiss A., "Does Financial Liberalization Improve the Allocation of Investment? Micro-Evidence from Developing Countries", *Journal of Development Economics*, 2007, 83 (2): 562 - 587.

Gourinchas P. O., Jeanne O., "The Elusive Gains from International Financial Integration", *Review of Economic Studies*, 2006, 73 (3): 715 - 741.

Henry P. B., "Capital Account Liberalization, The Cost of Capital, and Economic Growth", *American Economic Review*, 2003, 93 (2): 91 - 96.

Henry P. B., "Do Stock Market Liberalizations Cause Investment Booms? ", *Journal of Financial Economics*, 2000a, 58 (1): 301－334.

Henry P. B., "Stock Market Liberalization, Economic Reform, and Emerging Market Equity Prices", *The Journal of Finance*, 2000b, 55 (2): 529－564.

Kant C., "Financial Openness & Institutions in Developing Countries", *Research in International Business & Finance*, 2018.

Kose M. A., Prasad E. S., Rogoff K., Wei S-J., "Financial Globalization: A Reappraisal", IMF Staff Papers, 2009a, 56 (1), 8－62.

Kose M. A., Prasad E. S., Taylor A. D., "Thresholds in the Process of International Financial Integration", *Journal of International Money & Finance*, 2012, 30 (1): 147－179.

Kose M. A., Prasad E. S., Terrones M. E., "Does Openness to International Financial Flows Raise Productivity Growth?", *Journal of International Money & Finance*, 2009b, 28 (4): 554－580.

Kose M. A., Prasad E. S., Terrones M. E., "Financial Integration and Macroeconomic Volatility", IMF Staff Papers, 2003, 50 (1): 119－142.

Levine R., "International Financial Liberalization and Economic Growth", *Review of International Economics*, 2001, 9 (4): 15.

Lim C., F. Columba, A. Costa, P. Kongsamut, A. Otani, M. Saiyid, T. Wezel, and X. Wu, "Macroprudential Policy: What Instruments and How to Use Them? Lessons from Country Experiences", IMF Working Paper 11/238, 2011.

Luo Y., Zhang C., Zhu Y., "Openness and Financial Development in China: The Political Economy of Financial Resources Distribution", *Journal of International Money & Finance*, 2015, 59 (9): 287－309.

Obstfeld M., "Risk-Taking, Global Diversification, and Growth", *American Economic Review*, 1994: 84.

Ostry J. D., Ghosh A. R., Chamon M. and Qureshi M. S., "Tools for Managing Financial—Stability Risks from Capital Inflows ", *Journal of International Economics*, 2012, 88 (2): 407－421.

Ostry J. D., Ghosh A. R., Habermeier K., Laeven L., Chamon M., Qureshi M. S. and Kokenyne A., "Managing Capital Inflows: What Tools to Use?", IMF Staff Position Note, 2011b, SDN/11/06.

Prasad E. S., Rajan R. G., Subramanian A., "Foreign Capital and Economic Growth", *Brookings Papers on Economic Activity*, 2007 (1): 153－209.

Quinn D. P., Toyoda A. M., "Does Capital Account Liberalization Lead to Growth?", *Review of Financial Studies*, 2008, 21 (3): 1403－1449.

Rauniyar G., Kanbur R., Liew L., "Inclusive Growth and Inclusive Development: A Review and Synthesis of Asian Development Bank Literature", *Journal of the Asia Pacific Economy*, 2010, 15 (4): 455-469.

René M. Stulz, "Globalization, Corporate Finance, and the Cost of Capital", *Journal of Applied Corporate Finance*, 1999, 12 (3): 18.

René M. Stulz, "The Limits of Financial Globalization", *Journal of Finance*, 2005: 60.

Sphan P. B., "The Tobin Tax and Exchange Rate Stability", *Finance & Development*, 1996, 33 (2): 24-27.

Stiglitz J. E., "Capital Market Liberalization, Economic Growth, and Instability", *World Development*, 2000, 28 (6): 1075-1086.

Vlachos J., Waldenström, Daniel, "International Financial Liberalization and Industry Growth", *International Journal of Finance & Economics*, 2010, 10 (3): 263-284.

Yu Y., "Revisiting the Internationalization of The Yuan", *Adbi Working Papers*, 2012, 40 (3): 1328-1332.

# 后　记

《人民币国际化报告》由中国人民大学自 2012 年起每年定期发布，忠实记录人民币国际化历程，深度研究各个阶段的重大理论问题和政策热点。本报告以特别编制的人民币国际化指数（RII）为抓手，动态反映人民币在国际范围内的实际使用程度，剖析 RII 变化背后的市场、政策、制度原因，为国内外各界人士及时、全面掌握人民币国际地位的发展变化提供科学依据。

《人民币国际化报告 2019》的主题为“高质量发展与高水平金融开放”。在明确当代中国高质量经济发展内涵的基础上，系统阐述了高质量发展、高水平金融开放与人民币国际化三者间的逻辑关系，并从理论文献评述、历史经验借鉴和实证研究等多个角度予以论证。报告认为：中国经济成功转向高质量发展阶段，将为人民币国际化提供坚实的基础和持久的动力；高质量经济发展赋予人民币国际化鲜明的时代特征和中国属性，并推动这些新元素更好地呈现在全世界面前，人民币国际化是富有效率的，是稳健有序的，是包容共享的；高质量经济发展需要更加适配的金融体系，更高水平的金融开放有助于实现高质量经济发展。报告强调：更高水平金融开放必须在进一步改革中逐步实现，这同时也是提高金融体系对于高质量经济发展适配程度的必然要求，必须通过进一步改革为高水平金融开放创造必要的前提条件，当前工作重点应当放在夯实以企业和金融机构为核心的微观基础、深化发展金融市场、完善金融基础设施以及提高开放条件下的金融管理能力等问题上。

《人民币国际化报告》由中国人民大学国际货币研究所组织撰写，得到财政金融学院尤其是国际金融团队的全力支持，以及国内外学者的通力合作。多位本校研究生、本科生参与了数据采集、信息处理等基础性工作。特别感谢国际货币研究所学术委员会主任委员、《人民币国际化报告》前任主编、中国人民银行副行长陈雨露教授对 2019 年报告选题、写作、评审、修改完善等各个环节给予的学术指导。感谢中国人民银行、财政部、国家外汇管理局、国家发展和改革委员会、中国银行国际金融研究所、中银香港、跨境银行间支付清算（上海）有限责任公司、国新国际等机构在数据获取、市场调查以及政策信息核对等多方面所给予的全面支持。此外，国际货币研究所的学术委员魏本华、郭建伟、孙鲁军、王毅、张晓朴、陈卫东，特约研究员曲凤杰、郭松、霍颖莉、励跃、许再越等各界专家多次出席课题组研讨会议，提出中肯的修改意见与建议；国际货币研究所张杰所长，财政金融学院庄毓敏院长、赵锡军副院长、张成思副院长也为报告的不断完善贡献良多。对此我们表示由衷的感谢！

本报告各章节分工如下：

导　论：王芳

第 1 章：涂永红、赵雪情、李胜男、白宗宸

第 2 章：涂永红、周梓楠、杨雅鑫、刁璐、原鹏

第 3 章：钱宗鑫、王芳、刘超

第 4 章：何青、王芳、徐文君

第 5 章：涂永红、戴稳胜、罗煜、李胜男、罗媛

第 6 章：鄂志寰、钱宗鑫、贺晓博

第 7 章：刚健华、赵然、赵扬

第 8 章：胡天龙、宋科、黄泽清、武沛璋、陈嘉文、沈小米、张书华、苏晓萱

第 9 章：涂永红、王芳

附录 1：王芳

附录 2：罗煜、罗媛

附录 3：姜楠、陈周阳

中国人民大学国际货币研究所

2019 年 6 月

# “IMI·大金融书系”编辑委员会

# “IMI·大金融书系”书目

1.《欧元的故事——一个新全球货币的激荡岁月》
［英］戴维·马什 著，向松祚，宋姗姗 译
出版地：北京
出版时间：2011 年 5 月第 1 版第 1 次印刷
出版社：机械工业出版社
2.《财政危机下的金融困局与突破：国际金融形势评论 2013》
曹彤 编著
出版地：北京
出版时间：2013 年 5 月第 1 版第 1 次印刷
出版社：机械工业出版社
3.《后金融危机时代全球货币治理的坚守与革新：国际金融形势评论 2014》
曹彤 编著
出版地：北京
出版时间：2014 年 5 月第 1 版第 1 次印刷
出版社：机械工业出版社
4.《人民币国际化报告 2012》
中国人民大学国际货币研究所 著
出版地：北京
出版时间：2012 年 9 月第 1 版第 1 次印刷
出版社：中国人民大学出版社
5.《人民币国际化报告 2013：世界贸易格局变迁与人民币国际化》
中国人民大学国际货币研究所 著
出版地：北京
出版时间：2013 年 11 月第 1 版第 1 次印刷
出版社：中国人民大学出版社
6.《人民币国际化报告 2014：人民币离岸市场建设与发展》
中国人民大学国际货币研究所 著
出版地：北京
出版时间：2014 年 7 月第 1 版第 1 次印刷
出版社：中国人民大学出版社
7.《人民币国际化报告 2015：“一带一路”建设中的货币战略》

中国人民大学国际货币研究所 著
出版地：北京
出版时间：2015 年 7 月第 1 版第 1 次印刷
出版社：中国人民大学出版社
8.《人民币国际化报告 2016：货币国际化与宏观金融风险管理》
中国人民大学国际货币研究所 著
出版地：北京
出版时间：2016 年 10 月第 1 版第 1 次印刷
出版社：中国人民大学出版社
9.《人民币国际化报告 2017：强化人民币金融交易功能》
中国人民大学国际货币研究所 著
出版地：北京
出版时间：2017 年 7 月第 1 版第 1 次印刷
出版社：中国人民大学出版社
10.《人民币国际化报告 2018：结构变迁中的宏观政策国际协调》
中国人民大学国际货币研究所 著
出版地：北京
出版时间：2018 年 7 月第 1 版第 1 次印刷
出版社：中国人民大学出版社
11. *The Internationalization of the Renminbi*：*2012 Annual Report*
International Monetary Institute，Renmin University of China
出版地：北京
出版时间：2012 年 12 月第 1 版第 1 次印刷
出版社：中国人民大学出版社
12. *Internationalization of the RMB*：*2013 Annual Report*
International Monetary Institute，Renmin University of China
出版地：香港
出版时间：2014 年 4 月第 1 版第 1 次印刷
出版社：Enrich Professional Publishing，Inc.
13.《人民币国际化报告 2012》（日文版）
中国人民大学国际货币研究所 著
出版地：东京
出版时间：2014 年 2 月第 1 版第 1 次印刷
出版社：科学出版社东京株式会社
14.《人民币国际化报告 2015》（俄文版）
中国人民大学国际货币研究所 著

出版地：莫斯科
出版时间：2017 年 11 月第 1 版第 1 次印刷
出版社：机遇国际出版公司
15.《大国货币Ⅰ：政治篇》
涂永红，戴稳胜 著
出版地：北京
出版时间：2014 年 7 月第 1 版第 1 次印刷
出版社：科学出版社
16.《大国货币Ⅱ：军事篇》
戴稳胜，涂永红 著
出版地：北京
出版时间：2014 年 7 月第 1 版第 1 次印刷
出版社：科学出版社
17.《大国货币Ⅲ：文化篇》
涂永红 著
出版地：北京
出版时间：2014 年 7 月第 1 版第 1 次印刷
出版社：科学出版社
18.《欧洲的未来》
［英］大卫·马什 等著，许钊颖 译
出版地：北京
出版时间：2014 年 7 月第 1 版第 1 次印刷
出版社：中国经济出版社
19.《布雷顿森林体系 70 年：国际货币体系重构与人民币国际化——2014 国际货币论坛会议文集》
中国人民大学国际货币研究所 著
出版地：北京
出版时间：2015 年 3 月第 1 版第 1 次印刷
出版社：中国金融出版社
20.《负利率效应下的中国经济》
伍聪 著
出版地：北京
出版时间：2015 年 6 月第 1 版第 1 次印刷
出版社：中国人民大学出版社
21.《人民币作为计价货币：理论与政策分析》
涂永红 著

出版地：北京
出版时间：2015 年 9 月第 1 版第 1 次印刷
出版社：中国金融出版社
22.《“新特里芬难题”与人民币国际化战略》
王芳 著
出版地：北京
出版时间：2015 年 10 月第 1 版第 1 次印刷
出版社：中国人民大学出版社
23.《全球货币政策的分化与协调——供需再平衡：国际金融形势评论 2015》
曹彤 编著
出版地：北京
出版时间：2015 年 11 月第 1 版第 1 次印刷
出版社：机械工业出版社
24.《2015 中资银行国际化报告》
贲圣林，俞洁芳，顾月，吕佳敏等 著
出版地：北京
出版时间：2015 年 12 月第 1 版第 1 次印刷
出版社：中国金融出版社
25.《新秩序——美联储货币互换网络重塑国际货币体系》
徐以升 著
出版地：北京
出版时间：2016 年 4 月第 1 版第 1 次印刷
出版社：中国经济出版社
26.《“一带一路”战略与人民币国际化——2015 国际货币论坛会议文集》
中国人民大学国际货币研究所 编
出版地：北京
出版时间：2016 年 8 月第 1 版第 1 次印刷
出版社：中国金融出版社
27.《2016 中资银行国际化报告》
贲圣林，俞洁芳，顾月，吕佳敏等 著
出版地：北京
出版时间：2016 年 12 月第 1 版第 1 次印刷
出版社：中国金融出版社
28.《新常态下北京金融可持续发展研究》
涂永红，赵雪情 著
出版地：北京

出版时间：2016 年 12 月第 1 版第 1 次印刷
出版社：中国金融出版社
29.《资产价格、产出波动与货币政策》
闫先东，朱迪星 著
出版地：北京
出版时间：2016 年 12 月第 1 版第 1 次印刷
出版社：中国财政经济出版社
30.《黄达传略》
宋科 编著
出版地：北京
出版时间：2017 年 3 月第 1 版第 1 次印刷
出版社：中国人民大学出版社
31.《守住底线——全球金融安全网及中国作为》
曲双石 著
出版地：北京
出版时间：2018 年 6 月第 1 版第 1 次印刷
出版社：机械工业出版社
32.《大金融思想沙龙》（第一辑）
中国人民大学国际货币研究所 编著
出版地：北京
出版时间：2018 年 7 月第 1 版第 1 次印刷
出版社：中国经济出版社

**图书在版编目(CIP)数据**

人民币国际化报告. 2019：高质量发展与高水平金融开放/中国人民大学国际货币研究所著. —北京：中国人民大学出版社，2019.7

ISBN 978-7-300-27077-7

Ⅰ.①人… Ⅱ.①中… Ⅲ.①人民币-国际化-研究报告-2019 Ⅳ.①F822

中国版本图书馆 CIP 数据核字（2019）第 131727 号

IMI·大金融书系

**人民币国际化报告 2019：高质量发展与高水平金融开放**

中国人民大学国际货币研究所　著

Renminbi Guojihua Baogao 2019

---

| | | | |
|---|---|---|---|
| **出版发行** | 中国人民大学出版社 | | |
| **社　　址** | 北京中关村大街 31 号 | **邮政编码** | 100080 |
| **电　　话** | 010－62511242（总编室） | | 010－62511770（质管部） |
| | 010－82501766（邮购部） | | 010－62514148（门市部） |
| | 010－62515195（发行公司） | | 010－62515275（盗版举报） |
| **网　　址** | http://www.crup.com.cn | | |
| **经　　销** | 新华书店 | | |
| **印　　刷** | 涿州市星河印刷有限公司 | | |
| **规　　格** | 185 mm×260 mm　16 开本 | **版　　次** | 2019 年 7 月第 1 版 |
| **印　　张** | 15.25　插页 1 | **印　　次** | 2019 年 7 月第 1 次印刷 |
| **字　　数** | 315 000 | **定　　价** | 59.00 元 |

---